LA

PSYCHOLOGIE ALLEMANDE

CONTEMPORAINE

OUVRAGES DU MÊME AUTEUR

La Psychologie anglaise contemporaine. 2e édition. In-8º. 1875.
7 fr. 50

L'Hérédité : étude psychologique sur ses phénomènes, ses lois, ses causes, ses conséquences. In-8º. 1873. 10 fr.

La Philosophie de Schopenhauer. In-18. 1874. 2 fr. 50

Principes de psychologie de Herbert Spencer, trad. par Th. Ribot et A. Espinas. 2 vol. in-8º. 20 fr.

Coulommiers. — Typog. Paul BRODARD

LA
PSYCHOLOGIE ALLEMANDE

CONTEMPORAINE

―――

(ÉCOLE EXPÉRIMENTALE)

PAR

TH. RIBOT

Agrégé de philosophie, docteur ès lettres.

PARIS
LIBRAIRIE GERMER BAILLIÈRE ET Cie
108, BOULEVARD SAINT-GERMAIN, 108
Au coin de la rue Hautefeuille.

―――

1879

INTRODUCTION

Il y a une trentaine d'années au plus, si quelqu'un avait osé soutenir, dans ce pays, que la psychologie était encore à l'état d'enfance et peu disposée à en sortir, on l'eût accusé de paradoxe. On aurait conseillé au critique de relire les écrits consacrés, depuis Locke, aux diverses manifestations de l'esprit humain, et la réponse eût été jugée suffisante.

Aujourd'hui, elle ne le serait plus dour tout le monde. Le point de vue a changé, et beaucoup sont disposés à penser différemment. Tout en reconnaissant — ce qui est juste — que les anciens psychologues ont rendu des services, établi définitivement quelques points, montré dans l'analyse une pénétration et une délicatesse difficiles à surpasser; on se refuse à voir en tout cela mieux que des essais. L'esprit nouveau des sciences naturelles a envahi la psychologie et a rendu plus difficile. On

s'est demandé si un assemblage de remarques ingénieuses, de fines analyses, d'observations de sens
commun déguisées sous une exposition élégante, d'hypothèses métaphysiques, érigées en vérités précieuses
qui ont le droit de s'imposer, constitue un corps de
doctrines, une vraie science ; s'il n'y avait pas lieu
de recourir à une méthode plus rigoureuse. Ainsi s'est
établie cette séparation, qui devient chaque jour plus
nette, entre l'ancienne et la nouvelle psychologie.

Bien qu'elle fasse encore assez bonne figure, l'ancienne psychologie est condamnée. Dans le milieu
nouveau qui s'est fait autour d'elle, ses conditions
d'existence ont disparu. Aux difficultés croissantes de
la tâche, aux exigences toujours plus grandes de l'esprit scientifique, ses procédés ne suffisent plus. Elle
en est réduite à vivre sur son passé. Vainement ses
représentants les plus sages essaient des compromis et
répètent bien haut qu'il faut étudier les faits, faire une
large part à l'expérience [1]. Leurs concessions ne sauvent
rien. Si sincères qu'elles soient d'intention ; en fait, elles
ne sont pas exécutées. Dès qu'ils mettent la main à

---

1. D'autres plus résolus — ce sont, en Allemagne quelques rares
hégéliens, et, chez nous, les adeptes de l'école qui s'intitule « réalisme
spiritualiste » — font de la psychologie une branche de la métaphysique et traitent de haut les psychologues naturalistes. Nous n'avons
aucune intention de combattre ces mystiques, avec qui nulle discussion n'est possible parce que rien n'est commun, ni les principes, ni
les procédés, ni le langage, ni le but.

l'œuvre, le goût de la spéculation pure les reprend. D'ailleurs, nulle réforme n'est efficace contre ce qui est radicalement faux et l'ancienne psychologie est une conception bâtarde qui doit périr par les contradictions qu'elle renferme. Les efforts qu'on fait pour l'accommoder aux exigences de l'esprit moderne, pour donner le change sur sa vraie nature, ne peuvent faire illusion. Ses caractères essentiels restent toujours les mêmes : on peut le montrer en quelques mots. D'abord elle est imbue de l'esprit métaphysique : elle est « la science de l'âme »; l'observation intérieure, l'analyse et le raisonnement sont ses procédés favoris d'investigation; elle se défie des sciences biologiques, ne puise chez elles qu'à regret, par nécessité et toute honteuse de ses emprunts. D'humeur peu envahissante, comme tout ce qui est faible et vieilli, elle ne demande qu'à se restreindre, à rester en paix chez elle.

Une conception pareille n'a plus de vitalité. Ses attaches métaphysiques excluent l'esprit positif, empêchent l'emploi d'une méthode scientifique, lui ôtent le bénéfice de la libre recherche. Elle n'ose pas être elle-même, c'est-à-dire une étude des seuls *phénomènes* psychiques, distincte et indépendante. Cependant, cette nécessité s'impose. A mesure que s'effaceront des habitudes d'esprit invétérées, on verra de mieux en mieux que la psychologie et la métaphysique, confondues autrefois sous une même dénomination, supposent chacune des aptitudes intellectuelles si opposées qu'elles s'excluent; on comprendra que le talent métaphysique est en raison inverse du talent psychologique; que désormais — à part quelques rares génies qui se rencontreront peut-être — le psychologue doit renoncer à la métaphysique et le métaphysicien à la psychologie.

Pour l'ancienne école, le goût de l'observation intérieure et l'esprit de finesse étant les signes exclusifs de la vocation du psychologue, tout le programme se résume en deux mots : s'observer et raisonner. — L'observation intérieure est sans doute un premier pas; elle reste toujours un procédé nécessaire de vérification et d'interprétation; mais elle ne peut pas être une méthode. Pour le soutenir, il faut totalement oublier ou méconnaître les conditions d'une méthode scientifique. Croire qu'avec elle on constituera la psychologie, c'est supposer que, pour faire de la physiologie, il suffit de bons yeux et de beaucoup d'attention.

L'esprit de finesse est aussi un instrument trop fragile pour pénétrer dans la trame serrée, compacte, des faits de conscience. Durant ces deux derniers siècles, il a donné sa mesure : on lui doit de bonnes descriptions, d'excellentes analyses; mais son champ est moissonné. Il ne peut plus trouver que des détails, des nuances, des raffinements, des subtilités. Même à ce degré, où il touche à la profondeur, il ne fera que descendre plus avant dans des nuances plus délicates ou plus cachées. Il ne saisit pas le général : *il n'explique pas*. Dans ces conditions, le psychologue devient un romancier ou un poète d'une espèce particulière, qui cherche l'abstrait au lieu du concret, qui dissèque au lieu de créer : et la psychologie devient une forme de critique littéraire très-approfondie, très-bien raisonnée ; rien de plus. L'étude des phénomènes psychiques dans leur totalité, de la forme animale la plus basse à la forme humaine la plus haute, lui est interdite. Elle est incapable de rattacher ces manifestations aux lois de la vie : elle n'a ni ampleur ni solidité.

Ce qui frappe, en effet, dans l'ancienne psychologie, c'est son extrême simplicité : elle est simple dans son objet, simple dans ses moyens. Elle présente un caractère étriqué et, pour trancher le mot, enfantin. Elle manque d'air et d'horizon. Les questions sont posées sous une forme sèche et exiguë, traitées par une méthode verbale qui rappelle la scolastique. Tout se passe en déductions, en argumentations, en objections et en réponses. Dans ce raffinement toujours croissant de subtilités, on finit par ne plus agir que sur des signes ; toute réalité a disparu. Dans cet esprit solitaire qui se creuse et se tourmente obstinément pour tirer tout de lui-même, qui s'étudie les yeux fermés, ne prenant du dehors que ce qu'il faut pour ne pas mourir d'inanition, il se forme une atmosphère raréfiée, traversée de visions à peine saisissables, mais où rien de vivant ne peut subsister.

Prenant toutes les questions l'une après l'autre, on pourrait montrer comment les préoccupations métaphysiques, l'abus de la méthode subjective et du raisonnement à outrance, paralysent les meilleurs esprits. L'état de conscience isolé de ce qui le précède, l'accompagne et le suit, de ses conditions anatomiques, physiologiques et autres, n'est plus qu'une abstraction ; et quand on l'a classé sous un titre, rapporté à une faculté hypothétique qu'on attribue elle-même à une substance hypothétique, qu'a-t-on découvert, qu'a-t-on appris ? Si, au contraire, l'état de conscience est étudié comme faisant partie d'un groupe naturel dont les éléments se supposent réciproquement, dont chacun doit être étudié à part et dans son rapport avec les autres, on reste dans la réalité ; on ne se satisfait pas avec la formule chère aux anciens psychologues : « Ceci est de la physiologie ; » on prend son bien où on le trouve ; on reçoit de toutes mains ; on se renseigne de tous côtés, et l'on ne prend pas pour une science la nomenclature des fantômes qu'on a créés.

Trop de raisonnements : telle est l'impression que laisse l'ancienne psychologie aux partisans de la nouvelle. Le

raisonnement, c'est la confiance de l'esprit en lui-même
et la foi à la simplicité des choses. La nouvelle psychologie soutient que l'esprit doit se défier de lui-même et
croire à la complexité des choses. Même dans l'ordre
bien moins complexe des sciences biologiques, nos
inductions et nos déductions reçoivent à chaque pas des
démentis. Ce qui *doit être* n'est pas ; ce qui est inféré
n'est pas vérifié ; où la logique dit oui, l'expérience
dit non.

Les représentants de l'ancienne psychologie — et ils sont
encore nombreux, quoiqu'à des degrés divers — voient-
ils bien la situation qu'ils ont prise au milieu des sciences
contemporaines ? Le physicien et le chimiste ne se croient
forts que dans leur laboratoire ; le biologiste garnit
chaque jour son arsenal de nouveaux engins, s'arme de
toutes pièces, multiplie ses moyens de mesure et ses instruments, tend à substituer l'enregistrement passif et
mécanique des phénomènes à leur appréciation subjective, toujours faillible et vacillante. En face, le psychologue, aux prises avec des faits d'une complexité extrême,
ne pouvant recommencer l'œuvre de ses devanciers ni
refaire ce qui a été bien fait, est réduit à « s'interroger
lui-même », sans informations, sans expériences, sans
outillage, sans moyens d'action. Si son œuvre est une
science, il faut avouer qu'elle ne ressemble à rien qui
porte ce nom.

II

La nouvelle psychologie diffère de l'ancienne par son esprit : il n'est pas métaphysique ; par son but : elle n'étudie que les phénomènes ; par ses procédés : elle les emprunte autant que possible aux sciences biologiques.

Nous avons essayé ailleurs de montrer les avantages d'une psychologie sans métaphysique, ou, comme on a dit depuis, « d'une psychologie sans âme. » Laissons de côté cet aspect négatif de notre sujet, pour le considérer aujourd'hui sous son aspect positif.

L'un des plus grands obstacles aux progrès de la psychologie, depuis longtemps signalé, c'est la nature même des faits de conscience, si vagues, si fuyants, si difficiles à fixer. Tandis que les phénomènes objectifs se distinguent les uns des autres par leurs qualités spécifiques, leurs rapports dans le temps et surtout leur forme, leur figure, leur position et toutes leurs déterminations quant à l'espace ; les états psychiques, pris en eux-mêmes et connus par la conscience seule, en sont réduits à des différences de qualité et de rapport dans le temps. Aussi la psychologie nouvelle a-t-elle dû tout d'abord s'efforcer d'augmenter leur détermination ou, ce qui revient au même, la somme de leurs rapports. C'est ici que les découvertes de la physiologie lui ont été d'un grand secours. Celle-ci, après avoir établi que les actions psychiques, d'une manière générale, sont liées au système cérébro-spinal, a montré plus récemment par des observations et des expériences répétées que *tout état psychique est invariablement associé à un état nerveux* dont l'acte réflexe est le type le plus simple. Ce principe est incontestable pour la plupart des cas, vraisemblable au plus haut degré pour les autres.

Il nous serait impossible de faire voir ici dans le détail que tout état de conscience est lié à un concomitant physique bien déterminé. Quelques indications suffisent. En ce qui concerne les cinq sens et les sensations viscérales, nul n'en doute. Quant aux images, ce n'est pas l'induction seule qui autorise à dire que la reproduction idéale suppose des conditions physiques, analogues à celles que la sensation réclame. Des faits pathologiques, et en particulier les hallucinations, prouvent que l'idéation est liée à un état déterminé des centres nerveux. — Si, d'un autre côté, nous considérons les désirs, les sentiments, les volitions, nous les voyons liés, chacun suivant son espèce, à un concomitant physique : état de l'organisme, mouvements, gestes, cris, sécrétions, changements vasculaires, etc. — Il reste cependant, pour embrasser la vie psychique dans sa totalité, certains états de conscience sur lesquels on pourrait élever des doutes.

La réflexion, les raisonnements abstraits, les sentiments
de l'ordre le plus élevé, ne semblent-ils pas, comme disait
l'ancienne psychologie, être la manifestation d'un pur
esprit? — Cette thèse est insoutenable. La vie psychique
forme une série continue qui commence par la sensation
et finit par le mouvement. Lorsqu'à un bout nous trouvons les sensations et les images liées à des états physiques ;
à l'autre bout les désirs, sentiments et volitions liés à des
états physiques ; peut-on supposer au milieu l'existence
d'une *terra incognita* soumise à d'autres conditions, régie
par d'autres lois ? « Il serait en contradiction avec tout ce que
nous savons sur l'acte cérébral de supposer que la chaîne
physique aboutit brusquement à un vide physique occupé
par une substance immatérielle qui communiquerait les
résultats de son travail à l'autre bout de la chaîne physique... En fait, il n'y a pas d'interruption dans la continuité
nerveuse. » (Bain.) — Mais, si plausible que soit cette conclusion, la psychologie peut faire mieux que de recourir
à un raisonnement par analogie, fondé sur la continuité
des lois naturelles. D'abord, la réflexion la plus intime
et la plus abstruse n'est pas possible sans signes qui
supposent une détermination physique, si faible qu'elle
soit. De plus, la physiologie générale nous enseigne
que, si quelque chose apparaît, quelque chose se dé-
truit; que la période de fonctionnement est une période
de désorganisation, et que cette loi biologique est appli-

cable au cerveau comme à tout autre organe, au travail
cérébral comme à toute autre fonction. Rappelons encore la production de chaleur qui accompagne l'activité
psychique (Schiff), les modifications produites dans les
excrétions par le travail intellectuel (Byasson); et, sans
accumuler des détails qui rempliraient un volume, nous
pourrons conclure : que tout état psychique déterminé
est lié à un ou plusieurs évènements physiques déterminés que nous connaissons bien dans beaucoup de
cas, peu ou mal dans les autres.

Ce principe admis, — et il est la base de la psychologie
physiologique, — les questions se présentent sous un
aspect tout nouveau et réclament l'emploi d'une nouvelle méthode. A la formule vague et banale des « rapports de l'âme et du corps », comme parle l'ancienne
école, à l'hypothèse arbitraire et stérile de deux substances
agissant l'une sur l'autre ; on substitue l'étude de deux
phénomènes qui sont en connexion si constante pour
chaque espèce particulière, qu'il serait plus exact de les
appeler un phénomène à double face.

Par suite, le domaine de la psychologie se spécifie : elle
a pour objet les phénomènes nerveux accompagnés de
conscience, dont elle trouve dans l'homme le type le plus
facile à connaître, mais qu'elle doit poursuivre dans toute
la série animale, malgré les difficultés de la recherche.
Du même coup s'établit la distinction entre la psychologie

et la physiologie : le processus nerveux à simple face est au physiologiste ; le processus nerveux à double face est au psychologue. L'indécision ne peut exister que pour les cas où la conscience disparaît peu à peu pour devenir automatisme (habitude), et pour les cas où l'automatisme devient conscient. — L'âme et ses facultés, la grande entité et les petites entités disparaissent, et nous n'avons plus à faire qu'à des évènements internes qui, comme les sensations et les images, traduisent les évènements physiques, ou qui se traduisent en évènements physiques, comme les idées, les mouvements, les volitions et les désirs. Un grand résultat est ainsi obtenu : l'état de conscience cesse d'être une abstraction flottant dans le vide. Il se fixe. Rivé à son concomitant physique, il rentre avec lui et par lui dans les conditions du déterminisme, sans lequel il n'y a pas de science. La psychologie est rattachée aux lois de la vie et à son mécanisme.

Ce n'est pas là, comme on le répète sans raison, absorber la psychologie dans la physiologie. Par une nécessité logique, la science supérieure s'appuie sur la science inférieure. La physiologie contemporaine ne descend-elle pas à chaque instant dans la chimie et la physique pour leur faire des emprunts? Dira-t-on pour cela qu'elle se laisse absorber à leur profit? Entre la science des phénomènes de conscience et la physiologie, il existe le même rapport qu'entre celle-ci et les sciences

physico-chimiques. Si l'on objecte que le passage de la
vie à la conscience est inexpliqué, on doit remarquer
que le passage de l'inorganique au vivant ne l'est pas
moins. La difficulté est donc la même dans les deux cas,
et l'on ne s'explique pas comment une méthode, légitime dans un cas, serait illégitime dans l'autre.

III

Une vérité incontestable pour l'ancienne psychologie,
résultant de sa nature même, c'est qu'elle devait rester
une science de pure observation. La psychologie nouvelle au contraire a recours, en une certaine mesure, à
l'expérimentation. Dès que les problèmes psychologiques
sont posés sous la forme que nous avons indiquée plus
haut; dès que le phénomène interne, au lieu d'être
pris pour la manifestation d'une substance inconnue,
est considéré dans sa liaison naturelle avec un phénomène physique, il devient possible d'agir sur lui par le
moyen de ce concomitant physique; car celui-ci est,
dans beaucoup de cas, sous la main de l'expérimentateur,
qui peut mesurer son intensité, ses variations, le placer
dans des circonstances déterminées, le soumettre à tous
les procédés qui constituent une investigation rigoureuse. La psychologie devient ainsi, au sens strict du

mot, expérimentale. A la vérité, ces expériences sont
d'une nature psychophysique ; mais, l'externe et l'interne étant étroitement liés, elles sont, quant au but et
au résultat final, psychologiques. Nous n'essayerons
pas de les faire connaître pour le moment. Le but de ce
livre est de les exposer longuement. Quelques phrases
vagues et générales n'apprendraient rien. Qu'il suffise
de savoir que cette méthode a été employée, qu'elle a
porté ses fruits, et que, si difficile que soit la tâche, la
voie est ouverte.

Pour exposer clairement en quelques mots la différence des deux procédés, nous pouvons recourir à la
théorie des méthodes expérimentales, due à Stuart Mill,
qui est devenue maintenant classique.

L'ancienne psychologie n'emploie comme procédé
d'investigation que la méthode de concordance et la méthode des différences. Par leur moyen, elle atteint son
but principal, qui est une classification naturelle des
« manifestations de l'âme » groupées sous les titres de
diverses facultés.

La psychologie nouvelle emploie aussi ces deux
méthodes, mais en y ajoutant une troisième : celle des
variations concomitantes. La physique ne peut pas, pour
étudier la chaleur, la chasser d'un corps et l'y ramener.
Elle procède par voie indirecte. Elle l'augmente, la
diminue, la fait varier et étudie ces variations dans

leurs effets visibles et tangibles. Il est de même impossible de supprimer et de rétablir une forme de l'activité mentale pour en étudier la nature et les effets ; mais il est possible de la faire varier par l'intermédiaire de son concomitant physique. Nous avons prise sur elle par lui. On étudie ainsi non le phénomène de conscience, mais ses variations. Pour être plus exact, on étudie indirectement les variations psychiques à l'aide des variations physiques qu'on étudie directement. Il n'importe que ce procédé soit compliqué, s'il est rigoureux. La connaissance des faits naturels ne s'obtient pas aisément, et c'est un tort de l'ancienne psychologie d'avoir confondu la connaissance *naturelle* des faits de conscience, qui est *directe*, avec leur connaissance *scientifique* qui est *indirecte*. De là cette simplicité de méthode que nous avons signalée chez elle ; de là son impuissance à dépasser de beaucoup le niveau du sens commun.

Il ne faudrait pas croire cependant que l'expérience, avec les procédés qui la constituent, — mesure, déterminations numériques, etc., — ait été appliquée à toutes les questions de la psychologie, ni même au plus grand nombre. Il n'y a eu jusqu'ici que des essais, des recherches fragmentaires ; mais ces essais marquent l'entrée de la psychologie dans une phase nouvelle, le passage de la période *descriptive* à la période *explicative*.

Il ne lui suffit plus d'être une histoire naturelle ; elle s'efforce d'être une science naturelle. C'est ce qui explique comment, malgré la communauté de but, la psychologie anglaise et la psychologie allemande ont chacune une physionomie si distincte ; comment l'une est systématique, l'autre technique ; l'une riche en travaux d'ensemble, l'autre riche en travaux de détail. Pour bien mettre en lumière cette différence, le mieux est d'indiquer la place qu'occupe chacune d'elles dans l'évolution des études psychologiques.

Antérieurement à toute science, l'esprit humain, comme le fait remarquer Wundt [1], ne peut rassembler des expériences sans y mêler quelques spéculations. Le premier résultat de cette réflexion naturelle est un système d'idées générales qui se traduisent dans le langage. Lorsqu'elle commence son œuvre, la science trouve ces idées toutes faites. Ainsi, dans le domaine de l'expérience externe, la chaleur et la lumière sont des concepts immédiatement dérivés de la sensation. La physique actuelle ramène ces deux idées à un concept plus général : le mouvement. Mais elle n'a pu atteindre ce résultat qu'en acceptant tout d'abord, à titre provisoire, les inductions du sens commun. Il en est de même dans le domaine de l'expérience interne. Ame, esprit, raison,

1. *Grundzüge der physiologischen Psychologie*, p. 8.

entendement, sont des idées qui préexistaient à toute étude scientifique et qui seules l'ont rendue possible. Le tort de l'ancienne psychologie a été de prendre ces créations de la conscience naturelle pour des vérités définitives. L'âme, par exemple, au lieu d'être considérée simplement comme le sujet logique, auquel nous attribuons à titre de prédicats tous les faits d'expérience intérieure, est devenue un être réel, une substance, manifestée par des « facultés ».

L'étude des phénomènes de conscience en eux-mêmes, indépendamment des idées générales dont le langage est encombré, marque les premiers essais de la psychologie nouvelle, et ils remontent à près de deux siècles. A travers beaucoup d'indécisions et de tâtonnements, Locke et ceux qui ont suivi sa tradition vont au but et se défient des idées toutes faites, comme de préjugés séculaires. Mais la psychologie restant encore attachée à la métaphysique, aucun progrès sérieux n'était possible. La rupture n'a eu lieu que de nos jours.

Toutefois les premiers représentants de la psychologie nouvelle faisaient la part beaucoup trop large à l'analyse verbale et au raisonnement. Ils n'entraient pas assez dans les faits eux-mêmes. En Angleterre, James Mill nous en offre le meilleur exemple. Même Stuart Mill, si éminent logicien, si profondément imbu des méthodes modernes, tout en reconnaissant l'utilité des études physiologiques, leur concède trop peu.

C'est avec des contemporains qu'il est superflu de nommer que la psychologie naturaliste arrive à la pleine conscience d'elle-même. On peut regarder Bain comme leur représentant principal, parce que sa méthode, entièrement descriptive, libre de toute hypothèse, évolutioniste ou autre, reste dans l'ordre des faits positifs et exclut tout ce qui peut donner prise à la critique. Les questions sont posées sous une forme naturelle, concrète. L'évènement interne n'est jamais séparé de ses conditions ou de ses effets physiques. La physiologie sert de guide. Les renseignements pathologiques sont mis à profit. Chaque groupe de phénomènes est minutieusement étudié, et les lois induites — loi d'association et lois secondaires — ne sont données que comme l'expression de rapports constants et généraux.

Tels sont les traits essentiels de la psychologie anglaise contemporaine [1]. Elle est, au sens le plus large et le meilleur, une étude descriptive. En Allemagne, au contraire, ceux qui travaillent à la constitution d'une psychologie empirique accordent peu de place aux descriptions. Pour caractériser leur œuvre, il faut employer

1. Nous comprenons sous cette dénomination toutes les doctrines qui présentent les mêmes caractères, à quelque pays qu'elles appartiennent.

un terme dont on a beaucoup abusé de nos jours, mais qui est ici à sa place : c'est une *psychologie physiologique*. Presque tous sont des physiologistes, qui, avec leurs habitudes d'esprit et les procédés propres à leur science, ont abordé *quelques points* de la psychologie.

Nous avons vu plus haut que la vie psychique consiste en une série d'états de conscience liés à des états physiques, qui commencent par la sensation pour finir par des actes. Nous avons vu aussi que, dans cette série ininterrompue d'états psychophysiques, ceux qui occupent le milieu de la chaîne forment un groupe plus difficilement accessible à l'investigation physique. D'ordinaire, les psychologues allemands ont négligé ce dernier groupe ou ne l'ont étudié que sommairement. Dans le champ restreint qu'ils se sont ainsi assigné, la psychologie a fait par eux un nouveau pas. Ils ont pratiqué des expériences. Ils ont placé le phénomène psychique dans des conditions déterminées, et ils en ont étudié les variations.

Toute méthode expérimentale reposant en définitive sur le principe de causalité, la psychologie physiologique n'a que deux moyens à sa disposition : déterminer les effets par leurs causes (par exemple la sensation par l'excitation); déterminer les causes par les effets (les états internes par les actes qui les traduisent). Il faut de plus qu'au moins l'un des deux termes de ce couple

Th. Ribot.   *b*

indissoluble qu'on appelle une liaison causale soit placé
hors de nous, hors de la conscience ; soit un évènement
physique, et comme tel accessible à l'expérimentation.
Sans cette condition, l'emploi de la méthode expérimentale est impossible. Dans l'ordre des phénomènes
qu'on appelle purement internes (la reproduction des
idées, leurs associations, etc.), la cause et l'effet restent
en nous-mêmes. Quoiqu'on ne puisse douter que la loi
de causalité règne là comme ailleurs ; quoique, dans
quelques cas, la cause puisse être déterminée avec certitude ; comme les causes et les effets sont en nous ;
comme ils ne donnent aucune prise extérieure, leurs
concomitants physiques étant mal connus ou inaccessibles ; toute recherche expérimentale en ce qui les
concerne est nécessairement éliminée.

A la vérité, quelques représentants de la psychologie
allemande ont pensé que, là même où l'expérimentation
fait défaut, on n'en est pas réduit à observer et à décrire ; qu'on peut espérer des déterminations plus précises. Pour cela, ils ont eu recours au calcul. Ils ont
traité les questions par la méthode mathématique.
S'appuyant sur ce principe que tout évènement interne
est une grandeur, et que par conséquent il renferme en
lui un caractère mathématique, ils ont essayé de procéder en psychologie comme dans certaines branches
de la physique mathématique. On part de principes

posés à titre d'hypothèses probables : on en déduit des
conséquences à l'aide du raisonnement et du calcul,
et l'on compare les résultats avec les données de l'expérience. Pour que cette méthode soit acceptable, deux
conditions suffisent : il faut que les principes hypothétiques soient préparés par l'induction et présentent un
incontestable caractère de vraisemblance ; il faut ensuite
que les déductions qui en sont tirées soient constamment soumises au contrôle de la réalité. — Nous trouverons dans le cours de cet ouvrage quelques essais de
cette sorte. Si neufs, si ingénieux qu'ils soient, ils ne
constituent certainement pas la partie solide de la
psychologie allemande.

Par ce qui précède, on peut en saisir les traits essentiels et la juger par opposition à la psychologie anglaise.
Elle présente, comme caractère général, un effort plus
grand vers la précision ; comme caractères particuliers,
l'emploi de l'expérimentation ; les déterminations quantitatives (l'expérience supposant les nombres et la mesure) ; un champ d'études plus limité ; une préférence
pour les monographies au lieu des travaux d'ensemble.
Beaucoup de ces recherches, nous le verrons, portent
sur des questions très-modestes, et il est probable que
les partisans de l'ancienne psychologie trouveront que
c'est beaucoup de travail pour un maigre résultat. Mais
ceux qui sont pliés aux méthodes des sciences positives

ne feront pas de même. Ceux-là savent combien d'efforts
réclament les plus minces questions ; comment la solution des petites questions mène aux grandes, et combien
il est stérile de discuter les grands problèmes avant
d'avoir étudié les petits.

IV

Si nous avons réussi à faire voir quelle place les
travaux allemands occupent dans l'évolution générale
de la psychologie moderne, il est presque superflu
d'ajouter que, loin d'exclure les résultats dus à la méthode purement descriptive, ils les supposent. Les deux
écoles, descriptive et expérimentale, ont le même but ;
la dernière marque seulement une tendance croissante
vers l'exactitude. Mais elle est si loin d'être une psychologie complète, armée de toutes pièces, qu'elle ne nous
offre pour le moment que des essais. L'avenir seul
pourra en fixer la valeur vraie et dire si la rigueur scientifique à laquelle elle aspire peut être atteinte partout.
Grâce à l'emploi de l'expérimentation et de la mesure,
elle présente une physionomie originale ; nous avons dû
la mettre en relief. Cependant il y aurait erreur à s'exagérer les oppositions et les différences. Elle n'est qu'une
branche de la psychologie empirique, naturaliste, qui,

dans l'état actuel, reste pour la plus large part une étude descriptive.

Son grand mérite, c'est d'avoir déterminé, mieux que par des définitions toujours vagues, ce que doit être une psychologie physiologique. Par suite d'une confusion qui s'est produite dans beaucoup d'esprits, ce terme est souvent considéré comme strictement applicable à la psychologie nouvelle. Cela n'est pas vrai actuellement. Quand la physiologie, réalisant un progrès qu'elle n'ose encore rêver, sera capable de déterminer les conditions de tout acte mental, quel qu'il soit, aussi bien de la pensée pure que des perceptions et des mouvements ; alors la psychologie *entière* sera physiologique, ce qui sera pour elle un grand bien. Pour le présent, il y a tout un groupe de faits de conscience dont l'étude ne trouve dans les sciences de la vie qu'un soutien indirect et instable. Les procédés de l'ancienne psychologie — l'observation intérienre, l'analyse — sont ici à leur place ; mais la nouvelle école ne les emploie qu'en s'appuyant sur la psychologie physiologique et pour ne rechercher que deux choses : des faits et des rapports.

Le domaine et la place de la psychologie physiologique se trouvent ainsi délimités assez nettement.

Son domaine, qui doit insensiblement s'agrandir avec les progrès de la physiologie nerveuse, comprend : les actes réflexes et les instincts ; l'étude détaillée des sensations, avec les questions relatives au temps et à l'espace dans les limites de l'expérience ; les mouvements ; les modes d'expression et le langage ; les conditions de la volonté et de l'attention ; les formes de sentiments les moins complexes.

Sa place est au commencement de la psychologie. Elle étudie ce que les anciens appelaient les facultés inférieures de l'âme ; mais c'est en elle seule que l'étude des manifestations plus hautes trouve un point d'appui. Elle constitue la partie la plus facilement accessible, la plus simple de la science mentale.

Cette simplicité est d'ailleurs toute relative. Pour s'en convaincre, il n'y a qu'à feuilleter les ouvrages consacrés à l'ensemble ou à quelques parties de la psychologie physiologique. En face de cette masse toujours croissante d'observations, d'expériences, de mesures, de déterminations numériques, de faits empruntés aux sciences physiques, à la physiologie, à la pathologie, à l'ethnologie, de discussions minutieuses, d'hypothèses ou d'explications variant sans cesse au gré des découvertes nouvelles et qui dénotent une curiosité toujours en éveil sur tous les points, toujours inquiète d'oublier ou de négliger quelque chose, on se sent dans un nouveau monde, et l'on ne s'étonne pas que les partisans de l'ancienne école refusent d'admettre une psychologie qui ressemble si peu à la leur. Ajoutez la fatigue des détails techniques, un mode d'exposition sec d'où tout agrément littéraire et tout effet oratoire sont exclus, et l'on comprendra que même de bons esprits se prennent à regretter cette psychologie d'autrefois, si simple, si commode, si maniable et qui s'exprimait en si beau langage.

Et cependant, s'il est permis de préjuger de l'avenir, cette complexité est simple au prix de celle qui doit se produire un jour, quand le domaine de la psychologie, purement interne sera entamé. Posons comme constituée la psychologie physiologique, dont nous n'avons encore que d'informes ébauches : alors seulement il sera possible d'entreprendre cette nouvelle conquête et de pénétrer dans le mécanisme intime de l'esprit, à l'aide de procédés qu'aujourd'hui nous ne soupçonnons pas. Que révélera cette future science ? C'est ce qu'on ne peut dire, même par conjecture ; mais à la difficulté de l'œuvre on peut mesurer l'immensité de l'effort et prévoir que cette psychologie ressemblera aussi peu à l'ancienne, que la physique de nos jours ressemble à celle d'Aristote.

Pour nous en tenir au présent, la grandeur de la tâche est de nature à faire réfléchir les plus hardis. Si l'on jette un coup d'œil sur les sciences de la vie et que l'on considère le nombre des travailleurs et des questions agitées, la nécessité d'une poursuite infatigable des détails qui

seule donne une connaissance solide, on comprendra
que la psychologie doit entrer dans une phase analogue.
L'ancienne école, pour le petit nombre d'informations
qu'elle demandait aux sciences positives, avait érigé en
axiome « que la connaissance des résultats suffit ». C'était
une règle de conduite facile, mais de peu de profit; car
ces résultats et les propositions qui les expriment ne
sont que des formules sans valeur pour qui ne connaît pas les faits qu'elles résument.

· Ce prétendu axiome rejeté, on voit s'approcher le
temps où la psychologie demandera les forces entières
d'un seul homme, où l'on sera exclusivement psychologue, comme on est exclusivement physicien, chimiste, physiologiste. Dans toute science, lorsqu'elle est
florissante et cultivée avec ardeur, une division du
travail se produit nécessairement. Chaque question
importante devient un domaine à part. La seule étude
approfondie des perceptions, par exemple, ne pourrait-
elle pas suffire à l'esprit le plus actif? La psychologie
empirique, unie aux autres sciences naturelles par un
lien d'étroite solidarité, élargit son champ; le travail incessant de l'analyse accroît la masse des détails. Là où
le dernier siècle avait vingt faits à connaître, nous avons
vingt lois; puis viendront des lois de lois, c'est-à-dire
une condensation de faits de plus en plus nombreux. Le
cerveau humain ayant ses limites, la nécessité de se

consacrer à cette seule étude s'imposera nécessairement [1].

Actuellement, le nombre de ceux qui sont préparés à
cette œuvre est bien petit. La plupart des physiologistes
sont trop peu psychologues, et la plupart des psychologues connaissent trop mal la physiologie. Nous vivons à
une époque de transition dont les difficultés sont propres
à lasser les meilleurs courages. Il n'est aucun de ceux
qui ont à cœur les progrès de la nouvelle psychologie
qui ne sente à chaque instant les lacunes d'une prépara-
tion insuffisante. Il faudrait, pour entreprendre avec fruit
ces recherches, connaître les mathématiques, la physique,
la physiologie, la pathologie, avoir une matière à manier,
des instruments sous la main, et surtout l'habitude des
sciences expérimentales. Tout cela manque. En France
surtout, grâce aux idées courantes dont notre éducation
première nous a imbus et aux mauvaises habitudes d'esprit qu'elle nous a fait contracter, la seconde moitié de
notre vie se passe à désapprendre ce que nous avons
appris dans l'autre.

La psychologie, en effet, a eu le malheur d'être jus-

1. Il serait intéressant de se demander ce que la philosophie, comme
conception générale du monde, pourra être un jour, quand les sciences
particulières, par suite de leur complexité croissante, deviendront ina-
bordables dans le détail, et que les philosophes en seront réduits à la
connaissance des résultats les plus généraux, nécessairement super-
ficielle. C'est un problème que nous soumettons aux réflexions du lecteur.

qu'ici aux mains des métaphysiciens. Il s'est formé ainsi une tradition difficile à rompre. Par suite de préjugés invétérés, on a peine à admettre que le psychologue ne doit être qu'un *naturaliste* d'une certaine espèce. On s'obstine à le considérer comme un « philosophe » : dénomination aussi inexacte dans ce cas que s'il s'agissait d'un biologiste ou d'un chimiste.

Tant que cette opinion surannée subsistera, le mot psychologie donnera lieu à beaucoup de contre-sens. C'est ainsi que l'ancienne école reproche perpétuellement à la nouvelle de ne faire connaître que le mécanisme de la vie mentale : ce qui est vrai. Mais des métaphysiciens seuls peuvent réclamer davantage. Si connaître, c'est révéler une essence insaisissable, alors la psychologie nouvelle ne nous apprend rien. Si connaître, c'est étudier les faits, déterminer leurs conditions d'existence et leurs rapports, alors elle fait ce qu'elle doit : et elle ne veut ni ne peut autre chose.

V

Le but de cet ouvrage, qu'il nous reste à indiquer, n'est pas de faire une histoire de la psychologie allemande contemporaine. En Allemagne comme partout, il il y a une psychologie « spiritualiste », qui, sous les noms divers d'anthropologie, de science de l'homme, répond aux traités classiques qui ont cours chez nous sur ces questions [1]. Dans ces ouvrages, il y a deux parts à faire : celle des vérités positives, — il est juste de les restituer aux savants qui les ont trouvées ; celle des interprétations, — elles ne sont pas neuves et ne varient que sur des détails insignifiants. Nous n'en parlerons pas.

Nous avons éliminé les théories purement métaphysiques, idéalistes ou réalistes. Si large qu'elles fassent la part à la psychologie, elles n'ont rien à nous apprendre. Ici, comme dans toute autre partie de la science humaine, elles ne s'attachent qu'aux principes et aux caractères généraux ; nous, ce sont les particularités que nous cherchons.

Nous avons éliminé de même les « théories de la connaissance », nombreuses en Allemagne, intéressantes, dues le plus souvent à des esprits vigoureux ou subtils qui tous portent la marque de Kant. Elles constituent un domaine à part, celui de la critique générale. Leur exposition serait une grosse tâche et demanderait un volume distinct.

1. Les principaux représentants de cette psychologie sont actuellement : Ulrici, *Gott und der Mensch*, 2 vol. ; — Hermann Fichte, *Anthropologie* ; — Harms, *Philosophie in ihrer Geschichte*, tome I, *Psychologie* ; — Max Perty, ouvrages très-nombreux, en particulier une *Anthropologie*, 2 vol. ; — beaucoup de travaux et d'articles dans la *Zeitschrift für Philosophie und philos. Kritik*.

Ces exclusions faites, il reste un champ bien délimité : c'est l'étude des questions accessibles à la fois à l'observation de la conscience et à l'investigation scientifique, telle qu'on la pratique dans les laboratoires ; c'est la psychologie considérée comme science naturelle, débarrassée de toute métaphysique et s'appuyant sur les sciences de la vie. Nous restons confinés dans les régions inférieures de la vie psychique ; mais notre position n'est pas si humble qu'il peut sembler, car ces phénomènes servent de base et de point d'appui à tout le reste. La psychologie physiologique, nous le verrons, pénètre par des trouées imprévues jusqu'aux questions les plus hautes de la connaissance humaine : telle expérience modeste en apprend plus qu'un volume de spéculations.

Pour bien comprendre l'esprit de la psychologie allemande contemporaine, il faut avant tout se rappeler que les recherches qui vont être exposées ne sont pas l'œuvre de philosophes, de spéculatifs. Elles sont dues à des savants. La psychologie allemande nous offre ainsi un caractère particulier, original. Tandis qu'en Angleterre une tradition ininterrompue part de Locke et, passant par Berkeley, Hume, Hartley, James Mill, rejoint les contemporains ; en Allemagne il n'y a pas de tradition ni d'école psychologiques ; tout est nouveau.

Kant eut pour successeurs des métaphysiciens auxquels

ont succédé, de nos jours, des criticistes. Seul, parmi
ses nombreux disciples, Herbart doit être compté comme
psychologue. Il part de principes *a priori,* donne peu aux
faits, beaucoup au raisonnement et aux mathématiques ;
mais il a eu des conceptions justes et neuves, et surtout
une influence. Transformée par Beneke, continuée par
d'autres, sa doctrine tend à se perdre dans les spéculations un peu vagues de l'anthropologie et de l'ethnologie.
Mais, en même temps, la vraie psychologie empirique
se produisait obscurément, peu à peu, suivant les
hasards de l'expérience, dans les ouvrages ou mémoires
de physiologie.

S'il fallait lui assigner un fondateur, Jean Müller mé-
riterait ce titre. Dans ses livres, il fait la part très-large
aux questions psychologiques et les traite avec ampleur.
Disciple de Kant, à sa manière, il voulut donner une
base physiologique à la théorie des formes subjectives
de l'intuition.

A chaque espèce de nerf sensoriel il attribua une
énergie spécifique, en vertu de laquelle tout organe
réagit d'une façon qui lui est propre, quelle que
soit la nature de l'excitation qu'il reçoit. Il fit subir à
la doctrine kantienne de l'espace une transformation
physiologique, en admettant que la rétine a le sentiment
inné de son étendue. Cette hypothèse, reprise, modifiée,
rejetée, a donné lieu à un débat très-vif qui dure encore

et qui touche aux problèmes les plus élevés de la psychologie.

Après lui, chaque ordre de sensations devient l'objet de recherches approfondies. On étudia leurs différences qualitatives et intensives. En pénétrant de plus en plus dans la connaissance du mécanisme anatomique et physiologique, on put mieux déterminer ce qui, dans la sensation, est simple, immédiatement donné et ce qui est ajouté par un travail de l'esprit (induction, déduction, association d'images). Là où la conscience, à elle seule, ne voyait qu'un fait irréductible, l'expérience montrait qu'il y avait plusieurs éléments combinés en un tout. — Allant encore plus loin, Helmholtz fit voir, en particulier pour les sons, comment une sensation réputée absolument simple, dégagée même de ces additions psychologiques dont nous venons de parler, se décompose en sensations élémentaires qui cessent d'être démêlées par la conscience. Ses expériences ont servi de base aux interprétations ingénieuses de Taine et de Herbert Spencer [1]

Le même savant, précédé dans cette voie par Dubois-Reymond, suivi plus tard par Donders, Exner, Wundt et beaucoup d'autres, essaya de déterminer la durée des actes psychiques. Les sensations furent étudiées d'abord ;

1. Taine, *De l'Intelligence*, partie I, livre III ; Herbert Spencer, *Principles of Psychology*, tome I, 2e partie, ch. I.

plus tard, on étudia des actes d'une nature plus abstraite. Cette investigation, qui se continue, a jeté un jour nouveau sur le mécanisme et les conditions de la conscience, et l'on peut présumer qu'il en sortira des résultats inattendus.

En dehors des sciences biologiques, Fechner a poursuivi un ordre de recherches ayant pour but de mesurer l'intensité des sensations, dans leur rapport avec l'excitation qui les cause. Il s'est appuyé sur les mathématiques et la physique. Ses généralisations ont soulevé une polémique passionnée, donné lieu à des vérifications, à des contre-expériences. Il en est sorti un nombre déjà considérable de travaux qui, d'après la dénomination choisie par Fechner, sont compris sous le nom de psychophysique.

Tels sont les traits les plus généraux du mouvement qui s'est produit en Allemagne depuis trente ans. Outre Müller, il a eu pour principaux promoteurs, E. H. Weber, Volkmann, Dubois-Reymond, Helmholtz, Hering, Donders, Fechner, Lotze, Wundt. Bon nombre d'entre eux ont contribué aux progrès de la psychologie, sans se proposer ce but. On ne s'étonnera donc pas si leurs travaux, que nous avons à présenter, ont un caractère fragmentaire, s'ils suivent des directions différentes, s'ils se dispersent sur des sujets dissemblables. Il y a ici des travailleurs épars ; rien qui ressemble à l'œuvre d'une école, c'est-à-dire à l'œuvre d'hommes obéissant à une même discipline et suivant une même tradition. Il y a cependant des traits qui leur sont communs à tous et qui les distinguent de tout autre groupe de psychologues : les sciences expérimentales comme point de départ, l'habitude de leur méthode, une façon positive de traiter les questions.

Dans la plupart des cas, il eût été impossible de procéder ici comme pour la psychologie anglaise. On a dû souvent à la monographie d'un psychologue substituer la monographie d'une question, et mentionner même des travaux publiés ailleurs qu'en Allemagne. A notre avis, cette nécessité marque un progrès. A mesure que la psychologie, rompant ses vieilles attaches métaphysiques, s'habituera à la méthode des sciences qui la touchent de plus près, elle portera de moins en moins l'empreinte d'un homme ou d'une race, pour devenir l'œuvre commune de tous les pays.

Janvier 1879.

LA
PSYCHOLOGIE ALLEMANDE
CONTEMPORAINE

CHAPITRE PREMIER
LES ORIGINES

HERBART [1]

I

Les premiers essais de psychologie scientifique, en Allemagne, sont dus à Herbart. Ils forment une transition entre
la spéculation pure de Fichte et de Hegel et la psychologie
sans métaphysique. C'est ce qui explique comment ils peuvent être cités par des hommes tels que Helmholtz et
Wundt, comment ils ont exercé sur eux une influence
avouée et comment à tant d'autres égards ils n'ont plus
guère qu'un intérêt historique.

Herbart a exposé sa psychologie dans deux ouvrages
principaux qui ont pour titre : *De la psychologie comme*

---

1. Herbart est né à Oldenburg, le 4 mai 1776 ; il suivit les leçons de
Fichte à Iéna, professa à Gœttingen et à Kœnigsberg. Il est mort le
14 août 1841.

science, appuyée pour la première fois sur l'expérience, la métaphysique et les mathématiques, et *Manuel de psychologie*[1]. Ce dernier, beaucoup plus court que le précédent, est d'une lecture plus difficile : il ne consiste guère qu'en un résumé de définitions et de formules.

Un point qu'il importe de noter tout d'abord, c'est que Herbart entend fonder la psychologie sur la métaphysique. Son point de départ est « dans l'être ». Le principe ontologique sur lequel tout s'appuie, c'est « l'unité de l'être ».

L'être, pour Herbart, « est absolument simple, sans pluralité, sans quantité; il n'est qu'un *quale.* » Il dit ailleurs : « L'être est une position absolue ; son concept exclut toute négation et toute relation. » Et pour passer de ces considérations sur l'être en général à un être particulier : « L'âme, dit-il, est une substance simple, non-seulement sans parties, mais sans pluralité quelconque dans sa qualité [2]. » Sa qualité nous est inconnue; mais son activité, comme celle de tout ce qui est réel, consiste à se *conserver (Selbsterhaltung).*

Si tout ce qui existe est absolument simple par nature et par définition, d'où vient donc la pluralité? Elle ne vient que des rapports déterminés qui s'établissent entre un être et les autres êtres. Par suite de ces rapports réciproques, les êtres se trouvent en lutte ; et par suite de cette lutte, l'effort pour la conservation, la *Selbsterhaltung,* qui constitue essentiel-

---

1. *Psychologie als Wissenschaft, neu gegründet auf Erfahrung, Metaphysik und Mathematik.* 1824-1825. — *Lehrbuch zur Psychologie.* 1815. — L'édition qui nous a servi est celle des Œuvres complètes de Herbart, par Hartenstein.
2. *Lehrbuch zur Psychologie,* 3º partie.

lement chacun d'eux, devient une représentation *(Vorstel-lung)*. Telle est l'hypothèse de Herbart. Les représentations (ou, comme s'exprime la psychologie contemporaine, les états de conscience) ne sont donc « que les efforts que l'âme fait pour se conserver ». En d'autres termes, nos sensations, nos idées, nos souvenirs, tout ce qui constitue notre vie psychologique, n'existe pour nous que comme un effet de notre tendance à la conservation, qui, par son rapport avec les autres êtres, se détermine et se spécifie.

Tout ce début métaphysique est bien hasardé, et rien de plus juste que cette remarque de Trendelenburg [1] : Le concept de l'être, chez Herbart, repose simplement sur la spéculation, non sur l'expérience.

Quoi qu'il en soit, admettons cette hypothèse et tenons la genèse des états de conscience pour expliquée. Nous avons maintenant la matière de la psychologie, les phénomènes qu'elle veut étudier : voyons comment Herbart va s'y prendre. Il est certain que, malgré ce goût marqué pour l'abstraction qui se traduit chez lui par l'abus de la métaphysique et des mathématiques, il montre parfois un sentiment vrai du fait réel, de son évolution et de ses variétés spécifiques. On peut en douter d'autant moins que cette tendance qui n'est chez lui qu'à l'état de germe s'est développée chez ses disciples : c'est de l'école de Herbart que nous verrons sortir plus tard la psychologie ethnique.

« La matière de la psychologie, dit-il, c'est la perception interne, le commerce avec les autres hommes de tous les

1. *Historische Beiträge zur Philosophie*, tome III.

degrés de culture, les observations de l'éducateur et de l'homme d'État, les récits des voyageurs, des historiens, des poètes et des moralistes, les expériences fournies par les fous, par les malades et les animaux [1]. » Ailleurs, il fait remarquer que « l'homme des psychologues, c'est l'homme sociable et cultivé (*gebildete*) qui représente l'histoire de son espèce parvenue à une grande hauteur » ; mais que les faits actuels ne peuvent pas nous dire ce qui est primitif, qu'il faut recourir pour cela à l'examen du sauvage et de l'enfant [2].

Aujourd'hui, ces vues peuvent paraître communes; il n'en était pas de même en Allemagne, il y a soixante ans : alors que la métaphysique régnait sans contestation, elles ont dû paraître une originalité voisine du paradoxe. J'incline à croire pourtant qu'elles avaient été suggérées à Herbart moins par ses propres réflexions que par la lecture de Locke.

Le goût du fait réel en psychologie a fait de Herbart l'ennemi le plus acharné de l'hypothèse des facultés de l'âme. Il y revient sans cesse pour la combattre. La psychologie a reculé depuis Leibniz et Locke, grâce à Wolf et à Kant, qui sont des abstracteurs (*Absonderer*) de facultés de l'âme. Les deux premiers suivaient une meilleure voie en s'abstenant de ces hypothèses; car, « dès qu'à la conception naturelle de *ce qui se passe en nous* on ajoute l'hypothèse de facultés *que nous avons,* la psychologie se change en

1. *Lehrbuch zur Psychologie.* Introduction.
2. *Ibid.,* 2e partie, ch. I.

mythologie. » La psychologie empirique, dit-il ailleurs, nous
parle de trois facultés : penser, sentir, désirer ; à ces trois
facultés, elle subordonne, comme à des genres, d'autres
facultés (mémoire, imagination, raison, etc.); puis, à chaque
espèce, elle subordonne des variétés (mémoire des lieux,
des mots, etc. ; raison théorique et raison pratique, etc.).
Mais le réel, le fait, est individuel ; ce n'est pas un genre ni
une espèce. Le général ne peut sortir de l'individuel que par
une abstraction en règle; et comment tenter cette abstraction
quand l'individuel est mal connu, insuffisamment établi [1]?

A ce sentiment de la réalité qui se trouve chez Herbart,
quoiqu'il cite bien rarement des faits individuels, il faut
ajouter une intuition très-nette de la méthode scientifique.
Il ne croit pas, comme c'était alors la mode en Allemagne,
que l'on puisse construire la psychologie à l'aide de pures
déductions et d'arguties logiques. Il se propose d'appliquer
à la psychologie « quelque chose qui ressemble aux recherches des sciences de la nature » (welche der Naturforschung
gleiche). Parfois même il semble dire que la psychologie
ne peut se constituer comme science qu'à la condition de
faire une part très-large à l'inconnu et en se bornant aux
phénomènes. « La physique expérimentale ignore les forces
de la nature, et cependant elle a deux moyens de découverte,
l'expérimentation et le calcul. La psychologie ne peut pas
expérimenter sur l'homme, et elle n'a pas d'instruments
pour cela; elle doit d'autant plus s'attacher à employer le
calcul. »

1. *Psychologie als Wissenschaft.* Introduction.

Il n'est pas sûr que Herbart soutint encore de nos jours
que l'expérimentation est impossible en psychologie. Les
recherches de Fechner et de ses successeurs ont montré le
contraire : tout un ordre de faits psychologiques est devenu
accessible à l'expérience. Ce qui est sûr, c'est qu'il a une
idée exacte des conditions de la science ; il sait qu'elle
n'existe que là où il y a calcul, c'est-à-dire détermination
quantitative, ou bien expérimentation, c'est-à-dire vérification objective, et qu'en dehors de ces conditions l'emploi
du mot science est une usurpation et un abus.

II

La psychologie a quelque analogie avec la physiologie.
« De même que l'une construit le corps avec des fibres [1],
l'autre construit l'esprit avec des séries de représentations. » Les représentations ou faits de conscience dont
les lois peuvent être connues, telle est la matière de la
psychologie. « Mais ce que nous cherchons, ce n'est pas
un simple registre de faits, c'est un savoir spéculatif, c'est
une réduction à des lois. » Par exemple, « la psychologie
répète que les états de conscience s'associent dans le temps
et l'espace, et elle n'en est jamais venue à penser que le
temps et l'espace ne sont que les déterminations prochaines
de cette association, qui en réalité n'est pas vague, comme
la description courante qu'on en donne pourrait le faire

---

1. On dirait de nos jours : avec les éléments anatomiques.

croire, mais qui se produit d'après une régularité strictement mathématique. » Il faut donc renoncer à rien comprendre à la psychologie, si l'on ne fait usage du calcul.
Le sens intime, ce prétendu instrument scientifique de la
plupart des psychologues, n'a pas pour Herbart « la plus
légère prérogative comme valeur sur l'expérience externe,
quelque supériorité imaginaire qu'on ait pu rêver pour
elle. »

Jusqu'ici, nous ne savons qu'une chose : Les états de
conscience, d'après l'hypothèse métaphysique de Herbart,
seraient dus à l'effort que chaque être fait pour se conserver, dès qu'il entre en relation avec les autres êtres. Mais
y a-t-il rien là qui ressemble à une propriété mathématique ? Oui ; car tout ce qui est perçu intérieurement a
une propriété générale : c'est de se montrer « comme allant
et venant, oscillant et flottant, en un mot comme quelque
chose qui devient *plus fort* ou *plus faible* [1]. » Chaque terme
employé pour exprimer nos représentations renferme un
concept de *grandeur*. Il faut donc admettre que dans les
faits de conscience il n'y a aucun ordre, ou bien qu'il y a
quelque chose qui présente un caractère mathématique et
qu'on doit essayer d'analyser mathématiquement.

Pourquoi n'a-t-on pas essayé depuis longtemps cette analyse? Herbart en donne plusieurs raisons. La principale
est la difficulté de la mesure. Les grandeurs psychologiques
sont des quantités variables qui ne peuvent être évaluées
que d'une manière incomplète. « Mais on peut soumettre

---

1. *Psychologie als Wissenschaft*. Einleitung.

au calcul les variations de certaines quantités, et ces quantités elles-mêmes, en tant qu'elles sont variables, sans les déterminer complètement : c'est sur cela que repose toute l'analyse infinitésimale. Tant que le calcul de l'infini n'était pas inventé, les mathématiques étaient trop imparfaites pour cet objet. » Il est maintenant possible de s'en servir pour constituer la psychologie comme science.

Toute notre connaissance des faits internes a ce caractère qu'elle est nécessairement incomplète : notre esprit, par une opération qui lui est propre, doit la *compléter* (Ergänzung). Mais le plus souvent les données empiriques sont tellement insuffisantes que cette entreprise ne peut être tentée que par voie spéculative ; et, pour cela, il faut tout d'abord démontrer l'existence de certains rapports, établir que deux quantités sont en fonction l'une de l'autre, qu'elles sont liées ensemble comme un logarithme et son nombre naturel, comme une différentielle et son intégrale, etc.

En un mot, d'après Herbart, « la psychologie tout entière ne peut consister en rien autre chose qu'à compléter les faits perçus intérieurement ; qu'à démontrer, au moyen de ce que la perception n'atteint pas, la connexion de ces faits que la perception peut atteindre ; — et cela, d'après des lois générales [1]. »

Tous les états de conscience sans exception étant pour Herbart des représentations, et les représentations étant des *forces,* en tant du moins qu'elles sont contraires les

---

1. *Psychologie als Wissenschaft,* p. 220.

unes aux autres, il en résulte que la tâche de la psychologie consistera à établir une statique et une mécanique de l'esprit [1].

Nous entrons ici dans le cœur même de la psychologie de Herbart. Il nous faut donc insister sur ce qui en fait le caractère essentiel : l'emploi des mathématiques.

Toute représentation simple a une *qualité* déterminée, qui est invariable : la perception du rouge, par exemple, ne peut en aucune façon devenir celle du bleu. Mais toute représentation a aussi une valeur *quantitative* qui est variable, à savoir son degré d'intensité, de force, ou plus simplement de clarté [2]. Un fait vulgaire montrera que nos représentations sont en réalité des forces qui luttent entre elles. Supposez, dit Herbart [3], qu'un homme vous parle une langue inconnue ; vous remarquerez que chaque mot, s'il n'est prononcé très-lentement, sort aussitôt de votre mémoire. Les perceptions produites en vous par ces divers sons ont donc la propriété de se chasser les unes les autres. Au temps où nous

_____

1. Il faut bien remarquer que Herbart dit expressément que les états de conscience *ne sont pas* des forces, mais ne le deviennent que par suite des rapports qui s'établissent entre eux ; tout comme l'âme, ainsi que nous l'avons dit, ne devient consciente que par accident. « Le sujet représentant est une substance simple appelée avec raison « âme. Les représentations sont produites par les conditions extérieures et sont déterminées, quant à leur qualité, tant par ces conditions que par la nature de l'âme elle-même. L'âme n'est donc pas « originairement une force représentante (consciente) ; mais elle le « devient par le fait de certaines circonstances. En outre, les représentations prises en elles-mêmes ne sont pas des forces, mais elles « le deviennent par suite de leur opposition réciproque. » (*Psychologie als Wissenschaft*, p. 31.)

2. Drobisch, *Erste Grundlehren der mathematischen Psychologie*, p. 15.

3. Herbart, *De attentionis mensura causisque primariis*, dans les *Sämmtliche Werke*, tome VII, p. 75 et suiv.

ne connaissions aucune langue, chaque mot produisait sur nous le même effet. Par un résultat de l'habitude, la liaison des mots nous est devenue facile ; nous ne sentons plus que chacun d'eux fait obstacle à l'autre ; mais cet antagonisme n'en continue pas moins à exister : c'est un fait général.

Le principe qui sert d'appui à tout le reste, c'est donc l'antagonisme des représentations. Herbart, qui procède en mathématicien, fait remarquer que cette hypothèse doit être prise d'abord dans son sens le plus simple. « Il ne s'agit pas de représentations complexes désignant des objets avec leurs déterminations dans le temps et l'espace, mais de représentations très-simples, telles que *rouge, bleu, acide, doux ;* en un mot, de celles qui peuvent être fournies par un acte sensoriel immédiat et d'un moment. » C'est un principe métaphysique — l'unité de l'âme — qui explique à la fois l'antagonisme des représentations et leur association. Comme, en vertu du principe de contradiction, deux contraires ne peuvent exister simultanément en un même point, les représentations contraires s'arrêtent réciproquement. Sans cet antagonisme, toutes les représentations ne constitueraient qu'un seul acte d'une seule âme ; et, en réalité, elles ne constituent qu'un seul acte, tant que des obstacles quelconques ne viennent pas introduire entre elles une séparation.

Cet antagonisme entre deux états de conscience n'appartient à aucun des deux pris seul ; il résulte d'un rapport. « Si nous entendons un *ut* seul, il ne s'oppose pas pour nous à un *ré.* Mais si nous entendons à la fois *ut, ré,* ou si ces deux représentations coexistent dans notre conscience, alors nous percevons non-seulement la somme *ut, ré,* mais l'antagonisme entre les deux.

D'ailleurs, entre les représentations, l'antagonisme est très-variable. « Prenons le *bleu ;* il est moins opposé au violet avec ses diverses nuances qu'au rouge avec ses diverses nuances. Prenons un *ut,* il est plus opposé au *ré* qu'à l'*ut dièze,* au *sol* qu'au *mi.* L'arrêt qui est la conséquence immédiate des antagonismes doit donc varier comme ceux-ci [1]. »

Admettons donc, pour poser le problème dans ses termes les plus élémentaires, qu'il n'y a dans l'esprit que deux représentations simples et contraires. Chacune a un degré de force ou d'intensité qui lui est propre : nous savons que, par un effet de l'attention ou de quelque cause extérieure, l'intensité d'un état de conscience peut devenir extrêmement grande. La quantité intensive de ces deux perceptions peut être représentée par des nombres. Appelons l'une des représentations A et l'autre B ; désignons par m et n leurs quantités intensives ; nous pourrons poser le rapport A : B $= m : n$, quoiqu'il n'y ait aucune unité ou commune mesure à laquelle on puisse rapporter A et B pour déterminer la quantité intensive absolue de ces représentations. — Les représentations étant contraires, il est évident que la plus forte résistera le plus fortement. La résistance sera dans le rapport $\frac{m}{n}$. Plus elle résiste, moins elle subit de changement; par conséquent, les changements résultant de ce conflit seront $= \dfrac{1}{m} : \dfrac{1}{n} = n : m$. La perte d'intensité qui se produit dans ce cas est appelée par Herbart un arrêt (*Hemmung*), et le but du calcul est de déterminer : 1° la somme d'arrêt (*Hemmungssumme*), c'est-à-dire la perte totale d'intensité qui se produit dans un cas particulier; 2° le rapport d'arrêt (*Hemmungsverhältniss*), c'est-à-dire la manière dont cette perte totale se répartit entre chacune des représentations, proportionnellement à son intensité. Pour prendre un exemple, si nous supposons deux représentations dont l'intensité est dans le rapport $= 3 : 2$, l'arrêt produit sera $= 2$, parce que, suivant Herbart, s'il était plus grand que 2, la représentation la plus faible serait anéantie, ce qui est impossible. D'un autre côté, il ne peut pas être plus petit que 2, parce que, dans ce choc interne, chaque représentation tendant à perdre le moins possible, tout ce qui est pris à l'intensité de l'une s'ajoute à l'intensité de l'autre. La somme totale d'arrêt étant $= 2$, le calcul montre que la perte pour chacune est telle que la représentation la plus forte devient $= \dfrac{11}{5}$ et la plus faible $= \dfrac{4}{5}$ [1].

Tels sont les principes généraux sur lesquels repose la psychologie mathématique. On peut les résumer dans les propositions suivantes :

---

1. Voici le calcul de Herbart : On a : $(3 + 2) : \left\{ \begin{array}{c} \frac{2}{3} \\ \end{array} \right\} = 2 : \left\{ \begin{array}{c} \frac{4}{5} \\ \frac{6}{5} \end{array} \right\}$

Par suite, le résidu de la plus forte $= 3 - \dfrac{4}{5} = \dfrac{11}{5}$;

Le résidu de la plus faible $= 2 - \dfrac{6}{5} = \dfrac{4}{5}$.

Les représentations deviennent des forces quand elles sont en état d'opposition réciproque.

Les représentations, par suite de cet antagonisme, perdent un *quantum* de leur intensité : c'est ce qui s'appelle dans la langue de Herbart l'*arrêt* de la représentation.

Nulle représentation ne pouvant être anéantie, l'arrêt, partiel ou total, n'a d'autre effet sur elle que de diminuer sa tension et de la faire passer de l'état de représentation réelle à l'état de simple tendance *(Streben vorzustellen)* (c'est ce phénomène qui dans le langage ordinaire s'appelle le passage du conscient à l'inconscient).

Deux représentations sont en équilibre lorsque chacune des deux suffit à arrêter l'autre. Chaque représentation est alors à l'état de tendance ; elle est obscurcie *(Verdunkelung)*.

Dès que la représentation s'éloigne de ce point « d'obscurcissement », il se produit ce que Herbart appelle par métaphore un mouvement.

Le calcul de cet équilibre et de ce mouvement des représentations fait l'objet de la statique et de la mécanique de l'esprit.

Statique de l'esprit.

Il serait au-dessus de nos forces et hors de notre compétence d'en donner ici une exposition complète. Il suffira, pour une question qui n'a plus d'ailleurs qu'un intérêt historique, d'indiquer les traits généraux.

La statique de l'esprit a pour but d'étudier les conditions de l'équilibre entre les représentations, de soumettre au calcul leur arrêt réciproque et de déterminer les touts complexes qu'elles constituent en s'unissant.

Les représentations forment diverses classes, telles que les couleurs, les sons, les formes, etc., etc. Herbart appelle chacune de ces classes un *continu*. D'après lui, les représentations appartenant à un même continu s'opposent entre elles ; celles qui appartiennent à des continus différents ne le font pas. Ainsi la couleur ne produit aucun arrêt sur une représentation auditive, etc., etc.

Les représentations simultanées doivent, par le fait même de l'unité du sujet pensant dans lequel elles pénètrent, s'unir, autant que l'arrêt réciproque ne l'empêche pas. Mais il est évident que cette union doit se faire de deux manières très-différentes, selon que les deux représentations sont de nature diverse ou de la même nature. Dans le premier cas, elles peuvent s'unir totalement ; dans le second, elles ne s'unissent qu'autant que l'arrêt le permet.

1er *cas.* — Ce cas est le plus simple. Les représentations appartiennent-elles à des continus différents, « elles peuvent s'unir totalement de façon à former une seule force, qui entre comme telle dans le calcul. » C'est ce que Herbart appelle une *complication* ou un tout complexe (union d'un son et d'une couleur).

Les représentations appartiennent-elles à des continus de même espèce, il en résulte une union partielle, due aux oppositions qui existent entre elles. C'est ce que Herbart appelle une *Verschmelzung* ou une fusion (union du rouge et du bleu) [1].

2ᵉ cas. — Ici, par hypothèse, les représentations s'entravent au lieu de s'unir. Herbart réduit le problème à trois formes principales :

1° Les deux représentations sont en opposition complète et ont une intensité égale. Soient deux états de conscience A et B, ayant chacun une intensité = 1, et s'opposant totalement, « comme le rouge et le jaune. » Pour que l'arrêt de A fût nul, il faudrait, comme nous l'avons vu, que B disparût complètement. Mais chacune des représentations tend à se conserver, et toutes deux luttent avec une force égale. Il en résulte que chacune perdra la moitié de son intensité primitive.

2° Les deux représentations A et B sont en opposition complète et ont des intensités inégales. Soit l'intensité de A = *a* et celle de B = *b*, de telle sorte qu'on ait *a* > *b*. En ce cas, d'après l'hypothèse de Herbart, la « somme d'arrêt doit être = *b*, c'est-à-dire égale à l'intensité de la représentation la plus faible, puisqu'il suffirait que cette représentation faible disparût, pour que la contradiction n'eût plus lieu [2]. »

---

1. Herbart distingue encore la complication et la fusion en *complètes* et *incomplètes* ; mais nous ne pouvons donner tous ces détails.

2. Nous donnons ici, sous une forme générale, le calcul dont Herbart nous a montré plus haut un cas particulier. La somme d'arrêt = *b* se répartit ainsi entre les deux représentations : A reste dans la conscience avec l'intensité :

$$a - \frac{ab}{a+b} = \frac{a+b}{a^2 + ab + b^2} \cdot$$

B reste dans la conscience avec l'intensité suivante :

$$b - \frac{ab}{a+b} - \frac{b^2}{a+b} \cdot$$

3° Trois représentations A, B, C sont en opposition complète, et leurs intensités *a*, *b*, *c* sont telles que l'on peut poser $a > b$, $b > c$. Dans ce cas, la somme d'arrêt est $= b + c$, c'est-à-dire égale à la somme des deux intensités les plus faibles, puisque, si leur arrêt était total, la représentation A aurait son intensité complète. Herbart détermine par le calcul comment cette somme d'arrêt $b + c$ se répartit entre les trois représentations. D'après lui, d'ailleurs, tous les cas sont réductibles aux trois qui précèdent, les conditions restant les mêmes, c'est-à-dire égalité d'antagonisme, différence d'intensité.

En somme, cette égalité d'antagonisme étant admise, chaque représentation subit un arrêt qui est *inversement proportionnel* à son intensité.

Herbart examine ensuite deux autres cas :

1° Les intensités sont supposées égales ; mais les degrés d'antagonisme sont différents. Alors chaque représentation subit un arrêt qui est *directement proportionnel* à la somme d'antagonisme qui existe entre elle et les autres représentations.

2° Les intensités sont inégales et les oppositions inégales. La solution n'est obtenue ici que par des calculs fort compliqués [1].

Chaque représentation, par suite de l'arrêt qu'elle subit, peut être chassée de la conscience. Mais cette exclusion

---

1. Soient les intensités *a*, *b*, *c* ; soit l'antagonisme entre *a* et $b = m$, entre *a* et $c = p$; entre *b* et $c = n$; les arrêts seront :

$$\frac{m+p}{a}, \quad \frac{m+n}{b}, \quad \frac{n+p}{c}.$$

a ses degrés, et, dans ce passage de l'état de représentation réelle à l'état de simple tendance, il y a un point statique important que Herbart appelle le *seuil de la conscience* : « Je nomme seuil de la conscience *(Schwelle des Bewusstseins)* ces limites qu'une représentation semble franchir, lorsqu'elle passe de l'état d'arrêt complet à un état de représentation réelle. » Le calcul doit déterminer les conditions dans lesquelles une représentation peut atteindre un degré infiniment petit, en tant que représentation ; dans lesquelles par conséquent elle se tient à cette limite [1]. Elle est « au-dessous du seuil », lorsqu'elle n'a pas la force nécessaire pour remplir ces conditions ; et « au-dessus du seuil », quand elle a atteint un degré de représentation réelle. En d'autres termes, le seuil de la conscience est la limite où l'intensité d'une représentation peut être considérée comme $= o$. La « valeur du seuil » *(Schwellenwerth)* est la valeur qu'une représentation doit avoir pour être refoulée juste au seuil de la conscience. Par exemple, si $a = 1$ et si $b = 1$; c, au moment précis où il sera sur le seuil de la conscience, aura une valeur $= \sqrt{1/2}$ ou 0,707.

Au-dessous du seuil de la conscience, toute perception rentre dans la catégorie des « perceptions insensibles » de Leibniz. Pour Herbart, les représentations simples ne sont pas ces infiniment petits, mais les *complexus* qui, résultant de leur fusion, dépassent le seuil de la conscience. « Ce ne sont pas, dit Drobisch, des différentielles, mais l'intégrale des différentielles. La psychologie mathématique ne peut

1. *Psychologie als Wissenschaft*, p. 43 et suiv.

TH. RIBOT. 2

pas plus commencer par l'étude de ces perceptions insensibles dont résultent les perceptions simples, que la mécanique physique ne peut commencer par une théorie de l'attraction moléculaire. Le concept de représentation simple est donc aussi bon que celui de point matériel ou de molécule : c'est une abstraction scientifique, mais qui n'en a pas moins sa validité[1]. »

Mécanique de l'esprit.

Cette partie de la psychologie étudie les représentations à l'état de mouvement. Si l'on considère l'état d'arrêt de chaque représentation comme se produisant successivement, il y a lieu de rechercher avec quelle *vitesse*, constante ou variable, l'obscurcissement se produira, et dans quel *temps* elle sera achevée.

« Les analogies entre la mécanique de l'esprit et celle des corps ne doivent d'ailleurs pas nous faire oublier leurs différences. Ici, il n'y a pas d'angles, de sinus, de cosinus, etc., etc. ; point d'espace infini ; mais tout mouvement de représentations est renfermé entre deux points fixes : leur état d'arrêt complet, leur état de liberté complète. Au lieu de la pesanteur qui attire les corps en bas, nous avons ici l'effort naturel et constant de toutes les représentations pour revenir à leur état de liberté complète (absence d'arrêt). »

Si nous partons de l'état d'équilibre, ou, ce qui est plus

1. *Erste Grundlehren, u. s. w.*, p. 16.

réel au point de vue de l'expérience psychologique, de cet état d'arrêt où sont les représentations, nous voyons que, si de nouvelles forces interviennent, l'équilibre est rompu; la somme d'arrêt diminue, et il y a un mouvement des représentations. La mécanique se propose d'appliquer le calcul aux questions suivantes : La diminution de la somme d'arrêt. — La vitesse du mouvement pour chaque représentation. — Le *quantum* de temps pendant lequel il s'exécute. — Le réveil médiat ou immédiat des représentations.

Nous ne pouvons entrer ici dans cette exposition. Nous essayerons seulement de montrer comment, à l'aide de la « loi de reproduction », Herbart croit pouvoir expliquer la formation des idées générales et en particulier la notion d'espace.

Par suite de cette lutte pour l'existence qui existe entre elles, chaque représentation n'occupe la conscience que pendant un temps restreint et se trouve changée en une simple tendance. Herbart ne nous donne pas une idée bien nette de la nature de ces tendances : on peut cependant se les représenter comme un état d'équilibre; les forces égales et contraires s'entravent réciproquement. Mais, dès qu'une circonstance quelconque amène une diminution d'arrêt, la tendance redevient une représentation réelle; elle atteint d'abord le « seuil de la conscience », qui forme l'horizon visible, puis monte au-dessus de l'horizon (*Steigen*). Ce mouvement ascendant d'une représentation entraîne celui des états analogues, et ainsi se produit dans la conscience l'idée générale : elle est donc due non pas à un pouvoir spécial que l'âme exerce sur les perceptions simples, mais à une réaction mutuelle des perceptions analogues; les différences s'obscurcissent dans la masse des perceptions, et il ne reste que ce que celles-ci ont de commun.

Si nous prenons la notion d'espace, nous verrons qu'elle sort d'une succession de sensations. Nos états de conscience peuvent se juxtaposer de diverses manières , soit pour produire des combinaisons, soit pour former de simples successions. Les successions elles-mêmes sont de différentes sortes; il n'y en a qu'une seule qui nous suggère la notion d'espace : c'est la succession *qui peut être renversée*, c'est-à-dire dont les différents termes peuvent être parcourus indifféremment de A à Z et de Z à A. Le mouvement (d'un bras, d'un membre), considéré comme fait réel, ne joue pour Herbart qu'un rôle secondaire dans l'acquisition de notre notion d'espace : il n'est l'occasion de cette idée qu'autant qu'il produit dans la conscience une série d'états qui peut être renversée. « Durant le mouvement progressif, dit Herbart, les premières représentations s'abaissent (au-dessous du seuil) successivement et se fusionnent graduellement avec les suivantes. Mais, au moindre retour en arrière, ces représentations antérieures reviennent en masse, s'élèvent (au-dessus du seuil) à la faveur de celles qui y sont ajoutées et qui leur ressemblent. Il arrive ainsi que chaque représentation assigne sa place à toutes les autres, puisqu'elle doit se poser à côté d'elles et entre elles[1]. »

La notion d'espace résulte donc pour Herbart d'une asso-

1. *Psychologie als Wissenschaft*, p. 119-120.

ciation entre des états de conscience. Toute autre donnée
(sentiment d'activité musculaire, résistance) est par lui né-
gligée : il ne tient compte que des représentations et de
leurs rapports. C'est ce qui a permis à Lotze d'objecter à
cette théorie que certaines séries (par exemple la gamme)
peuvent être parcourues indifféremment de haut en bas ou
de bas en haut, sans donner la moindre idée d'espace, et
d'autres critiques [1] ont pu soutenir que cette explication de
l'espace implique elle-même préalablement l'idée de l'espace.

III

Il ne s'agit pas pour nous d'étudier la psychologie de Herbart dans tous ses détails; ce qui précède contient l'essentiel ; il ne reste que deux points qui doivent nous arrêter :
ses théories sur la sensibilité et sur le moi.

Pour Herbart, tous les faits psychologiques, sans exception, sont des *représentations*. Les phénomènes nommés
sentiments , affections, émotions, désirs , passions, etc., ne
constituent pas une espèce à part qui s'oppose aux idées.
Les phénomènes sensibles, selon lui, ne sont pas de nature
irréductible ; ils ne présentent pas de caractères essentiellement distincts ; ils ne méritent pas de former un groupe
particulier ; ils ne constituent pas un deuxième mode de la
vie psychique. D'un autre côté, les sentiments ne sont pas

1. *Zeitschrift für Philosophie* (1866, liv. 1, 2).

des représentations. Que sont-ils donc? Ce sont simplement
des rapports. Les états particuliers de l'âme que tout le
monde désigne sous le nom de sentiments (avec leurs variétés) sont des *rapports entre les représentations*. Cette doctrine est déjà en germe dans Aristote. On a remarqué de
bonne heure qu'un groupe de sentiments — les sentiments
esthétiques causés par les sons — dépendent des intervalles,
c'est-à-dire des rapports entre nos perceptions. Herbart a
généralisé cette théorie et l'a étendue à tous les sentiments.

« Le sentiment (*Gefühl*) se produit lorsqu'une représentation reste dans la conscience par suite d'un équilibre entre
les forces qui l'arrêtent et celles qui tendent à l'élever. »
Cette définition a besoin d'être expliquée. Lorsqu'une représentation franchit le seuil de la conscience et s'élève, il se
produit un état qui, dans la langue commune des psychologues, s'appelle un acte intellectuel. Si, au contraire, la
somme d'arrêt s'accroît, la représentation est refoulée au-
dessous du seuil ; l'acte intellectuel cesse. Mais il peut se
présenter un autre cas : supposons qu'une représentation
existe dans la conscience ; si deux autres représentations de
force égale et contraires tendent, l'une à la refouler, l'autre
à l'élever, il se produit un état d'équilibre. Cet état, qui résulte, on le voit, d'un rapport entre les représentations,
produit un sentiment. Ainsi, dit Lindner, l'un des plus récents disciples de Herbart [1], si nous prenons un sentiment
tel que l'*affliction* causée par la perte d'un ami, l'idée de

---

1. Lindner, p. 117. *Lehrbuch der empirischen Psychologie.*

cet ami est prise « comme dans un étau » entre deux idées : celle de sa mort qui tend à produire un arrêt, celle de ses bienfaits qui tend à un effet contraire.

Herbart loue beaucoup la division (due à Kant) des émotions en deux classes : 1° les émotions excitantes *(rüstige)*, telles que la joie et la colère ; 2° les émotions déprimantes *(schmelzende)*, comme la frayeur et la tristesse. Il définit les premières « des émotions qui font entrer dans la conscience un *quantum* de représentation réelle plus grand qu'elle n'en peut contenir ; » et les secondes « des émotions qui chassent de la conscience un *quantum* de représentation supérieur à celui qui devrait y être, en vertu de la nature même de ces représentations. »

Quant aux désirs (*Begehren*), dont Herbart forme un groupe qui contient les penchants, les passions et la volonté (celle-ci est le désir tendant à une fin morale), ils sont définis de la manière suivante : « Le désir est la prédominance d'une représentation qui lutte contre les obstacles et par là détermine en ce sens les autres représentations [1]. »

Toute passion a pour base une représentation dominante : là où la représentation de l'objet désiré n'est pas maîtresse, il n'y a pas passion. La force de la passion, cette tendance irrésistible qui la caractérise, consiste dans cet effort continuel de la représentation dominante — ou plutôt du groupe des représentations qui se rapportent à l'objet de la passion

---

1. Nous ne donnons pas ici la classification détaillée des émotions d'après Herbart : cela nous entraînerait trop loin. Voir *Lehrbuch zur Psychologie*, 2e p., chap. 1 à 4.

— contre cet arrêt continuel qu'elle subit dans la conscience. La passion naît d'une masse de représentations démesurément intenses, mal liées, qui se mettent en opposition avec les combinaisons régulières de représentations. En langage métaphorique, cela s'appelle l'antagonisme de la passion et de la raison ; mais, comme on le voit, il n'y a pas là deux facultés, deux entités qui s'opposent l'une à l'autre. « Les passions sont des tendances au désir, qui ont leur base dans l'entrelacement des représentations. Ce sont des tendances et non pas des actes : et c'est ce qui explique pourquoi il y a non-seulement des passions, mais des natures passionnées. L'absence de civilisation et d'éducation favorise le développement de ces natures, parce que plus les idées restent isolées, plus leur union est dépourvue de règle et d'ordre, plus chacune agira puissamment pour elle seule et n'éveillera que les idées qui peuvent entrer en combinaison avec elle sans lui faire obstacle. »

Ainsi, partout dans la psychologie de Herbart, nous ne trouvons que des représentations. Pour lui, ce fait unique explique tous les détails de la vie mentale. Il en explique aussi l'unité. Le *moi,* ou, si l'on préfère une autre expression, la conscience n'est pas, en effet, pour Herbart, une chose à part. Tandis que les psychologues antérieurs soutenaient que, pour qu'une représentation soit possible, il faut et il suffit que la conscience s'y applique, pour Herbart et son école, au contraire, la conscience n'est que la somme des représentations actuelles. Bref, elle est un effet et non une cause, un résultat et non un fait primitif. De même qu'une chose ou un objet est le point où différentes séries d'images se rencontrent, de même le moi est le point où toutes nos séries de représentations se rencontrent; et la représentation du moi, ou la conscience individuelle, ne se produit que parce que nous différencions ce point des séries particulières qui s'y coupent.

IV

Nous ne pouvons tenter ici une critique complète de la psychologie de Herbart. Une pareille étude supposerait un examen approfondi des détails, et elle ne pourrait être faite que par un homme également versé dans la psychologie et les mathématiques. Nous essayerons seulement de montrer en quoi consiste l'originalité de sa tentative, quelle conception nouvelle a été introduite par lui dans la psychologie et quel mouvement en est sorti.

Même à première vue, son originalité est frappante. La méthode de Herbart n'est ni la méthode analytique de Locke, de Condillac et de l'école idéologique issue d'eux; ni la méthode descriptive de l'École écossaise; ni la méthode physiologique qui, entrevue par Hartley, ne s'est développée que de nos jours. Conformément à son titre, il appuie la psychologie sur une triple base; accordant très-peu à l'expérience, davantage à la métaphysique, presque tout aux mathématiques. Sa méthode est donc surtout mathématique. Il est assez surprenant qu'un disciple de Kant l'ait inaugurée le

premier. Kant, en effet, se plaisait à répéter « que la psychologie ne pourra jamais s'élever au rang d'une science naturelle exacte »; et il appuyait cette assertion sur deux raisons
principales :

1° Les mathématiques ne sont pas applicables aux phénomènes internes, parce que ces phénomènes sont soumis à
la seule condition du temps, ou, pour parler sa langue, « parce
que l'intuition interne dans laquelle ces phénomènes doivent être construits n'a qu'une seule dimension, le temps. »

2° Les phénomènes internes ne sont pas accessibles à
l'expérimentation, c'est-à-dire à une observation faite dans
des circonstances déterminées, variables à volonté et con-
trôlées par l'emploi de la mesure.

Aux observations de Kant, on a répondu ce qui suit [1] :

En ce qui touche le premier point, il est certain que, pour
présenter les faits internes sous une forme mathématique,
il faut qu'ils contiennent au moins deux variables, qui représentent en quelque sorte deux dimensions. Mais c'est ce
qui a lieu en effet, et les conditions exigées par Kant sont
réalisées. Nos sensations, perceptions, sentiments, sont
soumis non-seulement à la condition du temps, mais à des
variations d'*intensité*. Ce sont des grandeurs intensives qui
forment une série dans le temps.

En ce qui touche le second point, quoique Herbart ne
paraisse nulle part avoir entrevu la possibilité d'une expérimentation, il suffit de rappeler les travaux sur la psycho-

---

1. Pour cette discussion, voir en particulier Wundt, *Grundzüge der
physiologischen Psychologie*, p. 5, 6.

physique, faits postérieurement à lui par Fechner, Volkmann, Helmholtz, Wundt, Delbœuf, etc., et qui seront longuement exposés dans cet ouvrage. Sans doute, nos états de conscience sont des grandeurs indéterminées. Mais est-il impossible de les déterminer, c'est-à-dire de les soumettre à la mesure? La condition essentielle d'une mesure, c'est un rapport fixe entre ce qui mesure et ce qui est mesuré. Tel est le rapport qui existe entre un effet et sa cause. Dans les sciences physiques, c'est par la variation des effets que nous mesurons la variation des causes. Dans la psycho-physique, c'est le contraire; la variation de la cause mesure la variation des effets. La mesure du temps nous offre un exemple très-ancien de ce procédé. Nous mesurons le cours de nos états internes à l'aide de leur cause externe, — le mouvement des objets dans la nature, — mouvement qui occasionne lui-même le cours de nos états de conscience. C'est un procédé analogue, comme nous le verrons, que suivent les psycho-physiciens lorsqu'ils se servent de l'intensité des excitations (cause) pour mesurer l'intensité des sensations (effet). — Peut-être même serait-il possible de procéder ici exactement comme les sciences physiques; de mesurer, comme elles, la cause par l'effet, c'est-à-dire le phénomène de conscience par l'action extérieure qu'elle produit, par le mouvement. Mais cette méthode a été peu suivie jusqu'à ce jour, parce qu'elle offre de grandes difficultés. — Pour conclure, il est évident que l'assertion de Kant ne peut être acceptée sans examen par quiconque a quelque notion des études publiées depuis quinze ans sur la psycho-physique.

Toutefois — et ceci nous ramène à Herbart — l'expérimentation n'a été appliquée qu'à un certain groupe d'états de conscience, aux perceptions. Elle *paraît* applicable à un autre groupe, aux états de conscience liés à des mouvements, c'est-à-dire aux réactions consécutives à la perception. Mais ces deux groupes sont loin de comprendre la totalité des phénomènes internes : les souvenirs, les notions abstraites, les opérations logiques, etc., paraissent se dérober à tout procédé expérimental. On a bien pu calculer leur vitesse, leur durée ; mais leurs variations intensives restent indéterminées.

Dès lors, la seule tentative possible pour procéder ici scientifiquement consiste dans l'emploi de l'hypothèse et du calcul. C'est là précisément ce qu'a tenté Herbart. Il a voulu appliquer au domaine entier de la psychologie la méthode suivie par d'autres sciences, telles que la physique mathématique. Cette méthode consiste à partir d'hypothèses vraisemblables et appuyées sur l'expérience, à leur appliquer le calcul, et finalement à vérifier par l'expérience la valeur des résultats théoriques. Herbart l'a-t-il suivie ?

Son point de départ est certainement hypothétique. Nous ne parlons pas de la triple supposition qu'il nous fait d'abord traverser (unité de l'être, tendance à la conservation, fait de conscience qui en est le résultat) : c'est peut-être une nécessité inhérente à toute psychologie, même expérimentale, de partir de quelque hypothèse métaphysique. La véritable hypothèse qui sert de base à sa psychologie, c'est que les états de conscience sont des forces qui luttent entre elles. Cette hypothèse, si elle n'est pas la meilleure ni la seule possible, repose du moins sur des faits positifs. Mais Herbart en ajoute une série d'autres qui semblent complètement arbitraires. Nous en avons noté plusieurs, chemin faisant, et il est facile d'en signaler de nouvelles. Ainsi il admet que les représentations laissent des résidus, par le moyen desquels elles se fondent en une combinaison *(Verschmelzung)*; mais il ajoute « qu'entre chaque représentation et les résidus il y a une action réciproque qui est directement proportionnelle au produit des résidus combinés, inversement proportionnelle à l'intensité de chaque représentation. » Cette hypothèse ne repose sur aucun fait d'expérience ni sur aucune nécessité mathématique. — Ailleurs, en vue de déterminer l'intensité absolue d'une représentation, il pose l'hypothèse suivante, qui est totalement arbitraire et invraisemblable : si deux représentations a et b sont en complet antagonisme, et s'il en surgit une troisième c moins antagoniste, l'antagonisme cesse aussitôt entre a et b, et toutes deux tombent sur c, à peu près, dit un critique de Herbart, comme deux batailleurs qui viendraient tomber sur un innocent. Il est certain, comme le fait remarquer Wundt, que s'il est de l'essence des représentations antagonistes de s'arrêter réciproquement, l'intervention de c doit simplement modifier cet antagonisme et non le supprimer; tout comme l'attraction entre deux corps est modifiée, mais non supprimée par l'intervention d'un troisième.

Le défaut commun des hypothèses de Herbart, c'est donc d'être bien rarement appuyées sur l'expérience et préparées par une induction préalable. Quant à la vérification expéri-

mentale des résultats, elle manque complètement. Herbart
ne paraît pas avoir pressenti les travaux de psycho-physique
dont nous avons parlé. D'ailleurs, cette vérification ne pouvait être faite que par des physiciens et des physiologistes, et
Herbart était un pur métaphysicien versé dans les mathématiques.

Sa conception de la psychologie est celle d'une mécanique
de l'esprit. Il a essayé de passer de la description vague des
phénomènes psychiques à la connaissance précise des états
élémentaires qui les produisent. La phrase citée plus haut :
« La psychologie construit l'esprit avec des représentations,
comme la physiologie construit le corps avec des fibres, »
montre qu'il tendait à une révolution analogue à celle de
Bichat en anatomie. Celui-ci, à la description pure et simple
des organes, a substitué une étude bien plus philosophique : celle des tissus (plus tard des éléments anatomiques). Si Herbart eût réussi, il eût créé l'anatomie
générale de l'âme. Mais la forme même de son essai le
condamnait à un échec : car si jamais la réduction des états
de conscience à une mécanique devient possible, cette réduction ne se fera pas par des moyens aussi simples que
ceux qu'il avait imaginés. En admettant, ce qui est possible sans que rien le prouve, que le calcul puisse s'appliquer un jour à la psychologie comme il s'applique à
la physique, il est certain que cette phase dernière de la
science ne pourra être atteinte que si, par des réductions
successives, on a pu ramener préalablement la psychologie à la biologie, celle-ci à des sciences de moins en

moins complexes et finalement à la mécanique. Aussi, de
nos jours, ce n'est pas à une mécanique abstraite, c'est-à-dire
à des rapports abstraits entre des forces abstraites, que la
psychologie a recours; c'est la mécanique nerveuse seule
qui la touche, et la tâche est bien assez lourde. Nous comprenons mieux qu'il y a cinquante ans que de la psychologie à la mécanique la transition ne peut pas se faire immédiatement.

Le jugement de l'un des derniers disciples de Herbart,
Volkmann von Volkmar, nous servira de conclusion. Très-
favorable, ce qui est naturel, à la psychologie mathématique,
il a par contre l'avantage d'en fixer le vrai sens et de déterminer la portée exacte qu'on lui donne dans l'Ecole.

« La psychologie mathématique, dit-il [1], n'est pas, comme
l'a prétendu Fortlage, « un divertissement ingénieux sur des
« grandeurs imaginaires. » Elle consiste à soumettre à une
exposition systématique toutes les déterminations quantitatives qui se rencontrent nécessairement dans l'ordre psychologique. Les idées d'action et de réaction, d'intensité des représentations, de mouvement des divers états de conscience,
se rencontrent, sous un nom ou sous l'autre, dans tous les
systèmes de psychologie et même dans la langue commune. Il
est certain que ces faits ont, en partie au moins, un caractère
quantitatif. L'exposition mathématique ne se distingue donc
de l'exposition commune qu'en ce qu'elle cherche à poser

---

1. Volkmann Ritter von Volkmar, *Lehrbuch der Psychologie vom
Standpunkte des Realismus und nach genetischer Methode.* 2 vol., 1875-
1876, tome I, p. 476 et suiv.

avec exactitude et précision ce que l'usage commun laisse indéterminé. Il est injuste de confondre les essais de l'école de Herbart avec cette prétendue philosophie mathématique qui ne consiste qu'en un jeu vide de formules, en déductions et en calculs arbitraires. *La psychologie mathématique ne se propose nullement d'être toute la psychologie.* Elle s'interdit toute recherche sur la nature de l'âme, sur ses rapports avec le corps, sur l'origine des représentations; elle n'applique point le calcul aux états simples. Sa seule prétention, — et elle est justifiée, — c'est de donner une méthode pour trouver la formule exacte des lois générales qui règlent les rapports réciproques des représentations et d'essayer une mécanique des états intensifs de la vie spirituelle.

« On a objecté l'impossibilité de trouver une mesure pour les grandeurs psychiques : d'où l'on a conclu à la stérilité d'une psychologie mathématique. L'objection serait juste, s'il s'agissait d'appliquer le calcul à des états concrets; mais il ne s'agit que de déterminer des rapports et nullement de mesurer d'après un étalon fixe les états de conscience euxmêmes.

« On ajoute que les rapports dont la psychologie s'occupe sont plutôt qualitatifs que quantitatifs, que ces derniers ne se laissent pas isoler. Remarque exacte à beaucoup d'égards, mais qui ne vaudrait que contre un système tendant à absorber dans les mathématiques la psychologie tout entière. »

L'auteur que nous citons reconnaît que jusqu'ici les essais ont pris pour point de départ des hypothèses trop simples et trop systématiques, qu'ils ont été trop calqués sur les problèmes de mathématiques pures, qu'un certain nombre de questions difficiles ont été trop légèrement traitées; mais il soutient que la méthode de Herbart est la seule qui ouvre la voie vers des problèmes inaccessibles à toute autre méthode, et il ajoute que jusqu'ici cette méthode a reçu trop peu de développement, que son histoire a été trop courte, pour qu'on ait le droit de la juger.

CHAPITRE II

L'ÉCOLE DE HERBART
ET LA PSYCHOLOGIE ETHNOGRAPHIQUE

I

La tentative de Herbart était-elle sans précédent? Suivant Rosenkranz, la première application systématique des mathématiques à la psychologie fut faite par un médecin de Vienne, Niesley, qui est resté complètement oublié [1]. Quoi que l'érudition puisse découvrir sur ce point, la tentative de Herbart lui appartient bien en propre, et seul il a suscité une école. Ce livre n'étant pas une histoire de la psychologie al-

---

[1]. Sur ce point, voir Volkmann von Volkmar, ouvrage cité, tome I, p. 480. Il cite un passage peu connu de Wolff, qui montre que ce disciple de Leibniz avait conçu la possibilité d'une psychéométrie. Dans sa *Psychologia empirica*, § 522, après avoir exposé quelques théorèmes, il ajoute : *Theoremata hæc ad Psycheometriam pertinent, quæ mentis humanæ cognitionem mathematicam tradit et adhùc in desideratis est... Hæc non alio fine a me adducuntur quam ut intelligatur darı etiam mentis humanæ cognitionem mathematicam atque hinc Psycheometriam esse possibilem, atque appareat animum quoque in eis quæ ad quantitatem spectant leges mathematicas sequi, veritatibus mathematicis, h. e. arithmeticis et geometricis in mente humana non minus quam in mundo materiali permixtis.*

lemande, nous n'avons point à énumérer ses disciples. Il suffira de montrer en quelques mots qu'il a imprimé un grand mouvement.

Drobisch (Moritz-Wilhelm), qui professe encore actuellement à l'Université de Leipzig, peut être considéré comme le plus ancien et le principal représentant de l'école. Sa psychologie, exposée dans plusieurs ouvrages, particulièrement dans ses *Erste Grundlehren der mathematischen Psychologie* (1850), offre un caractère remarquable de netteté. Il semble beaucoup plus détaché que son maître de la métaphysique. « La psychologie mathématique, dit-il (ouvrage cité, p. 7), s'en tient aux seuls phénomènes de la conscience et cherche à établir entre eux des rapports mathématiques. Pour cela, elle a besoin de s'appuyer sur des concepts hypothétiques qui ne sont pas donnés à titre de faits ; mais elle ne procède pas autrement que la mécanique, qui suppose des points matériels impénétrables, des forces en mouvement et une loi d'inertie. Lorsqu'elle est parvenue à établir des rapports mathématiques entre les phénomènes psychiques, elle laisse à la spéculation métaphysique le soin d'interpréter ces faits mathématiques en un sens matérialiste, ou idéaliste, ou intermédiaire, quel qu'il soit. » Au reste, Drobisch est considéré comme ayant opéré, dans l'École de Herbart, le retour vers la philosophie de Kant, retour que toutes les écoles allemandes ont opéré dans ces derniers temps [1]. Indépendamment de lui, nous nommerons encore

1. Vaihinger, *Dühring, Hartmann und Lange*, p. 234. Il est curieux de remarquer que, dès 1850, c'est-à-dire avant la plupart des travaux

Cornelius, versé surtout dans les sciences physiques, mais qui, outre des études sur l'électricité et la physique moléculaire, a publié une *Theorie des Sehens und raumlichen Vorstellens* (1861) ; Nahlowsky, qui a étudié la sensibilité dans son *Gefühlsleben* (1862) ; C.-A. Thilo, qui est l'historien de l'École ; Rob. Zimmermann, actuellement professeur à l'Université de Vienne, qui en est l'esthéticien. — L'influence de Herbart se retrouve encore chez des physiologistes, comme Jean Müller, et chez l'un des plus grands aliénistes de l'Allemagne, Griesinger, qui a même emprunté à Herbart sa définition de la folie [1]. Au reste, pour se faire une idée juste du mouvement que Herbart a imprimé à la philosophie en général, le mieux serait de feuilleter la *Revue de philosophie exacte* [2], fondée en 1860 par Allihn et Ziller, à laquelle pendant les quinze ans qu'elle a vécu ont collaboré la plupart des herbartiens. Mais nous nous proposons ici un autre but, qui est de montrer comment cette même école a produit un ensemble de recherches qui, en opposition com-

anglais contemporains, Drobisch a expliqué nettement le caractère très-général de la loi d'association en psychologie. « La psychologie montre que c'est sur l'association et la reproduction des états de conscience que reposent non-seulement la mémoire et l'imagination, mais le jugement, le raisonnement, la conscience de soi-même et en général toute activité supérieure et tout développement de l'esprit ; qu'elle explique aussi les variations diverses des sentiments, des émotions, des désirs, des passions et de la volonté raisonnable. Mais ces explications s'en tiennent à des généralités qui ont toujours un caractère d'indétermination. Cela vient de ce qu'il leur manque une détermination *quantitative*. » (Ouv. cité, p. 3.)

1. Griesinger, *Traité des maladies mentales*, trad. franç., p. 66.
2. *Zeitschrift für die exacte Philosophie in Sinne des neueren philosophischen Realismus*. Parmi les collaborateurs, citons l'auteur de l'*Histoire du matérialisme*, A. Lange, qui a lui-même publié *Die Grundlegung der mathematischen Psychologie*. Duisburg, 1865.

plëte avec le caractère simple et exact de la psychologie mathématique, offre un caractère singulièrement vague et complexe : c'est la psychologie ethnographique, représentée surtout par trois disciples de Herbart : Waitz, Lazarus, Steinthal.

Au premier abord, il semble assez étrange qu'une forme
aussi concrète de la psychologie se rattache à l'école de
Herbart ; mais, en fait, les disciples n'ont fait que développer
quelques vues de leur maître. Ce point mérite d'être signalé,
car on ne supposerait guère que le fondateur de la psychologie mathématique ait attaché une grande importance à ces
recherches. Il soutient pourtant « que la psychologie reste
toujours incomplète, tant qu'elle ne considère l'homme que
comme un individu isolé [1]. » Il était convaincu qu'une société est un tout animé et organique, régi par des lois psychologiques qui lui sont propres. Il a écrit une statique et
une mécanique des États, comme il a fait une statique et
une mécanique des idées. Quelques disciples se sont attachés à ce qu'il n'avait fait qu'indiquer : de là est sorti un
ordre de travaux que jusqu'alors la psychologie ne connais-
sait guère et dont nous allons nous occuper maintenant.

II

« Voulez-vous connaître les Grecs et les Romains, disait
un philosophe du XVIIIᵉ siècle, étudiez les Anglais et les

---

1. *Lehrbuch der Psychologie*, 2ᵉ édit., p. 240. — Pour plus de détails
sur ce point, voir Herbart : *Allgemeine praktische Philosophie*, ch. 12,
et les deux essais : *Bruchstücke zu einer Statik und Mechanik des Staates;
Ueber einige Beziehungen zwischen Psychologie und Staatswissenchaft.*

Français d'aujourd'hui. Les hommes décrits par Tacite et Polybe ressemblent aux habitants du monde qui nous entoure [1]. » De nos jours, nous pensons différemment : nous croyons que cette étude abstraite, réduite à quelques traits généraux, fait connaître l'homme et non pas les hommes ; nous croyons que tous les membres de l'humanité n'ont pas été jetés dans le même moule, et nous sommes curieux des plus petites différences. De là une conception nouvelle en psychologie.

Tant que les naturalistes se sont bornés à une pure description des genres et des espèces considérés — ou peu s'en faut — comme permanents ; tant que les historiens, insoucieux des variations de l'âme humaine à travers les siècles, ont étendu sur tous leurs récits un même vernis uniforme et monotone ; une psychologie abstraite, comme celle de Spinoza ou de Condillac, a dû paraître la seule possible. On n'en imaginait pas d'autre, et lorsqu'un esprit très-raffiné, très-subtil, s'était minutieusement analysé, on disait de lui : Il a fait connaître l'homme.

Mais, du jour où l'idée d'évolution s'est introduite dans les sciences de la vie et dans les études historiques, remuant et renouvelant tout, la psychologie en a ressenti le contre-coup. On s'est demandé si cette étude abstraite de l'homme était suffisante ; si elle donnait autre chose que les grands traits et les conditions générales ; si, pour être simplement exacte, elle n'avait pas besoin d'être complétée. Les formes inférieures de l'humanité ont révélé des manières

1. Hume, *Essais*, VIII.

particulières de sentir et d'agir, et l'histoire des peuples civilisés nous a montré des variations dans les sentiments, dans les idées sociales, dans les conceptions morales ou religieuses, et dans la langue qui les exprime.

La psychologie en a profité. Elle occupe, en effet, dans la série des connaissances humaines, une place bien nette entre la biologie qui est au-dessous et l'histoire qui est au-dessus. Car s'il est clair que la sensation, le sentiment et la pensée n'existent que là où il y a un cerveau, des nerfs et un organisme, il est clair aussi que tous les faits sociaux, moraux, religieux, l'histoire entière n'est qu'un effet dont l'âme humaine est la cause. La psychologie plonge ainsi ses racines dans les sciences de la vie et s'épanouit dans les sciences historiques. Tout ce qui se passe dans ces deux groupes de sciences la touche et souvent la modifie profondément.

Des deux, la biologie est celle qui a fait le plus, et l'on peut croire que ce qu'elle a donné est peu au prix de ce qu'elle réserve. D'abord elle a prise sur les sources mêmes de la vie psychique : elle tient aux causes. Si complexe qu'elle soit, elle l'est beaucoup moins que l'histoire. Elle a surtout l'avantage d'une méthode plus précise, plus rigoureuse, parce qu'elle emploie l'observation directe et l'expérience.

Les apports de l'histoire sont moins nombreux et d'un caractère plus vague. L'étude des langues, des religions et des mœurs a pourtant conduit à des résultats importants ; et si la psychologie veut cesser d'être un tissu d'abstractions, pour s'enfoncer de plus en plus dans la réalité, il faut qu'elle s'applique résolûment à expliquer ces problèmes de linguistique, de morale, d'esthétique qui sont une partie intime d'elle-même. Si les mathématiques ont dû une partie de leurs progrès à la nécessité de sortir du domaine des abstractions pures, pour expliquer les phénomènes complexes de l'astronomie, de la mécanique et de la physique, n'est-il pas naturel de supposer que cette psychologie abstraite, qui a été prise longtemps pour la psychologie tout entière, profitera de même, en s'appliquant à l'étude des faits si variés de la nature humaine, dans l'histoire, les mœurs, les religions, la littérature et les langues? Le monde mental n'a été si imparfaitement exploré que parce que la science qui s'en occupe, renfermée en elle-même et toute spéculative, a dédaigné ou négligé les manifestations spontanées et concrètes de l'esprit.

Il faut donc savoir gré à tous ceux qui ont tenté en Allemagne de concourir à cette œuvre difficile désignée par eux sous le nom de psychologie ethnique.

Une première difficulté consiste à déterminer d'une façon précise quelle place les représentants de la *Völkerpsychologie* occupent dans le mouvement actuel. L'homme est étudié de tant de manières par les anthropologistes et les historiens, par la critique littéraire et la linguistique, que, dans cet ensemble d'efforts souvent contradictoires, quoiqu'ils tendent au même but, il est quelquefois difficile de s'orienter. Sans essayer ici rien qui ressemble à une classification, nous croyons pouvoir distinguer trois principaux courants :

L'un, le plus considérable, est celui des doctrines trans-

formistes. Par son caractère très-général et par sa préoccu-
pation du problème des origines, cette doctrine a un caractère plutôt philosophique que psychologique, bien qu'elle
ait fait entrer en psychologie des notions capitales, comme
celles d'évolution et de permanence héréditaire.

Les anthropologistes forment un second groupe qui s'est
surtout adonné à l'étude de l'homme physique, en se bornant à quelques généralités vagues sur les variétés psychologiques de la race humaine, de ses mœurs, de ses sentiments et de ses idées.

Quelques autres, au contraire, se sont attachés à cet
ordre de manifestations. Les uns, comme Lubbock, Tylor,
Mac Lennan, Bachoffen, Herbert Spencer (dans sa *Sociologie
descriptive*), se sont enfoncés dans l'histoire naturelle des
mœurs; d'autres ont étudié les langues et les croyances
religieuses; d'autres enfin, comme M. Taine, ont appliqué
la critique psychologique à l'explication des littératures et
des œuvres d'art.

C'est à ce troisième groupe qu'appartiennent les deux
hommes dont nous voulons parler ici : Théodore Waitz et
Lazarus. Tandis que Hæckel, Fechner, Gerland, Peschel
développent, discutent ou transforment les idées de Darwin [1]; tandis que Vogt, Virchow, Schaffhausen représen-

1. Fechner, dans son livre *Einige Ideen zur Schöpfungs und Entwickelungsgeschichte der Organismen* (Leipzig, 1873), s'est surtout préoc-
cupé d'expliquer le rapport de l'organique à l'inorganique. D'après
lui, c'est le second qui découle et résulte du premier : l'expérience
nous le montre chaque jour dans la décomposition des corps organisés
qui se transforment en éléments inorganiques. Le processus en vertu
duquel la nature s'est développée dans sa variété infinie résulte de

tent la pure anthropologie ; d'autres se sont essayés à l'étude psychologique des races humaines, et, bien que leur œuvre ait été modeste, elle vaut la peine d'être signalée.

Quoique inconnu chez nous, Théodore Waitz a sa place marquée dans l'histoire de la psychologie allemande contemporaine et est souvent cité dans son pays. Né à Gotha, le 17 mars 1821, il eut Drobisch pour maître, à l'Université de Leipzig. A l'âge de vingt ans, il voyagea en France et en Italie pour collationner des manuscrits et préparer une édition critique de l'*Organon* d'Aristote, qui parut en 1844. Il s'établit, à son retour, comme *privat-docent* à l'Université de Marburg, qu'il ne quitta plus. C'est là qu'il se lia d'une amitié intime avec Ludwig, maintenant professeur à l'Université de Vienne, et l'un des plus grands physiologistes de l'Allemagne. Les deux amis travaillèrent activement à leur instruction réciproque : Waitz enseigna à Ludwig les mathématiques, et Ludwig apprit à Waitz la physiologie et l'anatomie. Waitz publia à cette époque son *Manuel de psychologie comme science naturelle* [1], livre dont le style et le mode d'exposition ont un caractère remarquable de clarté et de précision. Ce qui n'est pas moins digne d'être noté, c'est une certaine couleur physiologique

l'action contraire de deux principes : stabilité, différenciation corrélative. — Gerland (*Anthropologische Beiträge,* Berlin, 1875) soutient que l'évolution peut s'expliquer par un pur processus atomico-mécanique, tout en accordant une singulière importance à un « principe psychique » qui rappelle les monades de Leibniz et de Herbart. — Peschel a publié une *Völkerkunde* (Leipzig, 1874). Quant à Hæckel, ses écrits sont très-connus en France.

1. *Lehrbuch der Psychologie als Naturwissenschaft,* 1849, Brunswick. Ce livre est la forme définitive du *Grundlegung der Psychologie,* publié en 1846 (Hamburg et Gotha).

bien rare dans l'école de Herbart, surtout à cette époque. Waitz rapporte des expériences, discute et interprète de petits faits d'optique et d'acoustique : le tout nous paraîtrait un peu maigre aujourd'hui ; mais il faut, pour être impartial, se reporter de quarante ans en arrière. D'ailleurs, il ne faudrait pas croire que, infidèle à la doctrine de son maître, il se propose d'exclure de la psychologie toute métaphysique [1] : il se proposait, au contraire, de réconcilier, par l'intermédiaire de Herbart, les deux partis alors en présence : l'un qui ne voit, dans les phénomènes physiques, que des formes du corps (le matérialisme de Feuerbach), l'autre qui ramène tout à l'esprit (l'idéalisme de Hegel).

Dix ans après la publication de ce traité de psychologie, Waitz fit paraître (1859) le premier volume de son grand ouvrage : *Anthropologie des peuples à l'état de nature* [2], qu'il a laissé inachevé et qui, quoique dépassé aujourd'hui, n'en reste pas moins un monument.

Comment Waitz passa-t-il de la psychologie abstraite à la psychologie ethnographique ? Déjà, dans son *Manuel*, il s'inquiète à plusieurs reprises du *Naturmensch*, et en particulier de la façon dont il se représente le monde extérieur ; il semble entrevoir l'importance de ces recherches concrètes ; mais nous savons, par le témoignage de George Gerland,

---

1. Son livre contient quatre divisions principales : 1° nature de l'âme et lois générales de la pensée ; 2° les sensations ; 3° les sentiments ; 4° l'intelligence.

2. *Anthropologie der Naturvölker*, Leipzig, tome I (1859), tome II (1860), tome III (1862), tome IV (1864), tomes V et VI (1865 à 1872). Ces deux derniers ont été faits ou complétés par George Gerland. — Une nouvelle édition de ce livre va être publiée par Gerland (Leipzig, Fleischer) : actuellement (1877), la première partie seule a paru.

son disciple, qu'il y fut amené directement par l'étude des religions. Waitz « désirait vivement unir ces deux pôles de la vie spirituelle : les sciences naturelles et la foi religieuse. » Il se proposait d'écrire une philosophie des religions. En vue de cet ouvrage, et pour lui donner une base solide de faits, il étudia l'anthropologie, tout comme il avait étudié l'anatomie avant d'écrire sa *Psychologie*. Il s'est trouvé que cette *Anthropologie der Naturvölker*, conçue d'abord comme travail préparatoire, a servi à une autre fin : l'histoire naturelle des peuples non civilisés. Le caractère propre de ce livre doit être indiqué d'une manière précise.

Ce titre vague d'*Anthropologie* s'applique en effet à des recherches de toute sorte. L'étude de l'homme dans ses caractères physiques, moraux, sociaux, dans son évolution et ses migrations, est une tentative si vaste, si mal délimitée, qu'elle absorberait à la rigueur toutes les sciences humaines. C'est qu'en fait l'anthropologie repose sur une conception illogique et arbitraire. Toute science précise a pour objet un groupe de phénomènes déterminés qu'elle étudie partout où ils se rencontrent. Ainsi procèdent l'anatomie, la physiologie, la psychologie, la morale : elles s'attachent à certains faits qu'elles poursuivent dans toute la série animale et même dans toute la série vivante. L'anthropologie, au contraire, s'occupe non d'un groupe de phénomènes, mais d'une espèce : son unité est factice, car elle n'existe que pour l'homme et par l'homme : c'est moins une science qu'une somme d'emprunts faits à toutes les autres. Aussi les livres d'anthropologie ne traitent-ils qu'une bien faible partie de

ce que leur titre promet. Ce ne sont guère que des traités
d'anatomie comparée des races humaines ; le reste est omis
ou effleuré. Waitz — et c'est là ce qui le caractérise — s'est
attaché surtout au côté psychologique : il a mis au premier
plan ce que les autres anthropologistes ne mentionnent qu'en
passant, quand ils s'en occupent.

Son ouvrage, on ne peut le nier, est dépassé, surtout le
premier volume, qui, consacré tout entier aux questions
générales, a eu le mauvais sort de paraître quelques mois
avant l'*Origine des espèces*. La partie psychologique de cette
introduction (p. 296 et sq.), quoique très-étendue, a également vieilli. Pour Waitz, deux problèmes principaux se
posent : Y a-t-il un caractère spécifique de l'homme? Y a-t-
il des différences spécifiques entre les races humaines [1]?

A la première question, Waitz répond que les caractères
psychologiques propres à l'homme ne se laissent pas exprimer par une seule formule, telle que la perfectibilité comme
certains auteurs l'ont pensé. Il les ramène à quatre groupes
de faits : l'homme se soumet la nature par son travail ; il
se sert du langage articulé ; il a des notions qui servent de
base à la vie sociale ; il a des conceptions religieuses.

Sur le second point, Waitz étudie longuement les variations psychologiques des races humaines par rapport aux
variations du crâne ; il trouve qu'il n'y a rien à induire de
là et conclut que, pour la psychologie, il n'y a pas de différence spécifique entre les races humaines (*dass es keine spe-*

---

1. Il est bien entendu qu'il ne s'agit ici pour Waitz que du point de
vue purement psychologique.

cifischen Unterscheide der Menschenracen in Rücksicht des geistigen Lebens gibt, t. I, p. 393). D'où vient donc qu'il y a entre elles de si grandes différences, en ce qui touche la culture générale et la civilisation? Car, si l'on rejette l'innéité des différences, il faut bien dire comment elles sont acquises. — Pour Waitz, tout s'explique par le climat, les migrations, les idées religieuses, mais, avant tout, le climat, seule cause première : différence primitive d'où découlent logiquement toutes les autres différences, de nourriture, d'habitation, d'occupations, de régime politique, etc.

Sans insister, on voit que plusieurs de ces assertions ne sont plus soutenables aujourd'hui, ou du moins se soutiendraient autrement. Au contraire, les cinq volumes consacrés à l'anthropologie descriptive restent encore le plus beau répertoire de faits qui existe pour l'étude des races à l'état de nature, si l'on excepte les monographies. Les publications spéciales ont complété ou rectifié, sur plusieurs points, l'œuvre de Waitz ; mais aucun travail d'ensemble ne l'a remplacée. Son deuxième volume est consacré aux nègres et aux races analogues (Nubiens, Abyssiniens, Gallas, Malgaches, Cafres, Somalis), à leur culture matérielle, leur vie de famille, leur organisation politique, leurs coutumes, leur religion, leurs qualités intellectuelles, leur tempérament et leur caractère [1]. — Une étude pareille (tomes III, X-IV) est consacrée aux races aborigènes de l'Amérique depuis les Esquimaux jusqu'aux Araucans et aux peuples semi-civi-

---

1. Voir en particulier un très-bon portrait du nègre avec ses impulsions soudaines et désordonnées, p. 202 et suiv.

lisés du Mexique, du Pérou et de l'Amérique centrale. Les deux derniers volumes sont consacrés aux races océaniennes. Ils sont en grande partie l'œuvre de George Gerland, car Waitz est mort à 43 ans, le 21 mai 1864, laissant son œuvre inachevée.

Waitz n'avait visité aucun des peuples qu'il décrit; c'est aux voyageurs de tous les pays qu'il fait ses emprunts. La liste de ses lectures à cet égard est immense. Nul, d'ailleurs, n'eut un sentiment plus vif de la grandeur et de la difficulté de la tâche. Il souhaitait, pour accomplir son œuvre, dit Gerland, les forces unies du zoologiste, du géologue, du psychologue et du linguiste. Partout aussi, son sens critique se fait jour. Il comprend que souvent les renseignements des voyageurs peuvent n'être que des contre-sens; que l'investigation psychologique des races inférieures est totalement livrée au hasard.

On confie l'étude géologique d'un pays à un géologue, l'étude de sa flore à un botaniste, l'étude anatomique d'une race à un anatomiste; mais s'agit-il d'étudier les caractères psychologiques et moraux d'une tribu, il semble à beaucoup de gens qu'il n'est besoin ni de préparations, ni de facultés spéciales d'observation. Et cependant nulle investigation n'est plus difficile. Il faut, à l'aide de langues informes et mal connues, pénétrer des sentiments tout différents des nôtres; il faut résister à cette illusion — naturelle aux esprits novices — de prêter à ces races nos propres manières de penser et de sentir; il faut démêler leurs vraies croyances religieuses à travers les mystères dont ils s'entourent : bref, il faut faire la traduction perpétuelle d'un texte dont chaque mot prête au contre-sens.

III

Waitz a recueilli des faits, mais sans arriver, à ce qu'il semble, à une conception claire de la psychologie des races. Il a étudié surtout les formes inférieures du développement humain, étude qui sera peut-être un jour aussi féconde que celle des organismes inférieurs l'a été en zoologie. — Mais il s'en est tenu là, ou, du moins, une mort prématurée n'a pas permis qu'il allât plus loin. D'autres, après lui, ont creusé le même sillon : Lazarus et Steinthal. Ceux-ci peuvent être considérés comme les vrais fondateurs de la psychologie ethnique.

Steinthal est connu par des travaux sur les langues auxquels on reproche des tendances métaphysiques : il a écrit sur leur origine, leur développement, leur classification, sur les rapports de la grammaire avec la psychologie et la logique. Il se montre partout pénétré de l'existence d'un *Allgeist*, d'un esprit collectif, condition et lien de toute société, base de toute vie morale, dont la loi ne doit être cherchée ni dans l'individu seul, ni en dehors ni au-dessus de l'humanité. — Lazarus, jugé d'après son principal ouvrage, *la Vie de l'âme* [1], a moins la manière d'un psychologue que

---

1. *Das Leben der Seele, in Monographieen über seine Erscheinungen und Gesetze*, 2 vol. La 1re édition a paru à Berlin (Schindler) en 1856-1857. Deux volumes de la nouvelle édition ont paru. (Berlin, 1876-1878, Dümmler.) Mentionnons aussi ses *Ideale Fragen*, publiées en 1878.

TH. RIBOT.   4

celle d'un moraliste, en prenant ce mot au sens que la critique littéraire lui donne chez nous. Ce livre est une série d'*Essais* élégants contenant des remarques fines sur l'*humour* comme phénomène psychologique, sur le tact, sur l'honneur et la gloire, sur les rapports des arts entre eux, sur l'éducation et la science, sur le langage dans ses rapports avec la pensée, etc. On y trouve une érudition bien nourrie, des traits agréables empruntés aux romanciers et aux poètes, mais rien qui ressemble à une méthode rigoureusement scientifique, classant des faits et cherchant des lois.

Ces deux hommes, cependant, ont fixé l'objet et déterminé le cadre de la psychologie ethnique. Ils ont même créé une *Revue* spéciale pour lui fournir des documents et la constituer. Fondée en 1859, la *Zeitschrift für Völkerpsychologie und Sprachwissenschaft* en est à son dixième volume, ce qui est peu en dix-neuf ans. Elle se proposait de publier des essais pour trouver les lois de la psychologie ethnique; des esquisses de faits historiques, ethnologiques, géologiques, anthropologiques; d'étudier les langues « non comme la philologie ou la linguistique empirique, mais afin de découvrir, avec l'aide de la physiologie, les lois psychologiques du langage. » Cette *Revue* a rempli ses engagements.

Trois essais d'une importance capitale exposent sous des formes diverses la conception de la psychologie ethnique [1].

1. *Zeitschrift für Völkerpsychologie.* Tome I, Introduction. Tome II, *Verhältniss der Einzelnen zur Gesammtheit* (réimprimé dans *Das Leben der Seele*, 2ᵉ édition). Tome III, 1ᵉʳ article, *Einige synthetische Gedanken zur Völkerpsychologie.*

A côté de la psychologie ordinaire, qui a pour objet l'homme individuel, il y a place pour une autre science consacrée à l'homme social ou plus exactement aux divers groupes humains : c'est la psychologie ethnologique. Pour que celle-ci ait un objet réel, pour qu'elle ne soit pas un pur mot dénué de sens, une « simple façon de parler », il faut prouver que l'étude de l'individu n'est pas suffisante. Au premier abord, on peut dire : Tout groupe social se compose d'éléments individuels; étudiez ces éléments, — ce qui est le but de la psychologie, — et le tout sera expliqué par là même. C'est là une thèse très-simple, mais qui trompe par une apparence de clarté. S'il était vrai, en effet, que le tout social est autre chose qu'une simple juxtaposition d'individus, si la formation des groupes humains donnait naissance à de nouveaux rapports, à des formes nouvelles de développement; bref, si le tout n'était pas une somme arithmétique d'unités, mais une sorte de combinaison chimique différente de ses éléments, il faudrait bien admettre que la *Völkerpsychologie* a un objet qui lui appartient exclusivement. — Et c'est ce qui est vrai. Le tout social diffère autant de chacune de ses parties que les lois de l'économie politique diffèrent des principes d'économie domestique qu'un père inculque à son fils, un maître à son élève. Prenez un seul arbre, dit Lazarus : il constitue un objet d'étude pour le botaniste ; mais plantez 50,000 arbres sur quelques lieues carrées : c'est une forêt, et cette forêt, comme formant un tout, devient l'objet d'une autre science : l'art forestier, art qui s'appuie sans doute sur la physiologie botanique, mais qui n'en a pas moins un but et des moyens qui lui sont propres.

Le peuple, pris en masse, — dans une assemblée, une fête publique, — possède certaines manières d'être que chaque individu isolé n'aurait pas. D'où viennent-elles? Naissent-elles du rapport des individus entre eux? sont-ce des infiniment petits qui se manifestent, parce qu'ils s'additionnent? Il n'importe; ces manières d'être existent à titre de fait. L'histoire nous montre de même combien un peuple peut différer, par le caractère, des individus qui le composent. « Prenez les Espagnols. Individuellement, ils sont d'une bonté ingénue, comme nous le voyons dans leurs romans; ils ont de la noblesse et même de la sublimité; mais, comme nation, ils se sont montrés dénués du sentiment de la justice et cruellement féroces. Comme nation, ils ont dévasté et dépeuplé l'Amérique et les Pays-Bas; ils se sont déchirés eux-mêmes pour des opinions politiques et religieuses. Leur nationalité s'est incarnée dans Pizarre et le duc d'Albe. Une nationalité est donc toute autre chose que l'ensemble de ses membres individuels. » De quelque façon qu'on explique cette différence, elle existe, et par cela seul qu'elle existe, la psychologie des peuples a un objet.

Quelle est la nature de ce *Volkgeist*, de cet esprit d'un peuple qu'il s'agit d'étudier? — Lazarus et Steinthal répondent en style un peu mystique que « c'est non pas une substance, mais un sujet »; que c'est « une monade qui pénètre et relie les individus »; que c'est un « esprit objectif ». En d'autres termes, toutes les fois que des hommes forment un groupe, vivent ensemble, constituent une société, il sort du *consensus* de tous ces esprits individuels (subjectifs) un esprit commun (objectif), « qui devient à la fois l'expression, la loi et l'organe de l'esprit subjectif. » Prenons pour exemple un des éléments du *Volkgeist*, le langage : il est d'abord produit individuellement ; mais bientôt il devient l'expression objective de la pensée individuelle ; sa *loi*, parce qu'il est la forme donnée de la pensée et de plus l'*organe*, l'instrument de tout progrès ultérieur du langage. On pourrait faire la même remarque sur tous les autres éléments de l'esprit social. Du consensus de ces divers éléments, de leur action et réaction réciproque, résulte « la formation d'un type psycho-physique » qui est le résumé d'un peuple.

Cet « esprit objectif » a un support (*Trager*). Est-ce la totalité des individus ? Pour Lazarus, c'est simplement leur moyenne. Dans une nation, il faut retrancher d'abord les enfants, chez qui le développement ne s'est pas produit, les idiots, les esprits arriérés ; il faut retrancher d'autre part les génies exceptionnels : bref, ce qui est trop au-dessous ou trop au-dessus. Le niveau moyen qui reste est le support de l'esprit objectif.

Un point nettement traité par Lazarus et Steinthal c'est la détermination des éléments constitutifs du *Volkgeist*. Ces éléments sont le langage, la mythologie, la religion, le culte, la poésie populaire, l'écriture comme base de la conscience historique, l'art, la vie pratique, les mœurs, la loi écrite, les occupations, la vie de famille, enfin l'action réciproque de ces diverses manifestations. Leur étude constitue l'œuvre de la psychologie des races. Il s'agit, par elles, d'avoir la connaissance psychologique d'un peuple dans son esprit et dans ses actes, « de découvrir les lois suivant lesquelles son activité idéale — dans la vie, la science et l'art — se développe, s'étend ou se resserre, s'élève ou s'abaisse, s'affine et se vivifie, ou s'affaiblit et s'émousse. Pour n'être pas une fiction, la psychologie des races doit non pas donner un tableau vague et arbitraire des qualités intérieures (psychiques) d'un peuple, mais trouver la source d'où elles découlent toutes. Elle doit saisir non pas telles et telles directions particulières et accidentelles de son développement, mais leur totalité avec les lois qui régissent ce développement » (*Leben der Seele*, t. I, p. 337-338). Elle doit notamment expliquer la formation des races, déterminer les causes qui ont fractionné l'espèce humaine en peuples divers et montrer, téléologiquement, quels profits l'esprit de l'homme en a tirés pour son développement (*ibid.*, p. 335).

Les sciences naturelles sont sorties de l'histoire naturelle. Par un processus analogue, l'histoire de l'homme peut s'élever au rang d'une science, et le processus de transformation doit être le même dans les deux cas. La psychologie est à l'histoire ce que la biologie est à la zoologie et à la botanique. Les lois de la biographie, c'est-à-dire du développement des esprits individuels, doivent se résoudre dans la psychologie de l'esprit individuel ; et de même les lois de l'histoire, qu'on peut appeler la biographie des nations, doivent se résoudre en une psychologie comparée qui constituerait la vraie science de l'histoire.

C'est là un beau programme, bien tracé. La *Zeitschrift für Völkerpsychologie* s'est proposé de le remplir. Jusqu'à présent, on ne peut pas dire qu'elle y ait réussi. Elle a fourni bon nombre de documents ; mais on cherche en vain des résultats précis. En dépouillant les articles qu'elle a publiés pendant ses dix-neuf années d'existence, il nous a paru qu'ils pouvaient être classés sous les titres suivants : histoire des religions, critique littéraire, linguistique, anthropologie, histoire des mœurs, droit et politique, philosophie pure [1]. Par

---

1. Nous donnons le titre des principaux articles ; mieux que tout commentaire, ils permettent aux lecteurs de comprendre l'esprit de cette publication :

La forme primitive du mythe de Prométhée. — Le mythe de Samson et le mythe d'Héraclès. — Rapports de la religion et de la mythologie. — Origine du mythe chez les peuples indo-germaniques. — Représentations mythologiques de Dieu et de l'âme.

La poésie populaire en Italie. — Du caractère théâtral dans l'art des Français. — Le style gothique et les nationalités. — La poésie hongroise. — De l'éruption de la personnalité subjective chez les Grecs (Archiloque, d'après l'auteur, est le premier poète personnel). — Homère et l'*Odyssée*.

Les articles de linguistique sont très-nombreux ; citons : L'assimilation et l'attraction dans le langage. — L'idéalisme dans la science du langage. (La langue est la conception du monde propre à un peuple.) — La langue copte. — Pott contre Steinthal sur la subjectivité du langage. — Du duel chez les Sémites. — Esquisse d'une syntaxe comparée.

Le centre de la civilisation dans l'antiquité. — Géographie et psychologie. — Le langage des gestes.

De l'origine des mœurs (Lazarus les considère comme un résultat de l'existence sociale). — Les idées dans l'histoire.

Sur la nationalité. — Influence du logement sur la conduite morale, d'après des documents statistiques. — La condition juridique des femmes dans l'ancien droit romain et germanique. — Le principe des nationalités en Italie. — L'ancien empire germanique.

La théorie des idées dans Platon. — La controverse entre Trendelenburg et Kuno Fischer. — L'imagination poétique et le mécanisme de la conscience.

Les principaux collaborateurs, outre Lazarus et Steinthal, sont Delbrück, Tobler, Cohen, etc.

leur titre, beaucoup sont attrayants, mais ils sont traités
d'une manière plutôt littéraire que scientifique. Souvent ils
ont dû paraître trop peu spéciaux aux gens du métier, trop
dénués d'idées générales aux philosophes. Sans doute la tâche
entreprise est si grande, et le problème à résoudre si complexe, qu'une vingtaine d'années d'efforts est bien peu de
chose; mais est-il déraisonnable de demander que quelques
généralisations, au moins provisoires, sur quelque point
particulier, sortent de ces recherches? Les promoteurs de
l'œuvre n'ont-ils pas le devoir naturel de dresser de temps
en temps le bilan de ce qui est acquis?

Les anthropologistes anglais, dont nous n'avons d'ailleurs
pas à nous occuper ici, paraissent avoir mieux compris les
conditions d'une psychologie des races, en esquissant des
monographies. Soucieux, avant tout, de recueillir des faits,
ils en ont cependant tiré quelques conclusions intéressantes.
C'est ainsi que Lubbock et Mac Lennan ont étudié la famille
primitive; que Tylor s'est efforcé de prouver que les premières étapes de la civilisation sont toujours uniformes,
quels que soient les races, les temps et les pays. Nous
souhaitons à quelque collaborateur de la *Zeitschrift für
Völkerpsychologie* d'employer de même les matériaux de la
Revue.

Stuart Mill, dans le livre qu'il consacre à la logique des
sciences morales [1], a exposé la méthode de l'éthologie, c'est-
à-dire de la science du caractère, « en y comprenant la formation des caractères nationaux ou collectifs, aussi bien que

1. *Système de logique,* liv. VI, ch. 5.

des caractères individuels, et il en a fait une science entièrement déductive. D'après lui, la psychologie, fondée sur l'observation et l'expérience, trouve les lois fondamentales de
l'esprit ; l'éthologie détermine le genre de caractère produit,
conformément à ces lois générales, par un ensemble de circonstances morales et physiques. Il eût été intéressant de
savoir ce que les représentants de la *Völkerpsychologie* pen-
sent de cette méthode ; car, s'ils se sont amplement expliqués
sur l'objet, le but et les éléments de leur science, ils n'ont
pas été suffisamment explicites sur la méthode à employer.
Ils semblent avoir surtout visé à rassembler des documents,
et, à ce titre, ils se sont montrés plus empiriques que Stuart
Mill lui-même. On ne saurait les en blâmer : ces études de
détail trouveront leur emploi ; elles méritent d'être continuées, et leurs promoteurs ont une place assurée dans l'histoire de la psychologie allemande contemporaine [1].

1. Parmi les représentants de la *Völkerpsychologie,* on peut citer encore Bastian, qui a consacré à ce sujet plusieurs ouvrages. Cependant
son *Mensch in der Geschichte* (3 vol., Leipzig, 1860) est plutôt un livre
d'anthropologie. Quant à ses *Beiträge zur vergleichenden Psychologie,*
ils sont loin de tenir ce que le titre promet. Ils consistent en un recueil
d'essais sur le culte des ancêtres et des mânes, sur les diverses conceptions du principe spirituel chez les peuples primitifs, sur la possession et les prêtres médecins, etc. C'est un fouillis inextricable de faits,
où les croyances de tous les peuples sauvages et de toutes les nations
anciennes sont souvent entassées dans une même page.

CHAPITRE III

BENEKE

LA PSYCHOLOGIE ET L'ÉDUCATION

Après avoir montré avec Herbart et son école les premiers essais de la psychologie allemande et ses rapports avec
les études anthropologiques, il serait injuste de ne pas
consacrer quelques pages à un homme qui, très-peu connu
chez nous, a eu dans son pays une influence assez grande
pendant le second tiers de notre siècle. Sans partager l'enthousiasme de Dressler, son principal disciple, qui voit en
Beneke le fondateur de la psychologie naturelle, il faut reconnaître qu'il a fait dans son temps une œuvre utile, qu'il
a lutté bravement contre les théories *a priori* à l'époque de
leur triomphe, qu'il a réussi à former une petite école et que
l'empreinte de sa pensée se retrouve encore dans bon nombre d'écrits.

Edouard Beneke est né à Berlin le 17 février 1798, et
mort dans la même ville le 1er mars 1854. Après avoir pris

part à la campagne de 1815, il étudia la théologie et la philosophie, s'attacha aux doctrines de Fries, Schleiermacher, Kant, Jacobi, et à la philosophie anglaise du XVIIIᵉ siècle, peu en vogue chez les Allemands à cette époque. On admet aussi généralement que la lecture de Herbart n'a pas été sans influence sur son développement. Il enseignait comme *privat-docent* à l'Université de Berlin, lorsque la publication de son livre : *Fondement d'une physique des mœurs comme antithèse au fondement de la métaphysique des mœurs de Kant* (1822), le fit tomber en disgrâce. Cette disgrâce a été attribuée à l'influence de Hegel. On reprochait à Beneke de professer l'épicurisme; mais, en fait, il se rattachait à la morale du sentiment; il combattait l'impératif catégorique de Kant, le « despotisme de la règle » et par là faisait cause commune avec Jacobi. Une chaire de professeur ordinaire lui fut offerte par le gouvernement de Saxe : le ministre prussien intervint et le fit écarter. Beneke se réfugia à Göttingen (1824), trouva moyen plus tard de revenir à Berlin et y obtint une chaire de professeur extraordinaire, peu après la mort de Hegel (1832).

Il a écrit 28 ouvrages. Quoiqu'ils embrassent des questions très-diverses (métaphysique, religion, morale, pédagogie, etc.), ils sont consacrés pour la plupart à la psychologie. Son *Manuel de psychologie comme science naturelle*, dont la quatrième édition [1] vient de paraître, est

---

1. *Lehrbuch der Psychologie als Naturwissenschaft neu bearbeitet und mit einem Anhange über Beneke's sammtliche Schriften versehen von J.-G. Dressler.* Berlin, Mittler, 1877. La première édition a paru en 1833, la seconde en 1845, la troisième en 1861, après la mort de Beneke, par les soins de Dressler.

considéré comme le meilleur résumé de sa doctrine. Ajoutons que l'éditeur, par l'abondance des notes et des renvois placés après chaque section, permet au lecteur, s'il le désire, de rassembler sans peine tout ce que Beneke a écrit sur une question déterminée. Ce livre est d'aspect un peu sec, comme tout résumé ; nous n'en donnerons pas une analyse ; nous dégagerons seulement les vues personnelles de l'auteur.

Beneke donne à la psychologie une importance capitale ; et, au contraire de Herbart, qui appuie la psychologie sur la métaphysique, Beneke déduit la métaphysique de la psychologie. A beaucoup d'égards, il se rapproche de la conception propre à l'École écossaise, qui, opposant la philosophie de la nature à la philosophie de l'esprit, attribue à l'une tout ce qui est donné par les sens, à l'autre tout ce qui est saisi par la conscience : en sorte que la psychologie sert de base à ce qu'on appelle les sciences morales et trouve en elles son complément et son couronnement. « L'objet de la psychologie, dit-il, c'est tout ce que nous saisissons par la perception interne et la sensation. » (*Einleitung*, § 1.) Sa nature même et sa position fondamentale expliquent la lenteur de ses progrès. Par son caractère très-compréhensif (les faits de conscience étant la base de tout), la psychologie s'est toujours trouvée en rapport intime avec la métaphysique, engagée par la faute de celle-ci dans des controverses sans fin, et empêchée ainsi d'accomplir sa propre tâche. De plus elle étudie des phénomènes extrêmement complexes et embrouillés.

Le remède à ces difficultés doit être cherché dans l'emploi d'une méthode analogue à celle des sciences naturelles : observation, induction, hypothèses, constitution de lois, déduction.

Jusqu'ici, la thèse de Beneke, si personnelle qu'elle pût paraître dans son pays et de son temps, ne diffère pas sensiblement des doctrines qui avaient alors cours à Edinburgh, à Glascow, à Aberdeen. Voici où commencent les différences : Beneke est un adversaire aussi acharné que Herbart de la théorie des facultés de l'âme. Son grand effort et son principal mérite consistent dans une réduction aussi complète que possible des états psychologiques en leurs éléments. C'est un esprit éminemment analytique qui vise toujours à réduire, à simplifier. Pour lui, il n'y a point de facultés particulières qu'on puisse appeler mémoire, imagination, raison, etc.; il n'existe que quatre processus fondamentaux (*Grundprocessen*), qui expliquent toute l'activité intellectuelle.

1⁰ Le premier processus consiste dans la possibilité pour l'âme de réagir contre les excitations. Il suppose donc deux choses : un élément extérieur (l'excitant), une force intérieure (*innere Kräfte oder Vermögen*). De leur combinaison résultent les sensations ou perceptions [1]. — On pourra se demander si, par ses pouvoirs primordiaux (*Urvermögen*), Beneke ne revient pas sous une autre forme à la théorie des facultés. Mais il faut remarquer que l'âme (quelque idée qu'on s'en fasse) ne peut pas être conçue comme une

1. *Lehrbuch*, p. 22-23.

abstraction nue ; elle doit avoir au moins certaines propriétés de réaction; c'est ce que Beneke entend dire, sans supposer autre chose. Ses *Urvermögen* ne sont que des possibilités de réagir contre les impressions extérieures, de se combiner avec elles et de fournir ainsi les conditions d'un développement ultérieur. Un critique fort sympathique à notre auteur, Ueberweg, croit qu'on ne se ferait pas une idée trop inexacte de ces pouvoirs primordiaux, qui sont les « parties les plus élémentaires de la substance psychique », en les assimilant aux cellules cérébrales. Quoique Beneke n'ait nulle part fait cette comparaison, elle ne serait pas en désaccord avec ses principes.

2⁰ « Il se forme continuellement dans l'âme humaine de nouvelles propriétés primordiales. » Tel est l'énoncé du second processus. La justification de cette hypothèse est dans ce fait que, de temps en temps, certains modes d'activité s'épuisent en nous, sont comme frappés d'incapacité et sont remplacés par d'autres. Ces formations nouvelles peuvent être comparées à ce qui se produit dans les organismes vivants, où, par suite de l'assimilation des matières nutritives, de nouvelles forces entrent en jeu. Au reste, tant que les *Urvermögen* ne se sont pas combinés avec les excitants qui seuls les complètent, en font une réalité, elles restent à l'état de *tendance* [1].

3⁰ Le troisième processus — et ici Beneke paraît bien subir l'influence de Herbart — consiste dans ce fait que les

1. Strebungen, d. h. streben sie zu dieser Erfüllung, als zu der ihnen durch ihre Natur bestimmten Ergänzung, auf. (*Loc. cit.*, § 24 et 25.)

états psychiques, en vertu de leur mobilité, tendent à un certain équilibre. Nous avons vu que les propriétés primordiales forment avec les excitants extérieurs des combinaisons appelées d'ordinaire perceptions. Mais ces combinaisons sont tantôt stables, tantôt instables, et l'observation montre qu'à chaque instant de notre vie psychique, il y a une tendance entre ces éléments mobiles pour arriver *à s'égaliser* (*ausgleichen*). On le voit tout particulièrement dans les cas où le niveau moyen de notre vie intérieure s'élève (joie, enthousiasme, amour, colère, etc.) ou bien s'abaisse (crainte, chagrin, etc.). Notre conscience nous montre en nous-même un changement continuel; mais ce changement, ce passage d'une forme à une autre ne se fait que peu à peu. Ce qui a été conscient se conserve, devient un état inconscient de l'âme qui peut plus tard rentrer dans la conscience, être reproduit. Ce quelque chose d'inconscient qui persiste est appelé par Beneke une trace (*Spur*), et il la définit ainsi : « ce qui tient le milieu entre la production d'une activité psychique (par exemple une perception) et sa reproduction (par exemple comme souvenir). » (§ 29). Ces traces, étant de nature spirituelle, ne sont nulle part[1]. Beneke a fort longuement élaboré cette théorie des traces, en la faisant précéder d'une critique sur les lois de l'association, telles qu'elles ont été posées par Hume et les Écossais. Ces traces étant des activités virtuelles, non satisfaites, non complétées, doivent être considérées comme des tendances.

4° Le quatrième processus rend compte des formes les

---

1. Es giebt also für diese Spuren kein « Wo ».

plus complexes de l'activité psychique. « Les formes semblables de l'âme humaine et les formes analogues, dans la mesure de leur ressemblance, s'attirent ou tendent à former des combinaisons de plus en plus étroites. » On en trouve des exemples dans les comparaisons, jeux de mots, jugements, etc. Cette attraction entre des formes semblables ou partiellement semblables donne lieu soit à des mélanges instables, soit à des combinaisons, à des fusions en un état stable. Ce processus explique en définitive la formation des groupes et séries de représentations, et son résultat suprême est la formation de ce qu'on appelle la raison (*Vernunft*). La raison n'est pas plus que la mémoire ou l'imagination un pouvoir primitif, un système inné de principes; « mais c'est l'ensemble de ce que l'âme humaine produit, dans toutes ses formes, de plus élevé et de plus irréprochable *(tadellos)*; elle n'est pas donnée dès le début, mais elle résulte d'une longue série de développements antérieurs » (§ 299).

Tels sont les quatre processus fondamentaux dont le développement et la confirmation sont le but du livre de Beneke. On a pu remarquer que, à part sa théorie des résidus inconscients, certaines hypothèses sur le mécanisme des états psychiques qui le rapprochent de Herbart, et son effort pour tout expliquer par un petit nombre de formes d'activité, Beneke se rapproche beaucoup de l'esprit et de la méthode des Écossais. Ajoutons que, quoiqu'il parle à chaque instant de procéder comme dans les sciences naturelles, il n'en affirme pas moins (§ 38) l'immatérialité de l'âme, et qu'il se livre à d'autres hypothèses purement métaphysiques.

TH. RIBOT.

Il ne faut pas oublier d'ailleurs qu'avant tout son but est pratique. « Les forces ou facultés de l'âme développée se composent des traces laissées par les excitations extérieures. » Tel est le principe qui résume la psychologie de Beneke et qu'il s'est attaché à vérifier depuis la simple perception jusqu'aux formes les plus complexes. On comprendra l'influence considérable qu'il devait attribuer à l'éducation, si l'on réfléchit au rôle important que jouent dans sa psychologie les excitations extérieures et les traces qu'elles laissent qui, par leur réviviscence, constituent la nature intellectuelle de chaque homme. De là aussi la préférence que sa psychologie a obtenue chez tous ceux qui, en Allemagne, se sont occupés de l'éducation. Son influence sur eux a été incontestable, et le nombre des écrits qui en portent la marque est grand. Dressler signale surtout le *Pädagogisches Jahrbuch* de Diesterweg et la *Pädagogischer Realencyclopädie* de Hergans. Beneke avait d'ailleurs commencé lui-même la publication d'une Revue de psychologie pratique appliquée à la vie *(Archiv für die pragmatische Psychologie oder die Seelenlehre in der Anwendung auf das Leben*, 1851), qui ne dura que trois ans et fut interrompue par sa mort. Son influence se retrouve aussi dans les écrits de Rau, de Dittes et même d'Ueberweg. L'édition qui vient de paraître prouve qu'il a encore des lecteurs et qu'il ne méritait pas l'oubli complet où il est resté chez nous.

CHAPITRE IV

LOTZE

I

Dans une étude sur la psychologie empirique en Allemagne, il est également impossible de passer Lotze sous silence et de se l'approprier tout entier. Par son caractère général et par ses tendances, il est avant tout métaphysicien ; par son éducation et sa profession, il est familiarisé avec les recherches physiologiques. Dès l'âge de vingt-deux ans, après avoir cultivé avec une ardeur égale la philosophie et la médecine, il était chargé, comme *privat docent*, de ce double enseignement à l'Université de Leipzig (1839). Dans les années qui suivent, ses publications portent l'empreinte de ce double courant d'études. Il fournit à un dictionnaire de physiologie *(Handwörterbuch der Physiologie* de Wagner) d'importants articles encore aujourd'hui cités ; il publie un *Traité de pathologie et de thérapeutique générales* (1842), une

Physiologie de la vie corporelle (1851). Mais, en même temps, il fait paraître une *Métaphysique* (1841), une *Logique* (1843) et une *Psychologie médicale* (1852). Depuis cette époque, les tendances métaphysiques paraissent prévaloir de plus en plus chez Lotze, comme le prouvent son *Microcosme* [1], dont la troisième édition vient de paraître, son *Histoire de l'esthétique allemande* et la publication encore inachevée de son *Système de philosophie* consacré à la logique et à la métaphysique.

La plus grande partie de son œuvre est donc complètement en dehors de notre sujet, et nous n'avons rien à en dire ici. Sa *Psychologie* elle-même ne rentre qu'à demi dans notre cadre. Lotze, en effet, tout en faisant une large part à l'expérience, n'a jamais séparé les recherches psychologiques des hypothèses métaphysiques, et l'on peut affirmer sans hésitation que cette « psychologie sans âme » qui a gagné bon nombre d'adhérents en Allemagne, dans ces derniers temps, ne sera jamais celle qu'il préfère. C'est cependant, en réalité, une psychologie physiologique qu'il a essayée sous le titre un peu bizarre de *Psychologie médicale*, et telle qu'elle est, à vingt-six ans de date, elle reste encore l'œuvre qui fait le mieux connaître Lotze comme psychologue et qui lui assigne une place dans le mouvement contemporain dont nous essayons de donner ici une idée.

---

1. *Mikrokosmus : Versuch einer Anthropologie.* 3 volumes. Leipzig, 1856-1864 2ᵉ édition, 1869-1872. Voici les diverses parties que cet ouvrage comprend : le corps, l'âme, la vie, l'homme, l'esprit, le cours du monde, l'histoire, le progrès, l'enchaînement des choses. — Dans cet ensemble de questions si diverses, les problèmes de la psychologie empirique sont plutôt effleurés que traités.

Dans cet ouvrage, qui comprend trois livres, le premier est consacré à la pure métaphysique[1]. Pour les deux autres, bon nombre de parties ont vieilli ; l'auteur, croyons-nous, ne ferait aucune difficulté de l'avouer. Sans parler de la physiologie nerveuse, fort différente aujourd'hui de ce qu'elle était il y a trente ans, la manière de comprendre ou de poser divers problèmes est tout autre, depuis que Fechner, Wundt, Helmholtz y ont touché. Une analyse de la *Psychologie médicale* serait donc hors de propos. Nous n'exposerons que la partie de cette œuvre qui actuellement encore reste originale. Laissons de côté la *Métaphysique* de l'auteur. Laissons également ces études sur les sensations, les sentiments, la volonté, qui se rencontrent nécessairement dans toute psychologie et qui ont été présentées depuis sous une forme plus ample en Allemagne et ailleurs. Ces questions écartées, nous ne nous attacherons qu'à un seul point, pour l'examiner en détail : la théorie des *signes locaux* et la perception de l'espace. C'est là en effet la partie vraiment originale de la *Psychologie* de Lotze, celle qui est encore vivante, acceptée ou au moins discutée par les meilleurs juges, celle dont l'influence se retrouve dans tous les écrits contemporains, que Wundt a admise en la modifiant, que Helmholtz[2] considère comme le premier pas décisif qui ait été fait pour ramener les physiologistes à cette opinion que la perception de l'étendue est un effet non de l'innéité, mais de l'expérience.

1. Il a seul été traduit en français par M. Penjon sous le titre de *Principes de psychologie physiologique* (Bibl. de phil. contemporaine).
2. *Optique physiologique*, trad. franç., p. 758.

C'est donc l'exposé de cette unique question qui va nous occuper. Toutefois, comme il est difficile de séparer complètement dans la *Psychologie* de Lotze l'étude expérimentale de l'hypothèse métaphysique, comme sa phraséologie, qu'on ne pourrait changer sans dénaturer le sens de sa doctrine, offre un caractère ontologique, il nous faut en quelques mots initier le lecteur à cette méthode, qui n'est ni purement spéculative, ni purement empirique.

Dans Lotze, ce qui frappe tout d'abord, c'est la tournure profondément métaphysique de son esprit. Nulle part il ne traite la psychologie comme une science des simples phénomènes de l'âme. Il ne fait qu'un cas médiocre de ces explications, propres aux sciences de la nature, qui ne s'en tiennent qu'à l'extérieur des choses. « Nous avons, dit-il, deux manières de connaître scientifiquement. Nous connaissons tantôt la nature, l'essence de l'objet que nous étudions, tantôt seulement les rapports qu'il peut avoir extérieurement avec d'autres objets. Dans la première manière de connaître, il ne peut être question d'une *cognitio rei* que lorsque notre intelligence se représente un objet, non simplement dans sa manière d'être extérieure, mais dans une intuition si immédiate que nous puissions, par nos sens et par nos idées, en pénétrer la nature propre, nous transporter en lui, et par suite savoir quelles doivent être, d'après son essence intime, d'après son essence spécifique, les dispositions d'un tel être. — Au contraire, l'autre manière scientifique de connaître, extérieure, qui ne pénètre pas l'essence des choses, *cognitio circa rem*, consiste surtout dans une connaissance claire et précise des conditions sous lesquelles l'objet se manifeste à nous et sous lesquelles, par suite de ses rapports variables avec d'autres objets, il se transforme d'une façon régulière [1]. »

Il n'est personne qui n'admette avec Lotze que la connaissance de l'essence des choses ne valût mieux que celle des évènements intérieurs ou extérieurs qui les manifestent. Malheureusement, nous ne voyons pas que nulle part il ait donné les moyens de l'atteindre. Il eût été curieux cependant de montrer, aux partisans d'une psychologie réduite aux purs phénomènes, non pas que leur connaissance est tronquée, — ce qu'ils savent trop bien, — mais qu'il y en a une autre possible, et que l'hypothèse d'une âme considérée comme principe substantiel ajoute quoi que ce soit à notre connaissance et à l'intelligibilité des phénomènes intérieurs. En psychologie, si la *cognitio rei* consiste simplement dans l'affirmation sans cesse répétée, jamais établie, d'un « principe un qui sent, pense et désire, » mieux vaut encore la *cognitio circa rem*. A l'encontre de la psychologie empirique, Lotze aurait dû prouver qu'une connaissance digne de ce nom — c'est-à-dire qui soit autre chose qu'une pure opinion, un goût individuel, un sentiment, un désir du cœur — peut être plus qu'une constatation de simultanéités et de successions de rapports entre des états de conscience : il aurait dû démontrer que ce n'est pas cette *cognitio circa rem* si dédaignée qui *seule* constitue ce qu'on appelle la connaissance scientifique.

1. *Medicinische Psychologie*, liv. I, p. 50.

Cette preuve, il ne l'a point donnée, et lui-même reconnaît le caractère équivoque de sa position, lorsqu'il nous dit « que nous pouvons [1] nous attribuer avec presque autant de raison ou la plus profonde connaissance de l'âme, ou, au point de vue scientifique, la plus complète ignorance, » et qu'il essaye de se placer tour à tour à ces deux points de vue contradictoires pour construire une psychologie. Partout, on sent chez lui un effort puissant et infructueux pour concilier deux tendances inconciliables : l'une qui consiste à employer rigoureusement la méthode scientifique, à s'appuyer sur les résultats de la physiologie et à les prendre pour fil conducteur ; l'autre qui consiste à abandonner toute méthode et à affirmer une entité, « l'âme », à titre de suprême évidence, de certitude absolue, de vérité saisie immédiatement et placée par là au-dessus de toute preuve. Comme on pouvait l'attendre d'un esprit si profondément métaphysique, c'est justement ce qui concerne cette mystérieuse entité qui a toute valeur à ses yeux. Le reste, subordonné et accessoire, ne vaut que dans la mesure où il s'y rattache. Si l'on compare l'œuvre des psychologues à un voyage de découverte, on peut dire que, pour Lotze, le continent véritable est celui qu'on ne découvre pas.

« Si nous voulons présenter à notre manière l'idéal de la science, il nous faut, dit-il, considérer la psychologie comme la science des principes essentiels de tout être et de toute action ; la physique, au contraire [2], comme celle des formes

1. Ouvrage cité, trad. Penjon, p. 52.
2. La physique est, pour Lotze, le type de la *cognitio circa rem*.

particulières auxquelles donne lieu la vie spirituelle en se développant dans le domaine des rapports de temps et d'espace. Mais, si nous voulons réellement contribuer au progrès de la science, nous devons nous contenter, comme l'exigent trop souvent les lacunes de la connaissance humaine, d'une part de posséder ce principe, d'autre part de soumettre la grande diversité des phénomènes empiriques, d'abord aux lois les plus rapprochées que peut donner l'abstraction, pour préparer peu à peu le moment où l'on pourra déduire ces phénomènes du vrai principe, du principe le plus élevé de leur existence [1]. »

Ce passage, si étrange pour un psychologue, signifie, si nous le comprenons bien, que l'idéal de la psychologie consisterait à devenir l'ontologie pure, mais qu'en attendant il faut se contenter d'expliquer le connaissable par l'inconnaissable, le positif par le supposé, le fait par l'imaginaire ; bref, que les laborieux résultats de la psychologie empirique ne sont qu'obscurité et illusion, s'ils ne tirent leur lumière de cette « réalité saisie immédiatement », qui pour Lotze et ses adhérents est une source de révélations inaccessibles à nous autres.

Sans insister davantage, on voit quel embarras résulte, pour la construction et l'exposition d'une doctrine psychologique, de l'emploi de cette méthode *mixte*, comme nous l'avons appelée plus haut, qu'on définirait mieux encore en l'appelant : un procédé qui consiste tantôt à employer la méthode scientifique, tantôt à s'en passer totalement, sous prétexte

---

1. *Medicinische Psychologie*, loc. cit., p. 58.

de la dépasser. Lotze nous offre le spectacle d'un homme
pris continuellement entre sa science et ses tendances, entre
ses connaissances positives et ses habitudes d'esprit. Il met
très-haut la métaphysique, sans vouloir renoncer aux faits ;
il tient grand compte des faits, mais il les subordonne à sa
métaphysique : et il ne réussit nulle part à marier ces deux
éléments dissemblables, qui, de quelque façon qu'il les
mêle, ne demandent qu'à se séparer.

C'est cependant un esprit vigoureux et pénétrant, auquel
il n'est que juste de rendre un plein hommage. Pour creuser
un problème, le tourner et le retourner sur toutes ses faces,
apercevoir toutes les hypothèses possibles et discuter leur
degré de vraisemblance, il est hors de pair. Sa façon d'écrire
s'en ressent. Dialecticien d'une subtilité merveilleuse, il
distingue et divise à l'excès, rappelant parfois la méthode
des scolastiques, parfois aussi procédant par des phrases
vagues, générales, d'allure noble, qui rappellent la manière
de nos spiritualistes français et qui font regretter la rareté
des faits et des exemples.

S'agit-il de définir « l'essence de l'âme », question
qui lui est particulièrement chère, il passe tant de temps
à mettre en garde contre les fausses solutions, les mauvaises méthodes, les illusions de point de vue, l'habitude
de parler de l'esprit comme on parle de la matière,
à combattre les définitions contraires, que ce qu'il en dit
se réduit à peu de chose et qu'il ne résulte guère de ce
grand effort qu'une impression négative. Il nous a remis
plus d'une fois en mémoire ce mot de notre Montaigne sur

un ancien : « Ce qu'il y a en lui de suc et de mouelle est es-
touffé par ses longueries d'apprest. »

Nous avons essayé de faire comprendre comment la psychologie de Lotze s'embarrasse, à chaque instant, dans sa
métaphysique. Il serait hors de notre sujet d'exposer longuement cette métaphysique : quelques mots suffiront.
Lotze peut être considéré comme l'un des principaux représentants de la doctrine appelée en Allemagne *Idealrea-
lismus*, terme qu'on applique aux écoles qui tiennent le
milieu entre l'idéalisme et le réalisme. Si l'on considère
Schelling et Hegel comme des types d'idéalistes, Herbart et
ses disciples comme des types de réalistes, nous remarque-
rons que le point fondamental sur lequel ils se séparent est
celui-ci : L'élément primitif est-il l'*idée* ou la *chose?* La
pensée règle-t-elle les choses, ou les choses règlent-elles la
pensée? — L'idéal-réalisme considère comme une solution
fausse celle qui s'en tient exclusivement à l'une ou l'autre
de ces alternatives. Il affirme entre la pensée et l'être un
parallélisme, non une identité. Il admet les faits comme
fondement et point de départ; mais, partant de là, il atteint
les conclusions de l'idéalisme. Lotze occupe dans la spéculation allemande une position de cette espèce. Naturaliste
et médecin par ses études, poëte et artiste par ses tendances,
il part des faits, mais pour se laisser entraîner par ses aspi-
rations vers l'idéal au delà des limites du monde physique.
Il se méfie de la solution purement idéaliste, mais il craint
encore plus le matérialisme et l'explication mécanique de
l'univers. Dans sa métaphysique d'ailleurs, le sentiment, le

goût esthétique, les convictions religieuses jouent un grand
rôle : entre toutes les hypothèses, il accorde une prérogative indiscutable à celle qui satisfait le mieux nos besoins
moraux [1]. De cet ensemble résulte une doctrine à contours
un peu vagues, difficile à réduire en système, quoique l'impression générale soit assez nette.

II

La *Psychologie* de Lotze, en laissant de côté la première
partie, consacrée tout entière aux insolubles questions de
la métaphysique, et les derniers chapitres, où la psychologie
morbide est plutôt effleurée que traitée, embrasse les questions suivantes : l'étude des sensations simples, des sentiments, des mouvements et des instincts ; la formation des
intuitions d'espace ; la conscience, ses divers états et les
conditions de son développement. Comme nous l'avons dit
plus haut, nous ne voulons examiner ici qu'un seul point :
la théorie des *signes locaux* et leur rôle dans la genèse des
perceptions visuelles et tactiles.

Il faut d'abord bien comprendre le but que Lotze s'est
proposé dans son chapitre sur les *räumlichen Anschauun-
gen*. Il ne s'agit pas pour lui d'expliquer la notion de l'espace, considérée forme dernière et irréductible de l'esprit.

---

1. Wo zwei Hypothesen gleich möglich sind, die eine übereinstimmend
mit moralischen Bedürfnissen, die andere mit ihnen streitend, kann
Nichts die Wahl zu Gunsten der letztern lenken. (*Medicin. Psychologie*,
p. 36, n° 399.)

Ses déclarations sont très-nettes à cet égard ; on peut seulement lui reprocher de n'avoir pas placé, en tête de son exposition, cette réserve capitale qui la domine tout entière et qu'on ne trouve énoncée que sous forme de remarques, dans le cours des discussions. C'est un défaut de composition assez choquant, car il en résulte pour le lecteur non averti quelque incertitude sur le but que se propose l'auteur. On croit d'abord qu'il s'agit d'une « déduction » de l'espace, d'une analyse élémentaire ayant pour fin la réduction de l'espace à une notion plus simple, — réduction que quelques écoles empiriques ont essayée. Il n'en est rien. « Nous n'avons nullement, dit Lotze [1], le projet de déduire de ces signes locaux la faculté pour l'âme de voir l'*espace en général*, ni la nécessité pour elle de comprendre le senti sous cette notion. Nous supposons, au contraire, qu'il y a dans la nature de l'âme des motifs pour lesquels non-seulement elle est *capable* d'une notion d'espace, mais encore *forcée* d'appliquer cette notion au contenu des sensations, et nous n'avons cherché à expliquer par des rapports physiologiques hypothétiques entre des signes locaux ni cette faculté ni cette obligation. Accordons cependant et prenons pour un fait à reconnaître tout d'abord que l'âme *puisse* former ces idées d'espace et *y consente ;* il reste à se demander encore d'après quels principes elle guiderait son choix dans cette idée générale d'espace, pour attribuer à telle sensation telle place et à telle autre telle autre place, et comment elle se conduirait pour regarder les sensations *a* et *b*

[1]. *Medicinische Psychologie*, livre II, n° 292.

comme voisines, les sensations a et c comme éloignées l'une par rapport à l'autre. »

L'intuition générale de l'espace est donc posée à titre de donnée primitive et placée au-dessus de toute explication. Toutefois, ce n'est pas pour Lotze une sorte d'entité antérieure à l'expérience. « On ne saurait imaginer que, avant d'avoir reçu des impressions extérieures, l'âme déploie, comme un filet prêt à prendre tout ce qui y tombera, l'intuition d'un espace infini à trois dimensions toute formée et déjà achevée. Il se présenterait de nouveau la question de savoir comment on peut faire entrer les impressions dans cette sorte de piège, tendu dans un monde où elles ne sont pas encore. La faculté de répondre à l'impulsion des ondes lumineuses par la sensaion de vert ou de rouge ne se comprend que comme une manière de réagir propre et innée à la nature de l'âme et ne donnant lieu à aucune déduction quelconque. Après avoir éprouvé ces sensations, nous en tirons l'idée générale de couleur..... Il en est de même de l'espace. Nous n'en avons pas d'abord l'intuition vide, pour y disposer ensuite les images de ce qui peut faire impression sur nous ; mais, réagissant selon les lois de notre nature contre les excitations déjà subies, nous commençons par localiser une impression p près d'une autre q, en imaginant une ligne mn qu'on peut appeler élément de l'espace futur, mais non pas une ligne dans l'espace, car cet espace entier dans lequel elle pourrait être tracée n'existe pas encore. C'est plus tard, en observant ce que nous avons fait ou ce qui s'est fait en nous, que nous

nous apercevons de la possibilité de réunir deux de ces lignes *pq*, *rs* par deux autres *pr*, *qs*, et que, continuant les observations, nous acquérons la conviction que cette possibilité de lier des points donnés n'a pas de borne. Alors est formée l'intuition de l'espace infini ; c'est le résultat de la combinaison des réactions élémentaires innées dans l'âme et lui appartenant, comme on dit, *a priori* [1]. »

Il est donc bien entendu qu'il ne s'agit pour Lotze que d'expliquer la *genèse empirique* des intuitions d'espace. Pour que nos sensations visuelles et tactiles nous apparaissent comme étendues, il faut et il suffit qu'il y ait en nous une possibilité ou une nécessité de les coordonner d'une certaine manière. Cela admis, quelles sont les dispositions expérimentales qui permettent cette coordination ?

La grande, la presque inévitable erreur, inhérente à toute théorie de l'espace et contre laquelle Lotze voudrait se garantir, consiste à confondre la solution du problème avec ses données. On ne s'affranchit jamais d'une pétition de principe : pour expliquer l'espace, on emploie toujours des éléments qui impliquent déjà cette idée. La forme la plus grossière de ces explications erronées est l'hypothèse antique des *idées-images*. Elle ne mérite pas de nous arrêter, et personne ne voudrait discuter sérieusement s'il entre

1. *Revue philosophique*, novembre 1877, tome IV, p. 345. Lotze y a donné un résumé de sa théorie des signes locaux, plus amplement exposée dans la *Psychologie médicale*. Dans l'article dont ce passage est extrait, il a répondu à quelques objections que sa théorie avait rencontrées. — Un autre résumé a été donné par Lotze, dans un appendice à l'ouvrage de Stumpf dont nous parlerons au chapitre V. Il a été publié en 1873. 9 pages.

dans « l'âme » de petites copies des objets extérieurs. Cependant cette doctrine se rencontre encore partout, quoique beaucoup plus raffinée et plus subtile. Toutes les théories de l'espace admettent en effet plus ou moins « que la forme sous laquelle une quantité d'*excitations* simultanées du système nerveux se suivent l'une l'autre dans l'espace contient immédiatement la raison d'une disposition semblable des *sensations* dans l'espace. »

Pour éclaircir la critique de Lotze par un exemple, supposons que le bout d'une règle soit appliqué sur notre main ; un certain nombre d'extrémités nerveuses sont excitées, et ces excitations sont transmises par les nerfs au *sensorium*. On est porté généralement à admettre que ces excitations se reproduisent ensuite, on ne sait où ni comment, dans un ordre équivalent à l'ordre des impressions reçues, en sorte que la série A, B, C.... Z des impressions cutanées devient une série *a*, *b*, *c*... *z* d'états internes, la forme de la première série donnant la forme de la seconde. On admet ainsi implicitement que chaque point de la main, touché par la règle, est représenté dans le sensorium par un équivalent analogue. — Pour les impressions visuelles, consistant en une image peinte sur la rétine, on fait une hypothèse semblable, qu'il est inutile de développer. — En somme, on admet que ce qui perçoit en nous, — âme ou cerveau, — de quelque nom qu'on le désigne, contient une reproduction réduite, raccourcie, transformée, des impressions extérieures ; que chaque élément de l'étendue est perçu comme étendu.

Quelque solution métaphysique que l'on adopte, qu'on suppose avec les matérialistes une âme étendue ou avec les idéalistes une âme non étendue, il n'importe, puisque la même erreur est toujours commise : pour expliquer l'espace, on commence par le supposer. Afin de sortir de cette perpétuelle illusion, il faut d'abord comprendre que nos impressions visuelles et tactiles *ne peuvent être perçues que sous la forme d'états intensifs.* Ce que chaque point touché transmet à « l'âme », ce n'est point une image étendue de ce point, mais c'est une modification intensive variant selon la nature et l'énergie de l'impression. Pour être perçues, les impressions de la règle posée sur notre main doivent être transformées de fond en comble, changer complètement de nature : une somme de données *extensives* doit devenir une somme de données *intensives* et fournir ainsi à l'âme les matériaux d'un travail de reconstruction qui consiste à transformer de nouveau l'intensif en extensif. « Ce n'est pas une amélioration sérieuse que de ne plus détacher des choses des images objectives, mais d'introduire à la place, immédiatement dans la conscience, des figures subjectives d'excitation avec tous leurs contours d'espace. Immanquablement, il doit se rencontrer aussi, pour ces figures, dans leur transmission à l'âme, un point où toute leur forme géométrique disparaît sans laisser de traces et où elle est remplacée dans l'âme par une *somme d'excitations intensives,* laquelle, comme les hauteurs des sons, ne contient plus aucune indication de l'étendue ou de la position dans l'espace. Si, par suite, nous obtenons une notion de la position des objets extérieurs, ce ne peut être par voie de *compréhension*, mais par voie de *reproduction nouvelle d'espace*. Généralement, l'extensif est transformé en intensif. C'est avec celui-ci que l'âme doit d'abord reconstruire intérieurement un nouveau monde de l'espace, dans lequel les images des objets extérieurs trouvent une fonction correspondante. De même qu'une valeur variable peut décroître jusqu'à *zéro* et, à partir de là, prendre un nouvel accroissement ; de même il faut absolument que les impressions géométriques ordonnées disparaissent en un point où il n'y a plus d'espace, pour se reproduire ensuite au delà. De même, ensuite, qu'une grandeur variable se développe de nouveau, non parce qu'elle enfouit ses valeurs réelles antérieures pour les coucher, pour ainsi dire, sous la valeur *zéro*, mais parce que la loi de sa variation s'applique par l'anéantissement momentané de sa valeur réelle ; de même aussi les impressions arrivées à l'âme se développent de nouveau dans un monde d'espace, non en obscurcissant dans la conscience la qualité cachée de l'espace, mais en se montrant capables d'entretenir, dans les excitations extensives de l'âme qu'elles ont produites, des relations d'où résulte de nouveau, dans la faculté reconstitutive de la nature, l'image des objets en question [1]. »

S'il est admis que, dès que l'impression périphérique

---

1. *Medicinische Psych.*, liv. II, nº 287. — Lotze compare ailleurs l'âme à une lentille qui concentrerait en un point indivisible tous les rayons réfléchis par une surface colorée. En ce point, il n'y aurait plus à distinguer la position relative des rayons, puisqu'ils sont condensés en une clarté unique. Mais, au delà de ce point, les rayons reprendraient leur divergence et dessineraient sur un plan opposé une copie

transmise par les nerfs devient un état de conscience, elle cesse d'offrir un caractère extensif, il reste à expliquer comment chacun des éléments qui constituent cette impression conserve sa marque propre et ses relations avec les autres éléments; comment il se différencie d'eux et se rapporte à eux : car, sans ces conditions, aucune reconstruction de l'espace n'est possible. C'est à quoi répond l'hypothèse des signes locaux.

Les sensations tactiles et visuelles sont les seules qui impliquent — au moins d'une manière nette et incontestable — la notion d'étendue. De là une grande différence entre elles et les sensations de l'ouïe, du goût, de l'odorat. Un son, une saveur, une odeur produisent une modification de nos organes, variable suivant le caractère spécifique de chacune de ces sensations; mais ils ne produisent rien de plus. Entre un son unique et plusieurs sons identiques qui nous affectent simultanément, il n'y a qu'une différence d'intensité : chaque son se fond avec ses semblables, sans conserver son individualité ; l'intensité seule de la sensation est renforcée. De même, entre l'odeur produite par une molécule odorante et l'odeur produite par des milliers de molécules semblables, entre la saveur produite par une molécule sapide et la saveur produite par des milliers de molécules semblables, il n'y a de différence que du moins

de la surface donnée. Dans cette comparaison, les rayons convergents représentent les mouvements nerveux causés par une impression extérieure ; le point de concentration correspond à l'unité de conscience ; et le faisceau du rayon divergent représente la reconstruction dans l'âme des relations d'espace d'abord anéanties. (*Revue philosophique*, tome IV, p. 347.)

au plus. Tel est le cas de toutes les sensations intensives.

Avec les sensations extensives, les conditions changent, et le phénomène devient plus complexe. Sans doute, il y a bien encore ici des variations d'intensité (comparer par exemple un point lumineux à un corps lumineux, un point rouge à un drap rouge, le contact sur un point au contact sur toute la main) ; mais au caractère d'intensité s'en ajoute un nouveau, d'une importance capitale : l'étendue. Examinons ce nouveau caractère.

Pour réduire le problème à ses termes les plus simples, écartons toute complication de douleur ou de pression, et supposons qu'une tête d'épingle touche notre peau, qu'un point rouge se peigne sur notre rétine. Il se produit, comme dans le cas des sensations intensives, un ébranlement des corpuscules du tact et des bâtonnets de la rétine, une transmission de cet ébranlement, par les nerfs, au sensorium ; mais cette sensation tactile ou visuelle ne nous apparaît pas comme une simple modification de nous-mêmes ; elle est rapportée par nous à un point de notre corps ou d'un objet extérieur : elle est placée par nous dans l'espace. En un mot, ici, il y a plus qu'une sensation sentie, il y a une sensation localisée.

La différence entre les sensations intensives et les sensations extensives est plus frappante encore si, au lieu d'un seul point, il y a, comme c'est le cas le plus ordinaire, plusieurs points de notre peau ou de notre rétine affectés simultanément. Il ne se produit plus une fusion des sensations en une sensation plus intense ; mais chaque sensation, gardant son individualité, se coordonne avec les autres et forme ce continu que nous appelons l'étendue.

Si tous les points de la peau dans le cas d'un contact, et tous les points de la rétine dans le cas d'une surface colorée, sentaient d'une façon identique des impressions identiques, il serait naturel d'admettre qu'il se produit ici, comme pour les sensations intensives, une fusion des sensations en une seule et non pas une coordination. Mais comme, en fait, cette fusion n'a pas lieu, il faut bien admettre que chaque point de la peau, que chaque point de la rétine sent à sa manière, c'est-à-dire impose à l'impression reçue une marque particulière, si légère qu'on voudra. Cette marque spéciale qui différencie chaque impression d'une autre est le *signe local*.

Comment devons-nous nous représenter ces signes locaux ? « Nous pouvons d'abord, dit Lotze, nous les représenter, en général, comme un processus nerveux physique qui s'associe constamment, pour chaque place du système nerveux, avec le processus nerveux variable qui, en ce point même, sert de base au caractère qualitatif de la sensation. » — Sortant de ces généralités pour arriver à une détermination plus précise : « On peut, dit-il, se figurer de deux façons un système de signes locaux d'où pourrait résulter une idée claire et géométrique d'espace : 1° Il pourrait se composer de sensations musculaires. Non-seulement toute position d'un membre, mais encore tout attouchement sur l'une de ses parties pourrait se distinguer de ce qui atteint une autre partie par une combinaison particulière de ces légères

sensations accessoires qui sont provoquées par la propagation de l'excitation sur les points d'attaque spéciaux. 2° Toutefois ce qui permettrait beaucoup plus complètement et
beaucoup plus facilement des déterminations de grandeurs
mathématiquement comparables, ce serait un *système de
mouvements* qui seraient produits, soit par l'entrée de l'excitation, soit au moins par une tendance se développant dans
ce sens. Figurons-nous un organe sensible quelconque, si
mobile que, par l'effet d'un système musculaire approprié,
un de ses points sensibles quelconque puisse être tourné
vers toutes les directions de l'espace; et supposons, de plus,
que l'influence d'une excitation éveille toujours d'une manière
quelconque ces tendances au mouvement : nous voyons que
chaque portion de l'organe aura le pouvoir d'attribuer à ses
excitations un *signe local* mathématiquement déterminé,
d'une manière complète, et aussi tout à fait spécial. En effet,
chaque portion aurait le pouvoir d'éveiller une tendance
au mouvement, non-seulement déterminée en grandeur,
mais encore déterminée en direction par rapport aux trois
coordonnées de l'espace : tendance qui ne revient exactement pour aucune autre portion et qui pourtant, par rapport à toute autre tendance au mouvement semblable, se
trouve dans un certain degré de ressemblance ou de différence, d'élévation ou d'opposition. Ces considérations nous
déterminent dès l'abord à chercher ces signes locaux non
pas seulement dans des états accessoires passifs, que chaque portion du système nerveux éprouve en plus des excitations sensorielles, mais plutôt dans des mouvements que

ces mêmes portions tendent à provoquer à l'aide de leur liaison avec le reste du système nerveux. L'œil, aussi bien que le sens du toucher, nous donnera occasion d'essayer la valeur de cette hypothèse pour l'explication de la notion du monde [1]. »

Pour achever ces considérations générales sur les signes locaux, il nous reste à nous demander dans quel rapport ils sont avec la conscience. Quoique Lotze abuse bien peu des explications tirées de l'inconscient, il incline cependant à leur attribuer ici un assez grand rôle : aussi ne s'étonne-t-on point que Hartmann ait considéré cette théorie des signes locaux [2] comme un témoignage en faveur de sa thèse. Quand nous déterminons trigonométriquement la position de points éloignés, à l'aide de l'angle qu'enferment nos rayons visuels dirigés sur les objets, nous faisons un usage parfaitement conscient de nos signes locaux. Dans la vie ordinaire, quand nous rapportons une excitation cutanée à un point déterminé de la peau, en vertu d'une association fondée sur l'expérience, nous avons encore une conscience assez nette du signe local. Mais, dans la plupart des cas, il n'en est pas ainsi. « Quand nous localisons dans le domaine de la vue des points colorés perçus simultanément, la raison de cette localisation échappe totalement à la conscience, et les signes locaux que nous supposons encore ici agissent toujours à son insu. » C'est un cas analogue à celui des mouvements réflexes qui ne parviennent à la conscience

---

1. *Medicinische Pyschologie*, liv. II, ibid., n° 291.
2. *Philosophie de l'inconscient*, trad. Nolen, tome I, p. 371 et sq.

qu'à titre de faits accomplis. « La localisation dans l'espace
appartient donc à ce que l'âme exécute d'une manière inconsciente par le fait de la mécanique de ses états intérieurs [1]. »

Lotze a récemment déclaré qu'il ne pouvait souscrire à
l'opinion de ceux qui, ayant adopté sa théorie, ont soutenu
que l'on peut par la réflexion, par l'observation intérieure,
vérifier l'hypothèse des signes locaux. « Nous ne méconnais-
sons pas, dit-il, l'incertitude et l'arbitraire de toute hypothèse par laquelle on suppose des phénomènes qui, existant dans l'âme, y existent à son insu. On n'a certainement
pas le droit d'admettre de tels états inconscients, à moins de
les assimiler aux idées oubliées et reparues, seuls exemples
qui prouvent la persistance dans l'âme de ce qui ne persiste
plus dans la conscience. Or, je crois que dans le cas dont il
s'agit nous en avons le droit [2]. » Le musicien exercé exécute
sans conscience des actes qui ont été conscients à l'origine.
« Nous sommes persuadés qu'il en est de même pour la localisation de nos sensations. Elle semble à présent se faire
subitement, à l'instant même où nous ouvrons les yeux ; au
début de la vie, cette aptitude ne s'est développée qu'à
l'aide d'une série d'expériences qui, si nous pouvions les
reproduire, nous feraient voir, comme autant d'états de conscience chez l'enfant, tous ces états intermédiaires devenus
imperceptibles pour la conscience de l'adulte. »

1. *Medicinische Psychologie*, ibid., n° 294.
2. *Revue philosophique*, loc. cit., p. 360.

III

Après ces considérations générales sur les signes locaux, étudions, pour en mieux comprendre la nature, le rôle qu'ils jouent dans la formation des perceptions visuelles et tactiles.

Signes locaux visuels.

Laissons de côté les nombreuses questions qui se rattachent à la vision : — appréciation des distances, de la direction, vision droite, fusion des images en une, etc., etc., — pour ne nous occuper que d'un seul point : la formation de l'image sur la rétine. Nous suivrons d'ailleurs en cela l'exemple de Lotze, qui ne traite les autres questions qu'en accessoires.

L'excitation de toute portion de la rétine produit dans « l'âme » deux états correspondant, l'un à une couleur déterminée, l'autre à la position relative du point excité, qui lui-même est lié à la position relative de cette portion de la rétine parmi ses voisines. N'oublions pas d'ailleurs que ce second état (celui qui correspond à la position) ne peut présenter qu'un caractère extensif. Cette sensation colorée *ne peut pas même avoir la forme d'un point*, car, « n'étant rien d'extensif, elle ne peut être perçue comme négation de l'étendue dans l'espace, c'est-à-dire comme point ; elle est perçue seulement comme qualité n'ayant ni un rapport positif, ni un rapport exprimable de négation avec un développement dans l'espace [1]. »

Le signe local, ce concomitant de la sensation colorée qui l'empêche de perdre son individualité, consiste, avons-nous dit, en un système de mouvements. Pour le comprendre, supposons qu'il se forme l'image d'un point brillant sur une partie latérale de la rétine : il se produit en même temps un mouvement de l'œil par lequel l'endroit de la plus claire vision vient s'appliquer sous cette image. On sait, en effet, qu'il existe dans la rétine une petite partie nommée la tache jaune, qui est douée d'une sensibilité visuelle très-supérieure à toute autre partie. On sait aussi qu'en vertu d'un mécanisme physiologique, dont il n'y a pas à rechercher ici les causes ni l'origine, l'excitation d'un point quelconque de la rétine amène une déviation de l'axe de l'œil, telle que le point de la plus claire vision est dirigé vers l'objet excitant.

Ceci compris, appelons v ce point de la plus claire vision, et supposons que trois autres points de la rétine a, b, c soient excités. L'image qui tombe en a produira un certain mouvement, nécessaire pour amener l'image en v. L'image qui tombe en b produira un mouvement différent de av. L'image qui tombe en c produira un mouvement différent av et vb. Quelque position qu'on assigne à a, b, c, il est facile de voir que, dans aucun cas, les mouvements produits ne seront identiques, que chacun aura un caractère qui lui sera propre. En effet, si nous supposons que a, b, c sont situés sur la même ligne ou plutôt sur le même arc de cercle, les

1. *Loc. cit.*, n° 310.

segments *va, vb, vc* de cet arc doivent être d'une grandeur différente, et, comme l'œil doit les parcourir pour amener à leur tour les images *a, b, c* dans la direction du point de la plus claire vision, il y aura nécessairement des mouvements musculaires de grandeur différente, bien qu'analogues pour tout le reste. — Si nous supposons que *a, b, c* sont situés sur la périphérie d'un même cercle dont *v* est le centre, alors *va, vb, vc* seront égaux, mais ils sont différents en direction. — Enfin, si nous supposons que *a, b, c* ne sont situés ni sur la même ligne partant de *v*, ni sur la même circonférence dont *v* est le centre, alors *va, vb, vc* seront à la fois de grandeur inégale et de direction différente. « Désignons par S la somme de tous ces mouvements ; cette somme est pour chaque point de la rétine une combinaison immuable et spécifique, et c'est pourquoi nous croyons posséder en elle un signe local qui différencie l'excitation de chaque point de l'excitation d'un autre point. »

Dans le cas qui vient d'être examiné, on a supposé une impression vive produite par un point de la rétine et suivie d'un *mouvement réel* de l'œil. Mais, dans les cas où il n'y a pas une seule impression prépondérante, chaque excitation de la rétine n'en continue pas moins à déterminer une semblable *tendance au mouvement* en rapport avec le point affecté. « Nous pouvons de plus admettre que cette tendance n'a d'abord pour but que de produire les mouvements automatiques de l'œil, mais qu'ensuite elle produit un changement dans l'état de l'âme, — une impression ; — et, à mon avis, c'est à l'aide de ces impressions, d'après leur détermination graduelle exacte et leur degré de parenté, que l'âme développe dans l'espace les points colorés sentis, de telle façon que leur éloignement dans le champ de vision et toutes leurs positions relatives correspondent à l'éloignement et aux positions des points nerveux excités. Il n'est pas nécessaire de demander à ces impressions de se transformer en représentations conscientes... Quoique ce fait se produise dans certains cas... nous devons considérer la localisation initiale des points colorés comme une opération absolument inconsciente de l'âme. » Plus tard, par suite de l'habitude, les points colorés semblent se placer d'eux-mêmes dans des endroits déterminés, et leur localisation n'est pas le résultat d'une sensation préalable de mouvement conscient, encore moins d'un mouvement réel [1]. « Ainsi, dit Lotze, ce n'est ni aux mouvements réels ni à leurs sensations conscientes que nous rapportons la coordination des points dans le champ visuel..... La première localisation, totalement inconsciente, repose sur la connexion entre les nerfs sensitifs et les nerfs moteurs, et c'est l'excitation de ces derniers à leur extrémité centrale qui donne à chaque impression de couleur son signe local propre [2]. »

Résumons en quelques mots l'exposé qui précède. La formation du champ de vision n'est possible que par un ensemble de signes locaux. Ces signes locaux ne peuvent venir ni des mouvements dus aux muscles moteurs de l'œil,

---

1. Lotze revient plusieurs fois sur ce point, qu'on attribue, suivant lui, aux mouvements *réels* de l'œil une influence exagérée sur l'acquisition de la notion d'espace. Voir en particulier *loc. cit.*, n° 328.

2. *Medicinische Psychologie, loc. cit.*, n° 313.

ni de la seule constitution histologique de la rétine, même en supposant que chaque point sentant présente une structure légèrement différente de celle des points voisins. La raison qui distingue entre elles les excitations des points particuliers de la rétine ne peut se trouver que dans leurs rapports avec les appareils moteurs. Chaque impression pour chaque point particulier amène un mouvement particulier (ou une tendance au mouvement) qui produit un certain état psychique : cet état est ce qui constitue proprement le signe local. Lotze attribue à ces actes un caractère en général inconscient, sans se dissimuler d'ailleurs les difficultés inhérentes à une pareille hypothèse. Enfin, l'excitation, le mouvement et l'impression psychique consécutive s'étant répétés un grand nombre de fois, il en résulte pour nous une connaissance complète de la topographie de notre rétine, de la position de tous ces points ; ce qui rend possible une localisation immédiate, même pour l'œil au repos. Ce processus se rapproche beaucoup des réflexes par son origine (excitation), sa fin (réaction motrice), son automatisme et son caractère inconscient. Pour conclure par une phrase même de Lotze : « C'est de la combinaison des excitations de la rétine avec ces impressions inconscientes que leur associent dans l'âme les tendances au mouvement, qu'il faut déduire la coordination des points dans notre champ visuel [2]. »

1. *Medicinische Psychologie*, loc. cit., n° 328.

Signes locaux tactiles.

Il serait inutile de nous étendre aussi longuement sur ce point que sur le précédent. Il suffira de noter en quoi les deux cas diffèrent.

Les corpuscules du tact jouent un rôle analogue à celui des cônes et des bâtonnets pour la rétine. Il y a d'abord entre eux des différences de structure, puisqu'on en distingue trois espèces (corpuscules de Pacini, de Meissner, de Krause). De plus, ils sont répandus ou groupés de manière très-différente, suivant les divers points de la peau. Ces faits, à eux seuls, suffiraient à expliquer comment la même excitation doit varier suivant les régions cutanées auxquelles elle s'applique ; mais ils n'expliquent pas la localisation. Ces différences qualitatives n'expliquent pas pourquoi les impressions sont rapportées à certains points de la peau et coordonnées dans l'espace.

Ces diversités anatomiques ne sont donc que les premières conditions d'une localisation dans l'espace. Un second fait auquel Lotze attache une grande importance, c'est le phénomène qu'il appelle « l'onde des sensations accessoires ». La peau formant un continu, aucune excitation, si petite qu'elle soit, ne peut être circonscrite au point où elle se produit. Il en résulte toujours pour les parties voisines des tensions, des pressions, des déplacements tantôt grands, tantôt petits. Mais la structure de la peau n'est pas partout identique ; elle varie en épaisseur, en souplesse, en rigidité. Le contact n'est plus le même, selon que la partie à laquelle

il s'applique adhère à une surface osseuse, ou bien recouvre
une cavité, ou bien repose sur la masse molle des muscles.
« C'est ainsi que la sensation résultant de l'excitation d'un
point A s'entoure d'une onde de sensations accessoires, caractérisée par sa forme, son étendue, la composition de ses
éléments, et différente en cela de l'onde qui accompagne
l'excitation d'un autre point B. » Il suffit de se rappeler les
célèbres expériences de Weber pour comprendre combien
la sensibilité tactile varie selon les régions de la peau. Au
bout de la langue et au bout des doigts, deux points se distinguent, et par conséquent présentent des différences locales, à une distance de 1 et 2 millimètres seulement; sur le
dos, il faut une distance de 2 à 4 centimètres. — Mais, il ne
faut pas s'y tromper, les ondes d'effets accessoires, malgré
le rôle important qu'elles jouent dans les perceptions tactiles,
ne remplissent pas les conditions imposées aux véritables
signes locaux. Elles permettent bien de distinguer les deux
sensations A et B; elles ne suffisent pas à les distinguer dans
l'espace, c'est-à-dire à supposer une ligne dont A et B seraient les extrémités.

Reste un troisième élément : ce sont les mouvements et
les sensations musculaires qui les accompagnent. Tout en
reconnaissant le rôle important, capital, que joue ce dernier
élément dans la localisation des perceptions tactiles, Lotze
y insiste moins qu'on ne l'a fait depuis [1], et il pense qu'on ne

1. D'après des recherches dont nous parlerons plus loin, on a été
amené à reconnaître que la finesse du « sens du lieu » est en général
proportionnelle à la mobilité des diverses parties du corps. Voir ci-
après le chapitre sur Wundt, § IV.

peut pas trouver en lui une explication suffisante du problème à résoudre.

En résumé, la peau forme un continu, variable dans toute sa surface, grâce aux différences de structure anatomique, aux impressions directes et auxiliaires qu'elles produisent, aux mouvements et aux sensations musculaires concomitants. Pour qu'on puisse décider, remarque Lotze, si c'est à droite ou à gauche qu'une impression s'est produite, il est nécessaire que l'excitation de chaque côté du corps produise, dans la conscience, des sensations différentes. Des êtres constitués d'une manière complètement symétrique seraient incapables d'établir une différence entre leur droite et leur gauche et, en général, entre les parties correspondantes de leur corps [1]. Ce sont les différences de structure, de mouvement des membres, de sensations musculaires qui permettent la distinction. Remarquons enfin avec l'auteur — et ceci fait ressortir l'importance des mouvements — que, si l'extrémité de nos doigts était fixée au bout d'une tige rigide, toute finesse de localisation disparaîtrait; chaque excitation, au lieu d'affecter un point précis, paraîtrait diffuse dans un milieu homogène.

Il ne faut cependant pas oublier que pour Lotze ni les différences de structure, ni les ondes accessoires, ni les mouvements, ni les sensations musculaires n'expliquent la localisation des impressions tactiles. Pour localiser, le concours de la vue est nécessaire; « il faut posséder déjà l'image géométrique des contours du corps et avoir appris par expé-

---

1. *Medicinische Psychologie, loc. cit.*, n° 340.

rience à quel point A et B les sensations doivent être rapportées, suivant qu'elles sont affectées des signes locaux α et β. »

Une objection toute naturelle se présente ici : c'est l'exemple des aveugles-nés qui, sans le secours de la vision, acquièrent par le tact la notion de l'espace. — D'abord Lotze admet bien que « les sensations cutanées réduites à elles seules, sans nous donner l'idée distincte de l'espace, provoqueraient cependant en certains cas l'imagination obscure d'une certaine largeur qui ne serait pas sans quelque analogie lointaine avec cette idée. » De plus, quand le sens du toucher existe seul, il trouve en lui-même les conditions suffisantes pour localiser, grâce aux mouvements qui accompagnent les impressions ; mais le système des mouvements n'ayant ici ni la richesse ni la finesse de ceux qui accompagnent les impressions visuelles, la localisation est plus grossière et plus imparfaite. « La peau possède d'innombrables points sensibles, mais les mouvements nécessaires pour en apprécier les positions ne sont pas immédiatement possibles à ces points, comme ils le sont à ceux de la rétine, et il faut que le concours d'organes mobiles supplée à ce défaut. La main, glissant sur la surface d'un corps, reçoit à la fois comme la rétine un grand nombre d'impressions. Quand elle en perd une p, par suite de son mouvement, elle ne perd pas tout ; les autres q, r, s persistent, et la nouvelle t vient s'y joindre [1] : c'est ainsi que le tâtonnement combiné

---

[1]. Il faut remarquer avec Lotze que la persistance de chaque impression rend seule possible la notion d'espace. Si, dans le passage de p à q, rien ne persistait du premier terme, nous ne verrions pas s'établir ces rapports qui constituent l'espace.

Th. Ribot. 7

avec la sensibilité de la peau peut servir à l'aveugle-né pour
se former, lui aussi, une intuition de l'espace, mais qui
n'est peut-être pas entièrement identique à celle que la
vision rend possible. » Lotze, en effet, fait remarquer que la
faculté de différenciation étant beaucoup moins fine dans le
sens du tact que dans le sens de la vue, même chez l'aveugle-né, l'espace d'un pouce carré doit lui offrir beaucoup
moins de points différenciables qu'il n'en présente à l'homme
qui voit. On en a conclu que, pour l'aveugle, les objets doivent paraître plus petits que pour le voyant, et, en fait, des
aveugles-nés qu'on venait d'opérer (entre autres celui de
Cheselden) ont plusieurs fois exprimé leur étonnement sur
la grandeur inattendue des objets.

Lotze complète sa théorie des signes locaux en recher-
chant comment nous acquérons la notion de l'extériorité.
Nous n'en dirons rien, cette question devant être examinée
ailleurs. Nous n'avions pour but que d'exposer un seul point
de la doctrine de Lotze : celui qui constitue sa véritable originalité comme psychologue.

Cette doctrine des signes locaux a été, en effet, adoptée
en Allemagne par bon nombre d'écrivains. Admise sans réserve par quelques-uns, elle a été modifiée par d'autres.

Un premier mérite qu'on ne peut lui contester, c'est de bien
mettre en lumière toutes les difficultés inhérentes au problème posé. Nul n'a mieux montré que Lotze comment on confond la solution avec les données. Par une tendance presque
invincible de l'esprit humain, on veut expliquer l'espace à

l'aide d'images qui le présupposent. Nous voyons les objets
se refléter dans la rétine comme dans un miroir, ou se poser
sur les organes tactiles comme le cachet sur la cire, et il
nous semble que ces images extérieures doivent se reproduire dans notre conscience, sous des formes plus ou moins
analogues. La réflexion nous apprend cependant que la connaissance de ces images suppose une connaissance antérieure, celle de notre corps, de ses parties, de leurs positions,
bref, une connaissance de rapports dans l'espace et que cette
connaissance ne peut dériver elle-même que d'états tout
intérieurs. Lotze ne voit qu'une manière de résoudre cette
difficulté : c'est de ramener la perception de l'étendue à une
perception de différences *qualitatives* qui, par une reconstruction nouvelle de l'esprit, deviennent des rapports
d'étendue.

Son hypothèse a le caractère d'une hypothèse naturelle,
scientifique, quoiqu'il l'ait exposée dans un langage métaphysique, que, pour des raisons d'exactitude, nous avons
respecté scrupuleusement. Elle s'appuie sur les faits et
s'offre comme leur seule explication probable. Lotze s'attache
à montrer que la disposition anatomique des organes visuels
et tactiles est un solide appui en faveur de son hypothèse.
« Si nous trouvons, dit-il [1], des dispositions pour assurer
l'action des excitants extérieurs sur le système nerveux,
selon des rapports géométriques ordonnés, nous trouverons
dans ces dispositions un fort encouragement à croire que la
nature a voulu tirer de ces relations d'espace quelque chose

---

1. *Psych. méd.*, § 28, n° 289.

pour la conscience... quoique cela, en soi, n'explique rien. »
A notre avis pourtant, il n'a pas assez insisté sur ce point. Il
est vrai que, à l'époque où fut écrite la *Psychologie médicale*,
la disposition des organes terminaux pour les nerfs visuels
et tactiles était loin d'être aussi bien connue qu'aujourd'hui.
Mais, en reprenant la question, dans ces derniers temps,
Lotze n'a pas insisté davantage sur ces détails anatomiques.
Les physiologistes tendent cependant à admettre que la
constitution des terminaisons nerveuses périphériques joue
un grand rôle dans la réception des impressions du dehors,
et cette thèse n'est pas sans analogie avec celle des signes
locaux.

Nous avons vu le rôle capital que Lotze attribue aux mouvements, pour la formation de l'espace visuel ou tactile, surtout aux mouvements inconscients, ou, comme il s'exprime
quelquefois, aux *tendances*. Cette assertion prête à la critique, ainsi que toutes celles qui, étant tirées de l'inconscient,
s'appuient plutôt sur des inductions que sur des faits bien
établis. « Pour abréger, nous nous sommes quelquefois servi,
dit Lotze, de l'expression : tendances au mouvement, pour
désigner les signes locaux. On a critiqué cette expression
comme ambiguë et incompatible avec les notions précises que
la mécanique doit appliquer aux phénomènes physiques. »
Cette critique amène Lotze à préciser sa pensée et à ramener
le signe local à un état purement psychique dont les mouvements sont l'occasion. « Ce qui se passe dans les nerfs ne
peut donner lieu qu'à une rotation de l'œil, c'est-à-dire à un
phénomène du monde physique ; les affections psychiques

qui en proviennent méritent seules le nom de signes locaux, car elles seules peuvent provoquer la *localisation* qui est un acte d'imagination sans aucun rapport de ressemblance avec un mouvement quelconque et n'est en aucune manière mesurable d'après les notions de la mécanique des corps. » Nous retombons ici dans la difficulté d'admettre comme explication dernière un état qui est considéré comme psychique et qui est cependant posé comme inconscient. Mais il faut reconnaître que Lotze ne cesse pas de répéter qu'il ne donne sa théorie que comme une hypothèse.

Cette hypothèse s'impose-t-elle ? — Pour répondre affirmativement, il faudrait être en état d'établir qu'elle est la seule possible : or il est probable que Lotze lui-même ne voudrait pas le soutenir. Il reste d'ailleurs une difficulté inhérente à toute discussion sur l'espace : c'est le rôle que joue dans la genèse de cette notion l'élément ultime, — ou *a priori*, — que Lotze n'a mentionné qu'en passant et qui reste pourtant la base de tout le travail de reconstruction mentale.

En résumé, sa théorie tient le milieu entre les essais qu'a tentés l'école anglaise pour expliquer totalement, par l'expérience seule, la genèse de l'idée d'espace, et l'absence complète d'explication qui a prévalu d'ordinaire chez les partisans d'une intuition *a priori*. L'examen incessant auquel la science soumet cette notion, à la lumière des théories ou des expériences nouvelles, en déterminera de mieux en mieux la valeur relative. Quoi qu'il advienne de la solution de Lotze, elle restera comme l'œuvre d'un esprit ingénieux,

pénétrant, extrêmement habile à mettre en saillie toutes les
difficultés du problème[1].

1. Dans un article publié récemment dans la *Revue philosophique*
(septembre 1878, tome VI, p. 217-234), M. Wundt a fait une critique
très-approfondie de la théorie des signes locaux de Lotze, qu'il appelle
hypothèse des signes locaux *simples*, par opposition à la sienne, qu'il
nomme hypothèse des signes locaux *composés*. Il reproche à Lotze de
poser la question sous une forme métaphysique (hypothèse de l'âme)
et de décider en vertu de cette hypothèse que nos sensations rétiniennes
et cutanées ne peuvent posséder l'extension. Il s'attache au contraire
à montrer : 1° que ce sont les expériences optiques et autres qui au-
torisent à refuser aux sensations rétiniennes et cutanées, prises en
elles-mêmes, un caractère extensif ; 2° que les conditions qui doivent
s'ajouter à ces sensations pour les faire passer dans la catégorie extensive, ce sont les mouvements.

CHAPITRE V

L'ORIGINE DE LA NOTION D'ESPACE

DÉBAT DES NATIVISTES ET DES EMPIRIQUES

Nous venons, avec Lotze, d'étudier en détail un élément particulier de la connaissance sensible. Sans sortir de cette question, nous abordons un débat d'un caractère beaucoup plus général, qui touche aux fondements mêmes de la connaissance humaine.

La connaissance de l'étendue et de ses déterminations, longueur, largeur, profondeur ou distance, position, forme, est-elle innée ou résulte-t-elle de l'expérience? Telle est la question qui, posée et résolue diversement, surtout par des physiologistes, a donné naissance à des théories nombreuses que Helmholtz le premier, je crois, a classées sous les deux titres de nativistes et d'empiriques. Ces doctrines datent en réalité des premiers essais de psychologie ; mais ce n'est que de nos jours qu'elles se sont produites avec une conscience claire du problème à résoudre, des solutions possibles, et en substituant aux déductions métaphysiques des raisons de fait, puisées dans les sciences naturelles. Le combat s'est livré particulièrement sur la question de l'espace visuel. On devait s'y attendre, la vue étant le plus élevé de nos sens, le plus riche en informations sur le monde extérieur, le plus accessible aux expériences délicates. La même question se pose cependant au sujet de l'espace tactile, et, quoique l'on ne puisse pas citer sur ce point autant d'explications essayées ni des débats aussi brillants que ceux de Hering et de Helmholtz, les solutions sont au fond identiques. C'est sur cette partie moins connue de la lutte entre les nativistes et les empiriques que j'appellerai d'abord l'attention. Il y a beaucoup moins à dire que sur la question de l'étendue visuelle; mais, par là même qu'il est plus simple, le débat instruit mieux.

Exposons les diverses doctrines, nous examinerons ensuite le problème théoriquement.

I

ESPACE TACTILE

Réduites à ce qu'elles ont de commun, les théories *nativistes* consistent à admettre que l'ordre des sensations tactiles a sa base dans la constitution même de l'organisme, qu'il est donné à l'origine avec cet organisme, qu'il est par conséquent inné. Cette hypothèse est la plus naturelle, la plus simple, celle qui se présente d'abord à l'esprit. Quiconque ne s'est instruit ni par ses réflexions ni par celles des autres l'adopte de confiance. C'est une croyance spontanée, l'une de ces affirmations que les Allemands appellent « un produit de la conscience naïve ». Elle a été de tout temps la solution de tout le monde.

Le grand physiologiste Jean Müller paraît être le premier qui lui ait donné une forme scientifique. On admet généralement que c'est sous l'influence de la philosophie de Kant qu'il fut conduit à sa théorie. Historiquement, cette influence est indiscutable, quoique, suivant nous, — nous essayerons de le montrer plus loin, — la critique kantienne n'ait rien à voir dans ce débat. Müller fait observer avec raison « que la notion d'objets tactiles repose, en dernière analyse, sur la possibilité de distinguer les diverses parties de notre corps comme occupant chacune une place différente dans l'espace; » mais, d'après lui, si le nerf optique et le nerf tactile, seuls entre les nerfs sensoriels, communiquent au *sensorium* une impression d'étendue dans l'espace, c'est que « seuls ils sont capables de sentir exactement leur propre étendue ». « Des membres entiers, la plupart même des parties de notre corps, étant pénétrés de nerfs sensitifs, il résulte de là que le sens du toucher, a la possibilité de distinguer l'étendue de notre corps dans toutes les dimensions, car chaque point où aboutit une fibre nerveuse est représenté dans le sensorium comme partie intégrante de l'espace. (Tome II, p. 271-272.)

Les recherches bien connues de E. H. Weber déterminèrent plus exactement le rôle des terminaisons nerveuses. On sait que, en se servant d'un compas à pointes émoussées, il montra que la sensibilité tactile varie extrêmement d'une partie à l'autre du corps ; que, pour que deux points soient distingués l'un de l'autre, il suffit d'un écart d'un millimètre sur la pointe de la langue, tandis qu'il en faut un de quatre à six centimètres sur le dos. Il divisa ainsi la surface du corps en un grand nombre de régions, connues sous le nom de cercles de sensation, qui varient extraordinairement pour la grandeur et même pour la forme. Weber considéra d'abord comme unité d'espace chacun de ces cercles, c'est-à-dire chaque partie de la peau pourvue d'un seul filet nerveux. Plus tard, pour répondre à diverses difficultés soulevées par sa théorie, il admit que les cercles de sensation devaient être tels qu'il y eût plusieurs cercles entre deux points sentis comme distincts : il expliquait ainsi la perception de l'intervalle senti entre les deux points. Il faisait de plus jouer un rôle considérable à l'expérience et à l'habitude, en admettant qu'elles diminuaient le nombre des cercles nécessaires pour que l'intervalle fût perçu entre deux points du corps. Par là, il se rapprochait de la théorie empirique.

D'autres auteurs, entre autres Czermak et Meissner, ajoutèrent diverses modifications. Mais celui qui, dans ces derniers temps, a été le champion le plus intrépide de la théorie nativiste, tout en prétendant la concilier avec la théorie rivale, est Stumpf. Dans son *Origine psychologique de la notion d'espace*[1], il soutient que nous avons une connaissance

---

1. *Ueber den psychologischen Ursprung der Raumvorstellung.* Leipzig, 1873.

innée des trois dimensions. D'abord, dans tout contact, nous sentons nécessairement et immédiatement une certaine étendue ; nous localisons l'impression tactile dans un certain endroit, sans qu'il y ait besoin d'aucune autre condition que le contact lui-même. Nous avons ainsi la connaissance intuitive d'une surface touchée. Mais il est surtout curieux de voir comment il établit sa thèse à l'égard de la troisième dimension. D'après lui, si la surface (longueur et largeur) est perçue immédiatement, la profondeur l'est aussi par là même. En effet, la surface que nous sentons lorsqu'un contact se produit sur quelque partie de notre corps doit être une surface plane ou à courbure ; il n'est pas possible d'en imaginer d'autres. Or, ces deux espèces de surface impliquent la troisième dimension, « car elles énoncent quelque chose qui a rapport à la profondeur : à savoir la présence ou l'absence d'une inclinaison à se recourber en dehors (*Ausbiegung*) vers la profondeur. Que l'on n'objecte pas que cela n'est vrai que des surfaces courbes et que la surface plane au contraire est une négation de la profondeur ; car un concept négatif contient tout ce que contient le concept positif, plus une négation » (p. 177). En s'appuyant sur ce raisonnement, dont la fragilité apparaît trop facilement, Stumpf soutient que le « nouveau-né », lorsqu'on entoure son corps de quelque lien, doit avoir l'idée d'une surface courbe et par suite des trois dimensions (p. 283). Il concède seulement que ce nouveau-né n'a pas toutes nos notions de rapports mathématiques ; mais sa représentation primordiale les contient virtuellement.

La théorie *empirique* ou *génétique* admet une évolution psychologique. S'appuyant particulièrement sur l'influence de l'association ou de l'habitude, elle attribue le fait de la localisation tactile à l'expérience, en ce qui concerne non-seulement son perfectionnement, mais son origine.

On peut trouver les premiers linéaments de cette doctrine dans Locke, Condillac, Berkeley surtout, et en général chez ceux qui inclinent à faire la part aussi large que possible à l'expérience. Dans ce siècle, Herbart, guidé par des raisons purement métaphysiques, ramena, comme nous l'avons dit plus haut, la notion d'espace à une succession d'états de conscience qui peut être renversée, c'est-à-dire parcourue indifféremment de A en Z et de Z en A. Il voulait expliquer par ce moyen comment l'âme, qu'il suppose absolument simple et inétendue, peut percevoir des objets ayant une étendue et une forme. Le mouvement d'un membre produit dans la conscience une série d'états : c'est cette série, en tant qu'elle peut être renversée (non les mouvements eux-mêmes), qui nous suggère la notion d'espace.

En 1811, un auteur aujourd'hui peu connu, Steinbuch, dans ses *Beiträge zur Psychologie der Sinne*, soutint que le mouvement seul peut fournir la notion d'espace. Sa théorie qu'il appliquait surtout à la vision, mérite d'être rappelée : elle contient en germe la thèse soutenue plus tard avec tant d'éclat et d'ampleur par les psychologues anglais et surtout par Bain. Nous l'exposerons plus loin sous le titre de l'espace visuel.

Mais Lotze est le premier qui ait donné une théorie profondément élaborée de l'hypothèse empirique : il suffira de la résumer en quelques mots. Chaque point sentant du corps a son signe local. Ce terme n'implique primitivement aucune localisation ni aucune étendue; il signifie simplement que chaque impression tactile présente une nuance particulière qui doit servir plus tard à la localiser dans un certain point du corps. A l'origine, ces impressions sont purement intensives et ne présentent aucune détermination, quelle qu'elle soit, quant à l'espace. Plus tard, l'esprit, en vertu des lois qui lui sont propres, transforme ces données intensives en quantités extensives et produit ainsi une « reconstruction de l'espace ». Le rôle capital dans la genèse de cette notion appartient donc ici à un processus psychologique.

La plus récente des doctrines génétiques est celle de Wundt. Tout en acceptant l'hypothèse des signes locaux, il la juge cependant insuffisante : car comment une série graduée de signes locaux qualitatifs peut-elle se transformer en un ordre dans l'espace? C'est ce que la théorie de Lotze n'explique qu'en admettant des lois *a priori* de l'esprit. Mais, remarque Wundt, les diverses impressions sont accompagnées de mouvements et par conséquent d'un certain sentiment d'innervation. Ces deux éléments — les signes locaux, les mouvements avec les sensations concomitantes — suffisent pour expliquer la localisation dans l'espace. Ni les impressions locales toutes seules, ni les mouvements tout seuls ne peuvent nous la donner; mais ces deux éléments, réunis par une chimie mentale, par une *synthèse psychologi-*

que, forment une combinaison qui n'est autre chose que la notion d'espace. L'originalité de la solution de Wundt consiste donc à considérer l'idée d'espace comme une donnée synthétique dont l'analyse peut retrouver les éléments : mais chacun de ces éléments ne ressemble pas plus à l'espace que l'oxygène et l'hydrogène ne ressemblent à l'eau, résultat de leur combinaison.

II

Quelque dissemblables que soient les théories dont nous venons de présenter le résumé, elles ont pour résultat commun, en montrant le problème sous tous ses aspects, de permettre de le mieux poser. Au lieu de procéder par des considérations générales, comme les métaphysiciens, la plupart des auteurs ci-dessus mentionnés ont procédé par l'examen des détails : à une discussion abstraite, ils ont substitué des discussions concrètes ; au lieu de se demander quelle est l'origine de l'espace, ils ont cherché à montrer par l'observation et le raisonnement comment nous acquérons les idées de longueur, largeur, distance, forme, position, direction; en un mot, toutes les déterminations de l'étendue. La méthode suivie est donc le contraire de celle des métaphysiciens [1]. C'est là un premier résultat auquel, à notre

1. On trouve un bon exemple de cette opposition entre les deux méthodes dans la discussion entre Stuart Mill et l'un de ses adversaires, Mahaffy. Celui-ci prétendant que la direction ne doit pas être mentionnée dans une analyse de l'étendue, « parce que direction veut dire espace, et que l'espace ne peut servir à s'expliquer lui-même » , Stuart Mill répond : « Au lieu de dire que direction signifie espace , il serait

avis, on n'a pas assez fait attention, et plusieurs physiologistes ne paraissent même pas s'en être rendu compte clairement, quoique leurs habitudes d'esprit les aient bien guidés à leur insu.

On peut bien objecter que cela ne résout rien; que ces termes, longueur, direction, etc., n'offrent un sens pour l'esprit qu'en vertu d'une notion préexistante de l'espace qui, seule, les rend intelligibles. Mais, même en acceptant cette objection, — ce que plusieurs de nos auteurs ont fait, — la position reste intacte. Les questions qui nous occupent ici portent sur des questions d'expérience, non sur des problèmes transcendants. Il s'agit de la genèse empirique de la notion d'espace; c'est donc à l'expérience qu'il est juste de demander une solution.

Dès qu'on a substitué à l'étude de la notion abstraite de l'espace l'étude concrète de ses éléments, il devient possible de procéder analytiquement. Les adversaires les plus obstinés de la méthode physiologique ne peuvent guère nier qu'à cet égard elle ait été d'un grand secours. Les physiologistes, en effet, en s'appuyant sur leurs expériences, sur les données de la pathologie, sur des cas instructifs par leur rareté, ont pu étudier isolément le rôle de chacun des éléments de la perception tactile, séparer l'espace visuel de l'espace tactile, le tact proprement dit des sensations concomitantes, constater le rôle des mouvements musculaires, le

plus juste de dire qu'espace signifie direction. L'espace est l'ensemble des directions, comme le temps est l'ensemble des successions; par conséquent, postuler la direction, c'est postuler non pas l'espace, mais l'élément dont la notion d'espace est formée. » (*Examen de la philosophie de Hamilton*, p. 293, trad. Cazelles.)

rôle des sentiments d'innervation. C'est ce qu'il faut montrer avec quelque détail.

Lorsqu'on essaye de résoudre la question qui nous occupe « La notion de l'espace tactile résulte-t-elle d'un mécanisme, ou est-elle innée? » la première difficulté consiste d'abord à mettre à part ce qui est dû aux sensations visuelles. La vue et le toucher sont deux langues que nous employons simultanément dès notre naissance et qui se mêlent si bien qu'elles semblent n'en faire qu'une. De plus, les données de la vue, par leur supériorité et leur richesse d'information, ont une tendance à effacer les autres. Reste la ressource des aveugles-nés. S'il s'en était trouvé quelques-uns doués du talent de l'analyse psychologique, leurs déclarations nous en apprendraient beaucoup. Encore prêteraient-elles à des contre-sens de notre part, les termes ne pouvant avoir pour eux la même signification que pour nous. C'est ce qui rend si vague parfois l'observation de l'aveugle de Platner, dont nous parlerons plus loin. Mais plusieurs bonnes observations permettraient un examen critique. — L'étude des aveugles-nés opérés a été plus instructive. Depuis Cheselden (1728), il n'y en a guère eu qu'une douzaine de cas, dont la moitié à peine pour des adultes. Malgré quelques contradictions de détail, les observations ont montré que l'opéré ne reconnaît ni la forme ni la distance des objets, et qu'ainsi les données de l'espace tactile ne sont pas celles de l'espace visuel. On sait que Locke, en s'appuyant sur le raisonnement, répondait à Molyneux qu'un aveugle-né recouvrant la vue ne distinguerait pas une sphère d'un cube : mais ce qui n'était qu'une vue de l'esprit, une conjecture probable, est devenu, grâce à l'observation objective, une affirmation vérifiée.

Lorsqu'on a ainsi établi que le toucher a sa manière propre de connaître les divers modes de l'étendue, on peut encore faire un pas en distinguant le contact proprement dit, des sensations de température et des sensations agréables ou douloureuses. On a constaté que certains malades qui perçoivent le plus léger contact, celui d'un souffle, d'une barbe de plume, ne sentent ni les piqûres ni la section de la peau. D'autres au contraire, très-sensibles à la douleur, ne peuvent pas cependant la localiser; ils ne sentent pas le contact. Si leur jambe est pincée, la douleur est rapportée par eux à la hanche et même à la jambe du côté opposé. Toute sensation de température peut également être abolie, les deux autres espèces de sensations restant intactes. — Le toucher peut donc être considéré comme un sens complexe, ou plutôt comme la réunion de plusieurs sens dont l'un, celui qui nous importe, donne les contacts.

Ne voyons donc dans le toucher qu'un seul sens, celui du contact; et considérons maintenant un autre élément d'une importance capitale : les mouvements.

Les diverses parties de notre corps sont mobiles, et les plus mobiles sont les mieux douées pour le contact, par exemple la main. Il est à peine besoin de faire remarquer que la possibilité de mouvoir en tous sens l'organe tactile le rend apte à reconnaître la forme et les dimensions des objets. Le paralytique, qui conserve la sensibilité, mais qui

a perdu la motilité, est impropre au toucher actif. Par toucher, la langue commune elle-même entend, outre le contact proprement dit, les mouvements concomitants. D'ailleurs les mouvements réflexes, ou volontaires, ne servent
pas seulement à percevoir les objets extérieurs; ils nous
donnent tout d'abord la connaissance des diverses parties
de notre corps : celles qui se meuvent le plus facilement,
comme le bout de la langue, les lèvres, les mains, possèdent aussi la faculté de localisation la plus fine.

Mais, dans la fonction tactile, les mouvements jouent un
double rôle. Ils ne sont pas seulement un moyen précieux
de varier et de multiplier les contacts; ils sont par eux-
mêmes une source de connaissances, parce qu'ils sont la
source d'états psychiques qui constituent une véritable
conscience musculaire. Chaque mouvement a sa modalité
propre, suivant la nature des muscles mis en jeu, suivant
leur état de vigueur ou de fatigue, suivant la direction du
mouvement (flexion, extension, rotation, etc.), suivant sa
durée, son intensité, suivant le degré d'effort et la résistance. L'expérience nous apprend que toutes ces nuances
sont transmises — ou peuvent l'être — à la conscience.

Les physiologistes ont beaucoup discuté sur le siége et les
conditions de cette sensibilité musculaire. Ces controverses
théoriques importent peu; ce qui est certain, c'est que nous
avons le sentiment de l'état de nos muscles. Ici encore, la
pathologie a permis de comprendre l'importance de cette
faculté, en étudiant les cas où elle est abolie. Certains
malades n'ont plus conscience de la position de leurs mem-

bres, ni même de leur existence, dès qu'ils cessent de les *voir ;* ils ignorent s'ils sont étendus ou fléchis ; ils les croient privés de pesanteur. — Dans d'autres cas plus instructifs, la sensibilité musculaire subsiste seule. « Chez un ouvrier, dit Landry [1], dont les doigts et les mains étaient insensibles à toute impression de contact, de douleur et de température, le sens de l'activité musculaire était partout intact. Si, en lui faisant fermer les yeux, je lui plaçais un objet assez volumineux dans la main, il s'étonnait de ne pouvoir la fermer, mais sans autre idée que celle d'un obstacle au mouvement des doigts. Je lui attachai, à l'aide d'un lacet et sans le prévenir, un poids d'un kilogramme au poignet ; il supposa qu'on lui tirait le bras. » Le seul état de conscience subsistant était donc celui d'un effort, sous forme de résistance et de traction.

Il est plus rare de rencontrer une abolition du sens musculaire, la sensibilité au contact persistant. Cependant Landry (ouvrage cité, p. 195) parle « d'individus chez qui le sentiment du poids, de la résistance, des diverses actions musculaires est perdu, tandis que la sensibilité cutanée est normale. »

Nous venons d'énumérer brièvement les éléments qui concourent à former notre connaissance de l'étendue tactile. A l'aide de quelques exemples, choisis entre beaucoup d'autres, nous avons montré le rôle que joue chacun de ces éléments et ce qui s'ensuit lorsqu'il est entravé. Ce procédé analytique avait pour but de faire voir la complexité

1. *Traité des paralysies*, p. 199.

du problème : reste à étudier la notion d'étendue dans sa genèse elle-même.

Un fait général qui domine toute la physiologie des sensations semble, au premier abord, pouvoir s'interpréter en faveur de la théorie empirique ou génétique. En effet, s'il est un point bien établi, c'est que toute sensation est ressentie en réalité dans les centres nerveux et non dans la partie qui a subi un contact. Les sensations tactiles, au début, ne sont pas transportées aux objets extérieurs ni même à la périphérie de notre corps. Elles sont très-probablement ressenties sous la forme vague de sensations internes et comme obstacle au mouvement. Ce n'est que plus tard qu'elles sont localisées au point touché. Les physiologistes désignent ce fait général sous le nom de « loi d'excentricité des sensations », exprimant ainsi que ce qui se passe réellement au centre est projeté aux extrémités. Ce fait paraît d'accord avec la thèse fondamentale de l'empirisme, telle que Helmholtz l'a formulée : « Les sensations sont, pour notre conscience, des signes dont l'interprétation est livrée à notre intelligence. » Il semble bien, en effet, qu'ici la localisation résulte d'une interprétation des données primitives. Cependant la question n'est pas tranchée par là même, car les partisans de l'innéité pourraient soutenir, ou bien que la localisation est immédiate et que la répétition ne fait que la préciser, ou bien que l'opération par laquelle toute impression est rapportée aux extrémités n'est pas une interprétation, mais bien un mécanisme préétabli, inné : ce qui est le fond même de leur thèse.

On ne peut nier cependant que, s'il était établi que la localisation tactile ne se fait pas immédiatement, leur argumentation aurait moins de poids que celle de leurs adversaires. Cette localisation immédiate a-t-elle lieu ? Une première difficulté pour y répondre, c'est qu'il est difficile de voir la perception tactile seule à l'œuvre. La perception visuelle la devance. Quelques heures après la naissance, l'enfant suit déjà des yeux les mouvements d'une lumière un peu éloignée. Ce n'est que bien plus tard qu'il est en état de palper. Il y a lieu de croire que les premiers essais de localisation tactile sont singulièrement aidés par la vue : ce qui, pour le cas présent, ne serait guère en faveur de la théorie nativiste ; car si l'enfant localise un contact dans une certaine partie de son corps, parce qu'il y *voit* quelque chose de particulier (par exemple une main ou un objet qui s'en approche), ce fait ressemble bien à une interprétation. — Quand on écarte cet élément étranger — la vision — pour s'en tenir aux seules perceptions tactiles, on est tout d'abord arrêté par le manque d'observations. Darwin, dans l'intéressante étude qu'il a publiée sous le titre de *Biographical Sketch of an infant* (*Mind*, July 1877), nous dit que, « le septième jour, lui ayant touché avec un morceau de papier la plante du pied, l'enfant retira le pied vivement, en recourbant ses orteils, comme le fait un enfant beaucoup plus âgé quand on le chatouille. » Mais on ne peut voir là qu'un fait de localisation bien vague, puisque les mouvements de réaction ne peuvent guère être considérés dans ce cas que comme des actes réflexes. Dans quelque partie peu mobile du corps, comme la poitrine, la localisation se fait-elle immédiatement? C'est là ce qui serait une preuve de la théorie nativiste; mais ce fait n'a jamais été établi.

Le vice capital de cette théorie, c'est son extrême simplicité. En réduisant tout à un contact immédiatement localisé, elle ne fait jouer qu'un rôle très-effacé aux sensations musclaires dans l'acquisition des notions tactiles; souvent même, elle les néglige totalement. En supposant que chaque point de notre corps sent immédiatement sa position dans l'espace, parce que toute sensation est rapportée en vertu d'une loi de notre organisation à l'extrémité périphérique du nerf affecté, elle postule, en réalité, le problème discuté; car l'ébranlement d'une extrémité nerveuse n'implique par elle-même aucune donnée extensive. Au contraire, la théorie empirique soutient que l'idée de la position d'un certain point du corps (à droite, à gauche, en haut, en bas) ne peut résulter que du jeu de certains muscles, différent suivant chaque cas, et éveillant dans la conscience des sensations musculaires déterminées : en sorte que toutes les directions qui réclament le jeu des mêmes muscles sont, pour le corps, similaires ; et que le jeu de muscles différents signifie des directions différentes.

La théorie empirique est donc caractérisée par le rôle prépondérant, presque exclusif, qu'elle attribue aux mouvements et à la sensibilité musculaire [1]. Si elle ne résout

1. Il n'entre pas dans notre sujet d'exposer cette théorie, qui doit à Bain son plus complet développement. Cependant il n'est pas inutile, pour la clarté de l'exposition, de la résumer à grands traits. — La

pas toutes les difficultés, du moins elle tient compte de tous les faits et embrasse le problème dans sa complexité. Comme il est dans l'esprit de sa méthode de pénétrer le plus avant possible dans les essais d'explication, de rechercher toujours par voie d'analyse les éléments les plus simples, au lieu de poser l'étendue à titre de fait ultime, elle la ramène à une notion plus générale (par conséquent plus simple), la simultanéité, et elle ramène la simultanéité à une notion plus simple, la succession.

Il est remarquable que pour établir cette thèse, qui est

proposition fondamentale est celle-ci : L'état de conscience qui accompagne certains modes de mouvement musculaire est l'origine de nos perceptions de longueur, hauteur, largeur, forme, position, direction, c'ést-à-dire de toutes les déterminations de l'espace. Si nous mouvons librement un de nos membres, nous avons le sentiment d'un mouvement musculaire plus ou moins long, rien de plus. Si ce mouvement est arrêté à ses deux extrémités par quelque obstacle (comme celui de la main par les deux côtés d'une boîte), il en résulte une première détermination. De même, si nous passons la main ou le doigt sur une surface, et que nous disions que deux points, A et B, sont séparés par un espace, nous voulons dire simplement qu'il y a une série de sensations musculaires interposées entre le moment où nous partons de A et le moment où nous arrivons à B. C'est donc la sensation d'une durée plus ou moins longue d'effort musculaire qui nous donne l'étendue. La notion de longueur en espace est construite à l'aide de la notion de longueur en temps. Ce qui est dit de la longueur peut s'appliquer à la distance, à la direction, à la forme.

Reste pourtant à expliquer comment cette série de contractions musculaires successives, traduites en états de conscience successifs, donne l'idée d'une simultanéité. Pour cela, il faut considérer un second élément : les impressions tactiles. Dans le cas cité plus haut, où nous promenons la main sur une surface fixe, nous avons, outre les sensations de mouvement, une succession de sensations tactiles. Nous avons la coexistence de deux successions. Cette coexistence devient encore plus apparente quand nous renversons le mouvement pour parcourir la série tactile en sens inverse. De plus, nous constatons facilement que l'ordre des sensations tactiles ne varie pas selon la rapidité de nos mouvements. Si la main passe plus vite, la série se déroule plus rapidement ; si moins vite, *la même série* reparaît plus lentement. Par suite, l'ordre des sensations tactiles est considéré comme indépendant

la négation absolue de la thèse nativiste, les empiriques
se sont surtout appuyés sur l'étendue tactile : ils ont soutenu
que, pour bien comprendre l'origine de la notion d'espace,
il faut s'adresser au toucher, non à la vue. « La participation
de l'œil à notre notion actuelle d'étendue, dit Stuart Mill,
altère profondément son caractère et constitue la principale cause de la difficulté que nous trouvons à croire que
l'étendue tire la signification qu'elle a pour nous d'un phénomène non de synchronisme, mais de succession. » Pour
nous, voyants, l'étendue est avant tout l'étendue visuelle.
Or il est dans la nature de la vue de donner d'un seul

de leur succession dans le temps, et par là même elles nous sont données comme ordonnées l'une auprès de l'autre. L'étendue ou l'espace,
en tant qu'état de conscience, n'a pas d'autre origine, n'a pas d'autre
sens qu'une association de sensations musculaires avec la sensation
tactile (ou visuelle). « La fusion des sensations du tact (ou de la vue)
avec le sentiment d'un emploi des forces motrices explique tout ce
qui appartient à la notion de grandeur étendue ou d'espace » (Bain).
L'espace n'est ainsi qu'un cas particulier de simultanéité. Une série
interposée de sensations musculaires que nous percevons avant d'arriver à un objet, après avoir quitté l'autre : telle est la seule parti-
cularité qui distingue la simultanéité dans l'espace de la simultanéité
qui peut exister entre une saveur et une couleur, ou une saveur et
une odeur.
　　Si l'on objecte que l'association intime de ces deux éléments — les
sensations musculaires et les sensations tactiles — ne rend pas compte
de tout ce qui existe dans la conception vulgaire de l'espace, on répondra que c'est par un pur préjugé métaphysique qu'on fait de l'espace une sorte de fantôme indépendant ; qu'il n'y a rien de plus en
lui que ces éléments ; que tout le reste est une addition imaginaire.
Ces éléments suffisent à l'expliquer, et nous n'avons aucune raison de
croire que l'espace ou l'étendue en soi diffère de ce qui nous le fait
connaître.
　　Pour l'exposé détaillé de cette doctrine, voir en particulier Bain,
The Senses and the Intellect, 2e édit. aug., p. 114 et sq. ; trad. Cazelles,
p. 150 et suiv. ; — Stuart Mill, *Examen de la philosophie de Hamilton*,
ch. XIII ; — Wundt, *Grundzüge der phys. Psychologie*, p. 480 et suiv. Ce
dernier n'accepte d'ailleurs cette théorie qu'avec les additions dont
nous avons parlé plus haut, et en lui reprochant de ne pas tenir
compte des signes locaux tactiles, p. 495-496.

coup un nombre prodigieux de sensations et par là même de communiquer à ses impressions un caractère de simultanéité. La vue a pour objet propre et immédiat la couleur : les sensations de couleur sont devenues pour nous représentatives des sensations tactiles et musculaires que nous pouvions avoir en touchant l'objet coloré. Nos yeux recevant d'un bloc un grand nombre de sensations de couleur, il en résulte que nous sommes dans le même état que si nous recevions d'un bloc un grand nombre de sensations tactiles et musculaires, c'est-à-dire la perception d'une étendue. Les perceptions visuelles, comme l'a dit ingénieusement Herbert Spencer, en devenant les symboles des impressions tactiles et visuelles, jouent un rôle analogue à celui des formules de l'algèbre : elles remplacent et simplifient.

Les partisans de la théorie empirique auraient grand intérêt à recueillir de bonnes observations sur les aveugles-nés. Celles qu'on possède ne sont ni claires ni suffisantes sur la plupart des points. La plus curieuse, due à Platner, médecin philosophe du siècle dernier, remise en lumière par Hamilton, fournit un bon appui à la thèse empirique. Une observation attentive, dit Platner, m'a convaincu que le sens du toucher, par lui-même, est absolument incompétent pour nous donner la notion de l'étendue ou de l'espace ; qu'un homme privé de la vue ne perçoit le monde extérieur que comme quelque chose d'actif, différent de ses propres sentiments de passivité ; que, pour lui, le temps tient lieu d'espace ; que le voisinage et la distance ne signifient qu'un temps plus court ou plus long, un nombre plus petit ou plus grand de sensations qui lui sont nécessaires pour passer d'une sensation à une autre. En réalité, l'aveugle-né ne sait pas que les choses existent les unes en dehors des autres : si des objets ou parties de son corps touchées par lui ne produisaient sur ses nerfs sensitifs différentes *espèces* d'impressions, il prendrait toutes les choses extérieures pour une seule et même chose. « Dans son propre corps, il ne distinguait pas la tête et le pied par leur distance, mais par la différence des sensations causées par l'un et l'autre, — différence qu'il percevait avec une finesse incroyable, — et surtout au moyen du temps [1]. » — Ces remarques sont bien antérieures aux théories contemporaines : elles datent de 1785. Il serait à désirer qu'on en trouvât d'autres et surtout qu'on en fît quelques-unes avec méthode, en vue d'éclaircir la question qui nous occupe. Toute observation présente un ensemble de détails confus ; pour voir clair, il faut être fixé sur ce qu'on cherche. Le débat des nativistes et des empiriques a mieux délimité le problème à éclaircir : on peut espérer que de nouvelles recherches permettront de le résoudre.

Les considérations que nous venons de faire valoir en faveur de la thèse empirique reposent sur l'analyse physiologique et psychologique des perceptions tactiles. Il y en a d'autres qu'on peut tirer de la pathologie, et il nous paraît surprenant qu'on en ait fait si peu usage jusqu'ici. Tout le monde connaît les illusions des amputés : on sait qu'ils

---

1. Pour plus de détails, voir Hamilton, *Lectures on Metaphysic*, etc., II, 174.

éprouvent longtemps les mêmes sensations que s'ils avaient encore le bras ou la jambe qu'ils ont perdus, et que ces sensations sont nettement localisées dans tel doigt, dans tel orteil.

Weir Mitchell, dans son livre sur *les Lésions des nerfs*, rapporte qu'il a vu des amputés qui voulaient étendre ou fléchir leurs doigts ou les écarter, et qui disaient : « Ma main est ouverte ; maintenant elle est fermée. Je touche mon pouce avec le petit doigt, etc. » Il leur semblait que le mouvement était produit tel qu'ils le voulaient, et ils avaient une idée assez nette de l'étendue et de la force de ce mouvement. Ces faits, qui ont donné lieu à beaucoup de dissertations, prouvent au moins le rôle considérable de l'activité musculaire dans les perceptions.

Une autre question nous importe. Ces illusions persistent longtemps, — ceci n'est pas douteux ; — mais persistent-elles toujours ? ou bien après des années disparaissent-elles complètement ?

Parmi les nativistes, Müller paraît le seul qui ait vu la portée de cette question, et il insiste fort sur la négative (tome I, p. 643 et suiv.) : « On a coutume de dire que l'illusion des amputés dure quelque temps, jusqu'à ce que, la plaie ayant été cicatrisée, le malade cesse de recevoir les soins du médecin. Mais la vérité est que ces illlusions persistent toujours et qu'elles conservent la même intensité pendant toute la vie. » A l'appui de son affirmation, il cite neuf exemples, dont plusieurs sont assez détaillés.

L'affirmation contraire est soutenue par beaucoup d'auteurs [1]. Les illusions des amputés, disent-ils, persistent pendant des années ; mais elles finissent par disparaître complètement.

Quelle interprétation peut-on tirer de ces faits pour la question qui nous occupe ? D'abord l'illusion des amputés, telle qu'elle se produit après l'opération, est au moins aussi facile à expliquer par l'hypothèse empirique que par la doctrine adverse. Elle prouve, en effet, la solidité d'une association acquise. Certains états des nerfs, transmis aux centres, continuent à éveiller dans ces centres d'anciennes associations à la suite desquelles un sentiment de douleur ou d'activité musculaire est localisé à sa place accoutumée ; c'est-à-dire que, en vertu d'une habitude, un état de conscience (l'excitation initiale) suscite un groupe d'états consécutifs invariablement liés au premier. La théorie nativiste consistant à soutenir que « chaque point de notre corps où aboutit une fibre nerveuse est représenté dans le *sensorium* comme partie intégrante de l'espace », il semble que, d'après elle, les impressions devraient être projetées à la périphérie actuelle, c'est-à-dire au moignon. A la vérité, les nativistes peuvent se prévaloir de ce fait que la sensation ayant lieu réellement dans les centres nerveux où chaque point du corps est représenté, il n'est pas surprenant que la sensation d'un membre absent subsiste toujours, puisque les représentants psychiques de ce membre subsistent toujours.

---

1. Vulpian, *Dictionn. encycl. des sciences méd.*, art. MOELLE ÉPINIÈRE, p. 523 ; Carpenter, *Mental Physiology*, p. 150 ; Spring, *Symptomatologie*, tome II, p. 42.

Mais, en admettant la question sous cette forme, — ce qui est faire la part trop belle aux nativistes, — il faudrait du moins que cette illusion durât toute la vie; qu'aucune nouvelle habitude acquise ne vînt remplacer l'ancien état supposé inné. C'est ce que Müller semble avoir vu, quand il s'efforce d'établir que l'illusion dure toujours. Malheureusement pour lui, la plupart des faits contredisent sa thèse; et, comme cette disparition finale de l'illusion ne peut s'expliquer que parce que les représentations psychiques s'effacent, il est difficile de considérer comme inné ce qui disparaît simplement parce que les conditions sont changées. Aussi, dans ce fait, M. Vulpian voit « la preuve que les notions de position des divers points de la peau sont des résultats de l'expérience et non des faits d'innervation préétablie. Tant que des impressions venant du moignon peuvent remplacer bien ou mal celles qui existaient auparavant dans la peau des membres enlevés, ces notions persistent plus ou moins nettes. Mais, ces extrémités cessant d'envoyer des impressions à la moelle épinière, les notions de position s'effacent peu à peu [1]. »

On peut citer comme un cas analogue ce qui se passe dans les opérations autoplastiques. Lorsqu'un lambeau de peau est rapporté du front sur le moignon du nez, tout contact sur ce nouveau nez est rapporté par le malade au front, tant que subsiste à la racine du nez la communication des fibres nerveuses entre le front et le nez nouveau. Quand cette communication a été coupée, des connexions nouvelles

1. Vulpian, *Dic. encyclop. des Sc. méd.*, loc. cit.

s'établissent, et l'erreur de localisation n'a plus lieu. L'illusion du premier moment s'explique dans l'une et l'autre hypothèse : pour les empiriques, elle vient de ce qu'une expérience de longue date n'a pu encore être modifiée par des expériences nouvelles; pour les nativistes, elle vient de ce que toute impression est rapportée par le sensorium à l'extrémité périphérique du nerf, quelle que soit la situation de cette extrémité. La rectification du second moment ne paraît explicable que dans la théorie empirique : après des expériences répétées, les impressions de contact deviennent des parties intégrantes d'un nouveau groupe; elles entrent en rapport avec de nouveaux éléments et finissent par constituer avec eux une association stable : une localisation nouvelle résulte de conditions nouvelles.

En comparant les deux théories rivales, la plus grande probabilité paraît donc en faveur de la thèse génétique. La connaissance topographique de notre propre corps — et cette connaissance est la condition de celle du monde extérieur — est le résultat d'efforts réitérés. La localisation est pour l'adulte un acte automatique; mais cet automatisme n'est pas congénital; il a dû être acquis. Le petit enfant crie, quand il souffre, sans montrer par aucun signe qu'il rapporte sa douleur à un endroit particulier. Nous-mêmes, lorsque nous nous éveillons avec quelque sentiment de malaise ou d'incommodité, nous ne pouvons tout d'abord lui assigner précisément une origine locale. La plupart des faits, ordinaires ou exceptionnels, sont en faveur des empiriques.

Il faut remarquer d'ailleurs que ni l'une ni l'autre des deux théories n'est exclusive, qu'elle ne peut l'être. Les nativistes reconnaissent le rôle de l'expérience, mais ils le tiennent pour secondaire. D'autre part, aucun empirique ne s'avisera de douter qu'il y ait des conditions anatomiques et physiologiques, innées, préétablies. Les nativistes ont le défaut, inhérent à leur méthode, de s'arrêter trop tôt dans la voie des explications, l'innéité paraissant une raison dernière. Les empiriques, exempts de ce défaut, prennent en revanche la charge de tout expliquer et sont loin d'y parvenir. Beaucoup de points restent obscurs, faute d'observations suffisantes en nombre ou en qualité.

III

ESPACE VISUEL

Pour les perceptions visuelles, le même problème se pose sous les mêmes formes : ici seulement, le débat entre les deux théories est plus vif, et les essais de solution sont plus nombreux . Il n'est pas inutile d'en parler avec quelque détail : cette exposition offre d'ailleurs un intérêt plutôt dogmatique qu'historique, puisqu'elle nous permet de voir la question sous tous ses aspects, d'en mieux pénétrer les difficultés.

Müller le premier, pour la vision comme pour le toucher, a soutenu scientifiquement la thèse nativiste. « La rétine, dit-il, sent sa propre étendue et son emplacement, sans avoir besoin d'être le moins du monde affectée du dehors ; elle les sent comme obscurité devant les yeux ». [1] Cette connaissance immédiate qu'elle a de ses propres dimensions lui sert à mesurer les objets visibles ; elle trouve en elle-même son unité de mesure. Toutefois, Müller ne lui attribue qu'une seule propriété innée : la perception de la *surface* ou de l'étendue à deux dimensions. Tout ce qui, chez l'adulte, s'est ajouté à cette perception primitive est pour Müller un résultat de l'expérience : « La faculté de saisir des formes simples n'est pas le résultat de l'éducation ; mais celle de juger des différentes dimensions du corps d'après les images exige de l'exercice, parce que toutes les intuitions visuelles ne sont originairement que des surfaces et que, pour procurer la représentation d'un corps, le jugement doit ajouter les différentes faces qu'on aperçoit à ce corps, quand on lui donne une autre situation. Il en résulte pour nous la représentation de la profondeur du champ visuel, qui n'est qu'une *idée* et non une sensation. » Müller n'admet pas qu'il y ait contradiction entre son hypothèse d'une perception intuitive des surfaces et le fait que les objets se peignent renversés sur la rétine. La vision droite n'a pas besoin d'explication, parce que nous voyons tout renversé et non un seul objet parmi d'autres : rien ne peut être renversé, quand rien n'est droit ; les deux idées n'existent que par opposition. — Enfin, pour expliquer comment les deux yeux, qui ont chacun leur impression distincte, ne perçoivent cependant qu'un seul objet dans une

---

1. *Zur vergleichenden Physiologie des Gesichtssinns*, p. 54 et suiv. *Manuel de physiologie*, tome II, p. 272.

seule et même position, Müller admet que les points identiques des deux rétines ont une perception identique de l'espace, parce que, dans le chiasma, chaque fibre nerveuse venant du cerveau se bifurque en deux pour aboutir aux points identiques : d'où résulte une coalescence des deux impressions en une perception unique [1].

La doctrine de Müller a été désignée sous le nom d'*hypothèse de l'identité subjective*. Elle a été abandonnée de bonne heure, parce qu'elle soulevait trop de difficultés, parce qu'elle était en contradiction avec des faits bien établis : par exemple, nous voyons simples des objets qui se peignent sur des points non identiques, ce qui est la négation même de la doctrine et ce que les hypothèses subsidiaires de Brücke et autres ne pouvaient parvenir à expliquer.

Une deuxième forme de la théorie nativiste a reçu le nom d'*hypothèse de la projection* [2]. Elle a été soutenue par Tourtual (1827), Volkmann (1836), admise en une certaine mesure par Donders et Nagel (1861). Elle consiste à admettre que la rétine a la faculté innée de transporter ses impressions au dehors, dans une direction déterminée qui est celle des lignes de direction ou des lignes de visée [3]. Ces auteurs

---

1. *Manuel de physiologie*, tome II, p. 351-358.
2. Ce nom lui a été donné par Wundt : *Grundzüge*, p. 632. Helmholtz le prend dans un autre sens. Voy. *Optiq. physiol.*, p. 578.
3. Il n'est pas inutile de définir quelques termes employés dans cette exposition :
On appelle points *identiques* (Müller) ou *correspondants* (terme plus exact usité de nos jours) les points qui, dans les deux rétines, se trouvent sur les méridiens horizontaux et verticaux correspondants. Les points non correspondants sont aussi appelés *disparates*.
La ligne de direction est celle qui va d'un point lumineux à l'image rétinienne, en passant par le point nodal de l'œil. La ligne de visée

admettent donc une projection immédiate; tandis que, d'après Müller, nous ne projetons rien au dehors, nous avons l'étendue en nous, et nous lui reportons comme à une mesure notre perception des objets. Ainsi qu'on l'a fait remarquer, cette hypothèse est implicitement admise dans la plupart des recherches physiologiques : on considère généralement les impressions comme si elles étaient projetées dans l'espace suivant les lignes de visée. — L'hypothèse de la projection n'est pas embarrassée pour expliquer comment des impressions qui tombent sur des points non identiques des deux rétines donnent lieu à une perception simple. Par contre, elle n'explique pas les images doubles dans la vision binoculaire. Si, en effet, les images sont projetées suivant les lignes de direction ou de visée, nous devons tout voir simple, puisque les rayons qui correspondent à un point lumineux se coupent en ce point. Donders admet cependant que cette hypothèse suffit à rendre compte de la plupart des cas.

Les théories dont nous venons de parler ont reçu — la dernière surtout — diverses modifications destinées à les mettre d'accord avec les faits. Nagel, entre autres, dans son livre sur la vision binoculaire (*Das Sehen mit zwei Augen*, etc.), y a contribué pour une bonne part [1]. Indé-

est celle qui passe par le centre de la tache jaune, le centre de l'image pupillaire et un point de l'espace. En traçant les lignes de direction, on peut obtenir l'image rétinienne d'un objet ; mais ces lignes ne concordent pas avec celles suivant lesquelles nous reportons au dehors l'image rétinienne. En effet, cette projection se fait dans la direction suivant laquelle nous visons. — Pour plus de détails, voir les *Traités de physiologie.*

1. Nagel suppose que les deux images rétiniennes sont projetées sur

pendamment des difficultés que nous avons signalées, ces théories ont un défaut grave : c'est qu'elles n'expliquent par leur hypothèse nativiste que la perception des surfaces ; la notion de profondeur, malgré les hypothèses secondaires surajoutées, est en fait dérivée de l'expérience. Il était donc naturel qu'on cherchât à rendre la doctrine nativiste complète, consistante, en expliquant par l'innéité seule la totalité des phénomènes de la vision. C'est ce qu'ont fait Panum et Hering.

Panum emprunte les éléments de sa théorie aux deux doctrines précitées, mais en modifiant l'une et l'autre. L'hypothèse de l'identité ne pouvant, sans se contredire, admettre que des impressions qui tombent sur des points disparates de la rétine donnent lieu à une seule et unique notion d'étendue, Panum suppose que chaque point d'une rétine est coordonné non-seulement avec le point correspondant de l'autre, mais avec un « cercle de sensation ». Il y a une fusion *nécessaire* entre l'image d'un point a (rétine droite) et l'image du point a' (rétine gauche) ; il y a fusion *possible* entre l'image a (rétine droite) et le cercle sensitif correspondant A (rétine gauche). Panum maintient toutefois cette différence : que, dans le premier cas, les deux images *doivent* se fusionner en une seule ; que, dans le

des surfaces sphériques différentes qui ont comme centres le point d'intersection des lignes visuelles. L'acte de la projection est appelé par lui « une opération constructive », et dans cet acte il fait jouer un rôle considérable aux sensations musculaires. Volkmann attribuait de même à ces sensations une grande influence. Ils se rapprochent par là de l'école empirique. Aussi Wundt leur attribue, ainsi qu'à Classen, une position intermédiaire entre les nativistes et les empiriques.

second cas, elles *peuvent* se fusionner en une seule. Pour que cette fusion ait lieu, il faut que, en un point quelconque de A, il se produise un contour analogue à celui dessiné en *a*. L'hypothèse de la projection a été singulièrement compliquée par Panum d'hypothèses secondaires. Il attribue à l'organe visuel trois énergies spécifiques : 1° une « synergie de la parallaxe binoculaire [1] », qui permet la perception de la profondeur (troisième dimension) ; 2° une « énergie binoculaire de combinaison des couleurs », par laquelle les couleurs vues binoculairement peuvent se combiner en une couleur résultante ; 3° une « synergie binoculaire d'alternance », à l'aide de laquelle les couleurs vues binoculairement peuvent rester isolées. Comme l'a fait remarquer un critique [2], Panum enrichit la rétine de tant de facultés innées, qu'il peut être regardé comme le représentant le plus logique et le plus courageux de l'hypothèse nativiste.

Sa théorie a servi de base à celle de Hering, qui, de l'avis de tous, a donné au nativisme sa forme la plus approfondie et la plus conséquente, dans ses *Beiträge zur Physiologie* (1861-1864). Hering attribue aux différents points de la rétine des sentiments d'étendue (*Raumgefühle*) de trois sortes : hauteur, largeur, profondeur. Chaque point a sa valeur propre en largeur et en hauteur : cette valeur croît

1. Panum a exposé sa doctrine dans ses *Physiologische Untersuchungen über das Sehen mit zwei Augen*, Kiel, 1858, et dans des *Mémoires* publiés dans les *Archives de Reichert*, 1861. — On appelle parallaxe l'angle sous lequel un objet est vu, d'une distance donnée. Dans la vision binoculaire, deux points non symétriquement placés par rapport au plan médian de l'observateur formeront donc pour chaque œil des parallaxes plus ou moins différentes.

2. James Sully, *Mind*, n° X, p. 171.

à mesure qu'on s'éloigne de la tache jaune, et elle est de nature contraire pour les points situés à droite ou à gauche, en haut ou en bas du centre de la tache jaune. Les points identiques ont même valeur. A l'aide de ces deux sentiments, la rétine peut ordonner ses impressions dans deux directions. — Le troisième sentiment qui donne la profondeur est d'une nature particulière : il doit avoir, selon Hering, des valeurs égales, mais de signe contraire, pour des points rétiniens *identiques ;* des valeurs égales et de même signe, pour les points *symétriques*. Le sentiment de profondeur des deux moitiés externes des rétines est positif : il répond à une profondeur plus grande. Celui des moitiés internes est négatif : il répond à une profondeur moindre. — Les points identiques (c'est-à-dire ceux qui ont même latitude et même longitude) ayant, comme on l'a dit plus haut, des sentiments de profondeur à valeurs égales, mais de signe contraire, il en résulte que pour eux la perception de profondeur = 0. Ces points apparaissent comme formant un plan qui est la surface principale du champ visuel *(Kernfläche des Sehraumes)*. Cette surface n'apparaît d'abord à aucune distance déterminée : elle n'est ni près ni loin. C'est grâce à l'influence de l'expérience qu'elle acquiert un rapport de position à l'égard de l'observateur. Notre corps, nous apparaissant toujours dans le champ visuel, nous sert de base pour déterminer la distance. Les impressions reçues sur les moitiés externes des rétines sont vues au delà de cette surface principale : les impressions reçues sur les moitiés internes sont vues en deçà. La sensation totale résultant de la fusion binoculaire des deux impressions prend la valeur moyenne des sentiments de longueur, largeur et profondeur.

La théorie de Hering a le mérite d'être logique. La perception de la troisième dimension, aussi bien que celle des deux autres, est déduite des propriétés innées de la rétine. Hering ne fait à l'expérience que la part stricte qu'aucune hypothèse intuitive ne peut lui refuser; il va même jusqu'à dénier complètement le rôle des sensations musculaires.

Dans son livre précité *Sur l'origine psychologique de la notion d'espace* (1873), Stumpf se rattache par les traits généraux de sa doctrine au nativisme. Quoiqu'il n'épargne les critiques à aucun de ses devanciers et qu'il croie pouvoir réconcilier les deux théories rivales, en réalité, il accorde à l'intuition le rôle prépondérant. Sa théorie ne se présente pas, comme les précédentes, sous une forme systématique. Il n'est pas d'ailleurs physiologiste : son but principal est d'examiner la valeur psychologique des diverses solutions, d'en montrer le fort et le faible. Son livre, œuvre d'un dialecticien habile, embrasse aussi bien les solutions de l'école anglaise (Hamilton, Mill, Bain) que celles de ses compatriotes. Son principe fondamental, c'est que « la notion d'espace repose quant à ses éléments sur la sensation directe, et quant à son développement sur des associations ». Il s'efforce d'établir que l'étendue et la quantité (c'est-à-dire la lumière, la couleur) sont inséparables, que par conséquent, avec la première sensation de lumière ou de couleur, la première notion d'espace à deux dimensions est donnée, et que par suite elle est intuitive, quoiqu'elle ait sa cause occasionnelle dans les excitations extérieures [1]. Quant à la troisième dimension, Stumpf fait pour la vision le même raisonnement que pour le toucher ; aussi suffit-il de l'indiquer en quelques mots. L'étendue visuelle en surface est donnée immédiatement; or toute surface est plane ou courbe : ces deux espèces de surface impliquent la troisième dimension, car elles impliquent la présence ou l'absence d'une inclinaison à se recourber en dehors vers la profondeur.

Telles sont les principales formes de la théorie nativiste : elles sont, on le voit, bien autrement complexes et savantes que celles que nous avons exposées au sujet du toucher. Mais, comme le dit justement Helmholtz, elles ont toutes en commun un caractère fondamental : « c'est qu'elles attribuent la localisation des impressions dans le champ visuel à une disposition innée, soit que l'âme ait une connaissance directe des dimensions de la rétine, soit que l'excitation de fibres nerveuses déterminées donne lieu à certaines représentations d'espace par un mécanisme préétabli et impossible à entendre avec plus de précision. » Il nous reste à entendre à leur tour les empiriques.

Quoique ce travail soit consacré à l'Allemagne, nous devons cependant mentionner Berkeley comme le premier

1. Ueberhorst, dans son livre *Die Entstehung der Gesichtwahrnehmung* (1876, Gœttingen), a bien montré l'importance de cette thèse, que la sensation de couleur n'aurait pas à l'origine de détermination quant à l'espace.

représentant systématique de l'empirisme. Le débat n'était pas encore ouvert à son époque, mais sa thèse n'en est pas moins nette. Dans son premier ouvrage, publié en 1709 (*An Essay towards a new Theory of Vision*), il établit que l'objet propre, exclusif de la vue, c'est la couleur ; que les sensations visuelles sont des signes arbitraires qui suggèrent à notre imagination l'idée de l'extériorité. Il a poursuivi cette thèse dans ses autres ouvrages. « Nous percevons la distance, non pas immédiatement, mais au moyen d'un signe qui n'a aucune ressemblance avec elle, aucun rapport nécessaire avec elle et qui nous en suggère l'idée *après des expériences répétées*, absolument comme les mots [1]. » Enfin il considère les sensations tactiles comme l'auxiliaire indispensable des sensations visuelles, trait qui se rencontre dans la plupart des théories empiriques.

Toutefois la thèse de Berkeley était liée à une doctrine plus générale, celle de « l'immatérialisme ». C'est un auteur déjà mentionné à propos du toucher, Steinbuch, qui posa la question sur une forme expérimentale. Le mouvement seul, disait-il, peut nous fournir la notion d'espace. La rétine ne perçoit pas le rapport de contiguïté ou de position entre ses parties : cette perception nous vient par les mouvements des muscles de l'œil. Un point éclairé de la rétine devient une ligne lumineuse par la contraction d'un muscle dont nous avons conscience, et, pour que d'autres parties de la rétine soient éclairées, il faut d'autres degrés de contraction des muscles. Ainsi, ce qui est différence d'espace sur

1. *Alciphron or the minute philosophers*, 4ᵉ dial.

la rétine devient une différence de temps, eu égard aux contractions nécessaires pour exposer différentes parties de la rétine l'une après l'autre à une même lumière. Tous les points de la rétine sont en rapport avec certains degrés de contraction des muscles de l'œil ; de là résulte que, par l'effet de l'éducation, la sensation lumineuse de points particuliers de la rétine est liée tacitement à la conscience des degrés de contraction correspondants à ces points. — Müller, après avoir exposé cette hypothèse, fait remarquer « que, si les points de la rétine ne diffèrent pas de nature entre eux, il n'y a plus moyen de les reconnaître comme distincts, et que, sans une différence dans la qualité de leur sensation, il est impossible qu'aucun *quantum* de contraction se combine, dans la mémoire, avec un point de la rétine. » (II, 540.) Cette remarque est juste ; aussi peut-on dire que l'hypothèse de Steinbuch a dû suggérer la théorie des signes locaux, c'est-à-dire d'une caractéristique propre à chaque point de la rétine.

Comme nous l'avons vu, cette hypothèse des signes locaux a été faite par Lotze. Sa théorie a été trop longuement exposée pour qu'il soit nécessaire d'y revenir. Il faut remarquer cependant que cet auteur a eu une grande influence sur la réaction qui s'est produite en faveur de la thèse expérimentale, contre le nativisme, jusque-là aveuglément accepté par les physiologistes.

Wundt, dans des Mémoires publiés de 1858 à 1862 dans la *Zeitschrift für rationnelle Medicin*, a eu le mérite de montrer le premier d'une manière un peu complète que la for-

'mation du champ visuel peut s'expliquer suffisamment à l'aide de deux choses : les différences locales des sensations de la rétine, et les mouvements de l'œil. Il a étudié avec soin ce dernier élément et déduit l'appréciation des distances dans le champ visuel, de la conscience de l'effort musculaire, nécessaire pour parcourir ce champ avec le regard. Il maintient que pour la vision, ainsi que pour le toucher, la notion d'espace ne peut naître d'une simple association entre les deux éléments primordiaux (impressions rétiniennes, mouvements); elle ne peut résulter que d'une *synthèse*, c'est-à-dire d'une combinaison de telle nature que la résultante diffère de ses deux éléments [1].

Le représentant le plus considérable de la doctrine empirique est Helmholtz. Sans parler de l'importance de ses travaux comme savant, il a présenté dans son *Optique physiologique* et dans ses *Conférences scientifiques populaires* une théorie psychologique très-élaborée pour faire voir comment l'expérience, sans propriétés innées, peut expliquer la genèse de l'espace visuel. Les éléments physiologiques qui servent de base à son explication sont : 1° Les signes fournis par la vision. Ils présentent trois caractères qui permettent de les distinguer les uns des autres : l'intensité, la qualité (couleur), le signe local, dépendant de la partie de la rétine qui est excitée. 2° Le degré d'innervation que nous transmettons aux nerfs des muscles oculaires et qui est senti par nous. Ces éléments servent de base au travail ultérieur de

1. Pour l'exposition détaillée de la théorie de Wundt, voir ci-après, le chapitre qui lui est consacré, § IV.

l'esprit d'où doit sortir la notion d'espace à trois dimensions.

Le principe fondamental de Helmholtz est, comme nous l'avons dit plus haut, que les sensations sont des signes que nous avons à interpréter. Nos représentations ne peuvent être que des symboles des objets : nous apprenons à nous en servir pour régler nos mouvements et nos actions. « Lorsque nous avons appris à déchiffrer correctement ces symboles, nous sommes en état, avec leur aide, de diriger nos actions de façon à produire le résultat désiré, c'est-à-dire à faire naître les sensations nouvelles que nous attendons. » La vérité de nos représentations est donc d'un ordre *tout pratique*, et se demander si elles sont conformes à leur objet est une question dénuée de sens; et « c'est un malentendu de vouloir (comme les nativistes) chercher une harmonie préexistante entre les lois de la pensée et celles de la nature ». Toutefois ces signes, que nous avons à interpréter, nous apparaissent comme des *effets* dont les objets sont les causes. Nous le croyons, parce qu'à la suite d'expérimentations multiples répétées sur les objets nous avons constaté qu'une partie des modifications de nos sensations dépend de notre volonté; qu'une autre partie s'impose à nous avec une nécessité que nous ne pouvons pas modifier à notre gré. « C'est ainsi que nous en venons à reconnaître à nos sensations une cause indépendante de notre volonté et de notre imagination, par conséquent extérieure; » et c'est ainsi que l'idée de cause vient s'introduire comme principe régulateur dans l'ordre de nos perceptions.

Ceci admis, le mécanisme psychologique en vertu duquel nous nous formons une représentation de l'espace, ou, pour parler un langage plus correct, en vertu duquel nous considérons un objet comme étendu , c'est-à-dire ayant telle forme, telle position, telle direction dans le champ visuel, etc., ne peut résulter que d'un « raisonnement inconscient ». Si cette expression, dit Helmholtz, a choqué quelques esprits, c'est qu'on s'est habitué à considérer le raisonnement comme la forme la plus haute de l'activité intellectuelle. Mais les raisonnements dont il s'agit ici, quoiqu'ils ne puissent jamais s'exprimer sous la forme logique, sont identiques, comme opération mentale et comme résultat, aux raisonnements ordinaires. « La différence entre les raisonnements des logiciens et les raisonnements inconscients sur lesquels repose notre connaissance du monde extérieur, me paraît purement apparente et me semble consister en ce que les premiers peuvent s'énoncer et que les seconds ne le peuvent, parce que, au lieu de mots, ils ne sont constitués que par des sensations et des souvenirs de sensations [1]. » Ces raisonnements, s'ils étaient traduits dans la langue analytique de la logique consciente, nous paraîtraient des *inductions*. Ils auraient en effet pour base des propositions établies par l'expérience, c'est-à-dire, comme le dit Stuart Mill, un registre de faits, résumés en une formule simple, qui, bien qu'elle n'ajoute rien à notre connaissance, est d'une grande utilité pratique , puisqu'elle permet de conclure pour tout cas qui présente les mêmes données. Un

---

1. *Populäre wissenschaftliche Vorträge*, III.

exemple le fera mieux comprendre. Lorsque nous avons senti une impression du côté droit des deux rétines, nous avons appris par une expérience répétée à tous les instants qu'il y avait à notre gauche un corps lumineux. Nous avons constaté qu'il fallait porter la main à gauche pour cacher cette lumière ou saisir l'objet lumineux et qu'il fallait nous transporter vers notre gauche pour nous en rappro- cher. Si donc, dans les cas de ce genre, nous ne faisons pas de raisonnements conscients, nous n'en avons pas moins exécuté le travail essentiel d'un raisonnement, et nous en avons obtenu la conclusion, bien que ce travail n'ait été fait que par les procédés inconscients de l'association des idées qui résident dans les parties inexplorées de notre mémoire [1].

En résumé donc, l'opération telle que Helmholtz la conçoit est celle-ci : toute impression sur une partie déterminée de la rétine produit, à l'aide des signes locaux et des mouve- ments musculaires, une modification déterminée du senso- rium (premier groupe de faits). A l'aide du toucher, des mouvements du corps, de divers artifices expérimentaux, nous déterminons la cause de cette modification (deuxième groupe de faits). Ces deux groupes de faits suffisamment répétés finissent par s'associer si bien, que, lorsque je presse mon œil à droite, je vois infailliblement une lueur à gauche, et que la vérification objective seule m'apprend que c'est une illusion et que le deuxième groupe de faits est inféré à tort. Notre connaissance du champ visuel, qui consiste en une somme de représentations, n'est donc acquise que lors-

1. *Optique physiologique*, p. 586.

que chaque point excité de la rétine est devenu capable de
s'associer au groupe de faits correspondant. On voit que
Helmholtz désigne sous le nom de raisonnement inconscient
ce que l'Ecole anglaise appelle « association inséparable ».
Et lui-même s'exprime exactement comme Mill ou Bain,
quand il dit : « Le seul acte psychique qui soit nécessaire
à cet effet, c'est la répétition régulière de l'association de
deux représentations qui se sont associées ensemble, et cette
association s'impose avec d'autant plus de force et de nécessité qu'elle s'est offerte à nous plus souvent [1]. »

Il y a cependant un point sur lequel il est en désaccord
avec l'associationisme. Il n'admet pas que la loi de causalité
puisse être dérivée de l'expérience. Avec Kant, il croit
qu'elle doit être indépendante des données expérimentales,
puisqu'elle les explique. Il pose donc un principe *a priori*
comme condition de la théorie empirique ; car, nous l'avons
vu, la loi de causalité sert de soutien à ces conclusions sans
cesse répétées qui constituent nos déterminations des objets
quant à l'étendue.

Tels sont les principes généraux de la théorie de Helmholtz. En terminant, indiquons quelques détails. Notre
connaissance monoculaire de l'étendue à deux dimensions
est due à l'intervention du mouvement. L'auteur ne fait
aucune hypothèse ni sur la nature ni sur la disposition anatomique des signes locaux. Il admet que ces signes pourraient être disséminés au hasard sur la rétine : cela ne chan-
gerait rien à sa théorie ; mais l'accoutumance serait bien

---

1. *Optiq. phys.*, p. 1002.

plus difficile. C'est à l'aide du mouvement que l'œil apprend quel est l'ordre des points dans le champ de vision, c'est-à-dire quels signes locaux appartiennent aux points qui sont dans un rapport de voisinage immédiat. La localisation des impressions est ainsi rapportée à certaines impressions liées d'une certaine manière aux excitations de certaines fibres.

— En ce qui concerne la troisième dimension, nous avons vu comment Helmholtz explique la notion de distance et d'extériorité. La perception binoculaire du relief repose uniquement sur ce qu'on a simultanément conscience de deux images différentes. Les *sensations* des deux rétines sont parfaitement distinctes l'une de l'autre; elles arrivent à la conscience sans être fusionnées. Elles se combinent en une *représentation* simple, lorsque, par suite d'associations répétées, elles sont devenues pour nous les signes d'un seul et même objet. « Leur fusion en une notion unique de l'objet extérieur ne se fait donc pas par un mécanisme préétabli (comme le veulent les nativistes), mais par un acte psychique. »

Telles sont les formes principales de la théorie empirique. Wundt les a classées sous deux titres : 1º les théories *logiques* qui se présentent sous deux formes; les uns, comme Berkeley et les premiers représentants de l'empirisme, considèrent les notions d'étendue comme le résultat d'un raisonnement conscient; les autres font intervenir une activité inconsciente; — 2º les théories *associationistes*, qui ont leurs principaux représentants en Angleterre. Cette distinction n'est pas absolue, puisque Helmholtz se rattache à l'une et à l'autre [1].

1. Wundt donne à sa propre théorie le nom de « synthétique ».

Nous avons déjà comparé les deux théories rivales à propos du toucher. Nous avons indiqué d'une manière générale les mérites et les lacunes de chacune d'elles. Il suffira donc de nous en tenir ici à la question spéciale de l'espace visuel. Encore faut-il nous borner aux questions d'ordre psychologique. L'intuitionisme et l'empirisme, en effet, ne se proposent pas simplement de donner l'explication métaphysique d'une notion abstraite; ils ont sans cesse à interpréter l'expérience, à rendre compte des phénomènes si variés de la perception visuelle. Ces problèmes physiologiques ont été débattus par des hommes rompus à l'expérimentation, qui ont consacré bien des années de leur vie à ces recherches : nous les avons nommés plus haut. Leurs résultats, même sur les questions de fait, ne sont pas toujours d'accord. Quoique la théorie empirique suffise à expliquer la plupart des cas, quoiqu'elle offre la plus grande vraisemblance, cependant elle ne s'impose pas, et même plusieurs de ses expériences sont contestées. Il n'y a donc pas lieu de s'étonner si, pour une question délicate de psychologie, qui touche à la critique des notions fondamentales de l'intelligence, le débat n'est pas encore clos.

Quel est l'objet propre de la vision? — Cette question très-simple contient en réalité tout l'objet du débat. Si l'on répond : C'est la couleur, on est empirique. Si l'on répond : C'est l'étendue colorée, on prend parti pour le nativisme.

L'un des mérites de Stumpf est d'avoir bien vu que toute la question est là en germe et que, si l'on peut établir que la couleur et l'étendue sont inséparables, le nativisme a gagné sa cause. Avant lui déjà, Hamilton avait employé les ressources de sa subtile dialectique pour démontrer par le seul raisonnement que la distinction des couleurs implique nécessairement celle des déterminations de l'étendue ; mais la réponse que Stuart Mill lui a faite nous paraît sans réplique [1]. Nous y renvoyons le lecteur.

On remarquera que l'hypothèse des signes locaux, quoiqu'elle ait été exposée surtout par l'école empirique, est en réalité commune aux deux écoles. La perception des différences locales dans le champ visuel existe à titre de fait, et elle ne peut s'expliquer que par l'hypothèse des signes locaux. Mais les deux écoles diffèrent, quand il s'agit d'en déterminer la nature.

La théorie empirique les considère comme des signes quelconques : elle veut que leur signification relativement à la perception du monde extérieur soit un résultat de l'expérience. Dès lors, il devient inutile de présupposer un accord quelconque entre les signes locaux et les différences locales qui leur correspondent [2].

La théorie nativiste, au contraire, les considère comme donnant une notion immédiate des différences locales, de leur nature, de leur grandeur et de leur position relative : comme étant à la fois des organes sensitifs et des éléments d'espace. Au point de vue philosophique, ainsi que le fait remarquer Helmholtz, cette théorie admet une har-

1. *Examen de la philosophie de Hamilton*, trad. Cazelles, p. 277.
2. Helmholtz, *Popul. wissenschaftliche Vorträge*, III.

monie préétablie entre la pensée et les lois de la nature.

La nature des signes locaux n'est donc pas une question sur laquelle les deux écoles puissent être confrontées avec profit, puisque l'une et l'autre peuvent l'expliquer à leur façon, d'une manière plausible.

En poursuivant notre comparaison, nous rencontrons la question de l'espace visuel, considéré comme une simple surface : nous avons vu que les deux théories en rendent compte également. Il y a cependant ici quelques points d'achoppement pour l'hypothèse nativiste :

1° La position renversée de l'image rétinienne ne présente aucune difficulté pour l'hypothèse empirique : cette image est une simple matière à élaborer par l'esprit, une donnée que l'expérience doit interpréter ; sa position n'a donc qu'une importance secondaire. Il n'en est pas de même pour les nativistes. Ce fait a embarrassé Müller et d'autres, qui ne s'en sont tirés que par des explications embarrassées ou inadmissibles [1].

2° Malgré l'intervention des deux images rétiniennes, nous voyons simple dans la plupart des cas. A la vérité, les nativistes admettent que les impressions reçues sur les points correspondants ou identiques donnent lieu à la vision simple ; les impressions reçues sur des points disparates, à la vision double. Mais Helmholtz a montré que les images de points correspondants peuvent quelquefois être vues

---

1. Fick, par exemple, suppose que les fibres nerveuses, en se rendant dans le cerveau, se groupent de manière à rétablir les impressions en haut et en bas, à droite et à gauche, comme elles le sont dans la réalité, hypothèse qui n'a aucun fondement anatomique.

doubles, et que, par contre, les images de points disparates peuvent quelquefois se fusionner. ·

Lorsqu'on passe de la notion d'un champ superficiel, ou à deux dimensions, aux cas où il faut tenir compte de la troisième dimension, on entre dans le vif du débat. C'est, en effet, sur ce terrain, qu'il faut chercher la solution du problème qui nous occupe ; c'est là que s'est livrée la grande bataille entre les deux écoles. On peut dire que, de jour en jour, l'empirisme s'est imposé, tandis que la plupart des découvertes ont été un embarras nouveau pour les nativistes. Nous avons vu, par l'exposé des doctrines, que l'explication empirique est simple, qu'elle s'appuie sur des faits physiologiques et psychologiques, qu'elle n'invente aucune faculté, qu'elle évite toute hypothèse inutile. — Rien, au contraire, n'est plus compliqué que les théories nativistes. Que l'on attribue à la rétine, avec Müller, une perception innée de son étendue ; qu'on la gratifie, avec Panum, de tout un attirail de connaissances intuitives ; qu'on suppose, avec Hering, une surface principale de champ visuel qui n'est d'abord à aucune distance déterminée ; toutes ces hypothèses offrent un caractère inquiétant : elles sont construites simplement pour expliquer les faits ; elles sont une œuvre d'imagination, non une solution scientifique. En tout cas, c'est un tort d'y recourir, tant que les faits et les lois connues suffisent à l'explication du problème. Ajoutons que d'autres faits, dont nous n'avons pas à nous occuper ici (la perception du relief, du lustre, etc.), facilement expliqués par la théorie empirique, sont embarrassants dans l'hypothèse d'un mécanisme préformé. On pourrait alléguer encore des faits pathologiques contre l'hypothèse d'une préformation : par exemple, dans les cas de paralysie du muscle abducteur de la pupille, le malade voit les objets situés plus en dehors qu'ils ne le sont réellement. Le chemin parcouru parait alors plus long, parce que la contraction musculaire doit être plus forte pour exécuter le même mouvement. Le malade, en croyant prendre les objets, ne saisit que l'espace extérieur. Un casseur de pierres atteint de ce mal, au lieu de frapper les pierres, commença par frapper sa main avec son marteau (Wundt). Mais peu à peu le malade s'accoutume à rectifier ses mouvements, qui lui coûtent seulement un plus grand effort dans la partie lésée. Cette accommodation successive à un état pathologique jette quelque jour sur la manière dont les choses ont dû se passer à l'origine. Si, quand les conditions sont changées, nous pouvons de nouveau reconnaître la position d'un objet, grâce aux mouvements de l'organe sentant vers cet objet, il est naturel d'admettre qu'à l'origine l'idée de direction a dû naître d'un rapport entre la sensation musculaire et l'endroit de la rétine où l'excitation extérieure agit sur nous. — On pourrait trouver encore des arguments dans certains cas de strabisme [1] ; mais, sans insister davantage, on voit comment l'enchaînement des faits nous pousse nécessairement vers la théorie empirique, et nous emprunterons à Helmholtz le résumé des raisons qui font conclure en sa faveur :

---

[1]. Voir sur ce point Helmholtz, *Optique physiol.*, traduction française, p. 882.

·1° La théorie nativiste paraît introduire une hypothèse inutile.

2° Ses résultats donnent sur l'espace des notions qui ne s'accordent que rarement avec la réalité. Aussi les partisans de cette théorie sont-ils obligés d'admettre à contre-cœur que leurs *sensations d'espace* originelles peuvent être améliorées ou même remplacées continuellement par les connaissances que nous fournit l'expérience.

3° On ne voit pas comment l'hypothèse de ces *sensations d'espace* originelles peut contribuer à expliquer nos perceptions visuelles, si les partisans de cette théorie sont obligés d'admettre, pour la grande majorité des cas, que ces sensations doivent être surmontées par une connaissance plus approfondie, acquise par l'expérience. S'il faut en arriver là, il paraît plus simple et plus facile d'admettre que toutes les notions d'espace nous sont fournies par l'expérience seule, sans que celle-ci ait à combattre des notions innées, fausses dans la plupart des cas [1].

On a cependant fait valoir contre la théorie empirique des raisons qui ne peuvent pas être passées sous silence.

La première s'appuie sur un fait bien connu. Bailey, en Angleterre, s'en est servi pour attaquer la doctrine de la vision de Berkeley, et l'objection a été renouvelée depuis par d'autres nativistes [2]. Le petit poulet, à peine né et traînant encore à sa queue les débris de sa coquille, happe une mouche au vol. Le petit veau fait des mouvements appro-

---

1. Helmholtz, *Optique physiol.*, p. 578.
2. Stumpf, ouvrage cité, p. 295. Le meilleur recueil de faits de ce genre se trouve dans Abbott, *Sight and touch*, p. 178 et suiv.

priés, va teter sa mère. Le crocodile, éclos sans avoir été
couvé par ses parents, court immédiatement à l'eau, mord
un bâton qu'on lui présente, etc. On ne peut nier que ces
faits, même en les qualifiant du nom vague d'instincts, — ce
qui n'explique rien, — sont bien plutôt en faveur de la
théorie nativiste, puisqu'ils montrent que ces animaux,
« dès qu'ils voient la lumière du monde, en voient aussi la
profondeur. »

Helmholtz, qui a discuté cette objection (dans ses *Pop.
wissench. Vorträge*, 2ᵉ série), répond : « On dit que le veau
voit le pis de la vache et va le chercher. Il resterait à savoir
s'il ne le flaire pas seulement et s'il ne continue pas les mouvements qui le rapprochent de cette odeur....... Le poussin
picote pour trouver des grains ; mais il a déjà becqueté dans
l'œuf, et il semble qu'il picote d'abord au hasard, quand il
entend la mère en donner l'exemple. Quand il a rencontré
par hasard quelques grains, il peut apprendre ensuite à
observer leur apparence, et cela d'autant plus vite que tout
ce qu'il lui faut apprendre dans sa vie est fort limité. » — « Il
serait désirable, ajoute Helmholtz, qu'on fît à ce sujet de
nouvelles observations dans le but d'élucider la question
qui nous occupe ici. Les observations faites jusqu'à présent
ne me paraissent pas prouver que les animaux apportent, en
naissant, autre chose que des *tendances*, et il est certain que
l'homme présente ceci de distinctif, que ces tendances innées
sont réduites chez lui à la plus petite mesure possible. »

La seconde objection s'appuie sur des considérations
théoriques. Elle a été formulée par Wundt, qui cependant

rejette l'hypothèse intuitive. La genèse de nos idées d'espace est ramenée par Helmholtz à des raisonnements par analogie. Ainsi, d'après lui, nous rapportons à droite, dans l'espace, les impressions que notre rétine reçoit à gauche; parce que, dans un grand nombre de cas antérieurs, l'expérience nous a montré que les objets sont réellement situés dans cette direction. Mais, objecte Wundt [1], ce raisonnement par analogie n'est pas applicable aux expériences primordiales, à celles qui n'ont été précédées par aucune autre et qui doivent servir de base à toutes les autres. A la vérité, Helmholtz échappe à cette difficulté, en admettant que les représentations primitives de l'espace sont formées à l'aide du toucher; en quoi il s'accorde avec les fondateurs de la théorie empirique, Berkeley et Condillac. Cependant il ne fait que reculer la difficulté, puisque la même objection se posera à propos du toucher. En faisant intervenir la loi de causalité, Helmholtz lui-même admet un élément qui n'est pas donné par l'expérience pure, mais qui n'explique pas mieux les notions primordiales. Aussi Wundt a-t-il recours à la théorie synthétique, dont nous avons parlé plus haut.

Tel est le résumé impartial de la question. On peut remarquer que les objections ci-dessus ne sont pas sans valeur : c'est qu'en effet, sans elles, la victoire de la théorie empirique serait complète, et que la thèse rivale n'appartiendrait plus qu'à l'histoire. Quelque opinion qu'on adopte, ce débat nous offre un bel exemple d'application de l'analyse à une notion réputée dernière et indécomposable, et cette analyse

1. *Grundzüge der phys. Psychol.*, p. 638-640.

n'est pas seulement verbale et idéologique à la manière du
XVIIIe siècle ; mais, dans la mesure possible, elle s'est aidée
de l'observation objective et de l'expérimentation. Sans
parler des difficultés expérimentales qui arrêtent à chaque
instant les physiologistes, il y a une difficulté psychologique
qui plane sur tout ce débat. A première vue, rien ne paraît
plus simple que de dire : Ceci est primitif, ceci est acquis,
ceci est un fait, ceci est une induction. Le lecteur a dû voir
pourtant combien la réponse est difficile dans certains cas.
La perception de couleurs très-nettes, du rouge, du vert,
paraît un acte de connaissance immédiat, comme tel sans
erreur possible pour un organe sain. Cependant les faits de
contraste simultané (c'est-à-dire la modification que subissent pour nous les différentes couleurs par l'effet de leur
juxtaposition) semblent montrer qu'il y a là un processus
cérébral plus complexe que la perception brute, qu'il y a un
commencement d'interprétation [1]. Combien donc ne devient-
il pas plus difficile de délimiter la sensation et l'inférence
dans les cas plus complexes !

Ajoutons, en terminant, que c'est bien à tort qu'on a cru
pouvoir attribuer à chacune des deux écoles une tendance
philosophique invariable. En fait, le nativisme peut être
aussi bien matérialiste qu'idéaliste. Dans le premier cas, l'in-

---

1. Helmholtz, *Optique*, § XXIV, en particulier, p. 543. — Il faut faire
remarquer cependant que, dans ces derniers temps, Hering et quelques
autres à sa suite ont cru pouvoir expliquer les divers phénomènes optiques, en particulier les contrastes successifs ou simultanés, les images
consécutives, etc., par un processus purement physiologique, par l'assimilation et la désassimilation de matière dans la substance visuelle.
Les travaux de Hering ont été publiés dans les *Comptes rendus de l'Académie des sciences* de Vienne, 1872-1874.

néité de l'espace sera rapportée à la seule constitution anatomique des organes; dans le second cas, l'idée d'espace
sera considérée comme innée dans la conscience. De même,
l'empirisme peut ou bien n'admettre que des impressions
qui sont les signes des choses que nous interprétons d'après
notre expérience antérieure; ou bien, avec Helmholtz,
admettre un principe régulateur, tel que la causalité. Le
nativisme suppose une harmonie préétablie entre les lois de
la pensée et celles du monde extérieur. L'empirisme cherche
à déduire de l'expérience la conformité qui peut exister entre
le monde extérieur et nos idées.

On a pu voir aussi que la doctrine de Kant sur l'espace et
les doctrines discutées ici sont des problèmes d'un ordre
tout à fait différent. Que l'on considère l'espace comme une
forme *à priori* de l'esprit, ou comme une réalité objective,
ou comme une abstraction, il reste toujours à expliquer sa
genèse empirique dans l'esprit humain. Les nativistes abu-
sent donc d'une équivoque de langage, lorsqu'ils se réclament de Kant. Pour parler le langage de ce philosophe, ils
confondent une question d'ordre phénoménal, celle qu'ils
traitent, avec un problème d'ordre transcendant, l'origine
dernière de la notion d'espace. Les discussions exposées ici
ne doivent pas sortir des faits et de leur interprétation
immédiate : c'est ce qu'on a essayé de faire comprendre.

CHAPITRE VI

FECHNER ET LA PSYCHOPHYSIQUE

I

Dans le domaine de la psychologie expérimentale, peu d'hommes ont publié des recherches aussi originales et aussi ardemment débattues que Théodore-Gustave Fechner, actuellement professeur honoraire à l'Université de Leipzig. Depuis l'année 1836, date de la publication de son premier ouvrage : *La vie après la mort*, jusqu'aux derniers mois de 1877, date de son dernier livre, *In Sachen der Psychophysik*, Fechner a touché à tous les problèmes philosophiques et s'est mêlé à toutes les grandes discussions qu'ils ont soulevées en Allemagne. La liste de ses ouvrages en fait foi : ils comprennent la métaphysique, la morale, les questions religieuses, la doctrine de l'évolution, l'esthétique [1]. On y

---

1. *Das Büchlein von Leben nach dem Tode*, 1836. *Ueber das höchste Gut*, 1846. *Nanna oder über das Seelenleben der Pflanzen*, 1848. *Zendavesta oder über die Dinge der Himmels und der Jenseits*, 1851. *Die physikalische und philosophische Atomenlehre*, 1855. *Ueber die Seelen-*

trouve un grand nombre d'aperçus neufs et d'hypothèses
séduisantes. Dans l'esthétique surtout, — ou du moins dans
l'étude de ses conditions physiques et physiologiques, —
Fechner a montré une rigueur de méthode bien rare chez
les esthéticiens allemands. Mais l'examen de ces diverses
publications ne rentre pas dans notre sujet : aussi bien le
vrai titre de gloire de Fechner est ailleurs; il est dans ses
travaux sur la psychophysique. En 1860 parurent les *Elemente der Psychophysik* [1], gros livre plein d'expériences, de
tableaux, de chiffres, de calculs et de généralisations philosophiques. C'est lui qui sert encore de base à tous les débats
qui se sont élevés depuis vingt ans. A ses contradicteurs,
Fechner n'avait répondu qu'incidemment par quelques mémoires ou articles [2]. L'année dernière (1877), reprenant
l'offensive dans son *In Sachen der Psychophysik*, il a fait
tête à tous ses critiques et maintenu contre eux ses premières conclusions.

Si, sous une forme ou l'autre, la psychophysique dure,
elle sera son œuvre, et il pourra en être appelé le fondateur,
quoiqu'il ait toujours repoussé ce titre et que, dans son
résumé historique de la question (*Elemente der Psychophysik*, tom. II, p. 548-560), il en rapporte l'honneur surtout à Weber. Nous dirons plus loin ce qui revient à ce

---

frage, 1861. *Die drei Motive und Gründe des Glaubens*, 1863. *Einige
Ideen zur Schöpfungs und Entwickelungsgeschichte der Organismen*, 1874.
Vorschule der Æsthetik, 1876, etc., etc. A ces ouvrages, il faut joindre
ceux qui traitent de la psychophysique.

1. 2 volumes in-8°. Leipzig, Breitkopf und Härtel.
2. Mémoire contre Aubert in *Berichte der Sachs. Societät*. 1864. Article
contre Delbœuf. *Jen. Literat. Zeitung*, 1874, n° 28.

dernier. Il est certain qu'avant Fechner il n'existait que des travaux fragmentaires et sans portée générale : le premier, il a publié un travail complet et systématique. Aussi c'est contre lui qu'ont été dirigées toutes les attaques.

Dans le résumé qui va être donné de cette question, nous nous proposons, après avoir montré en quelques mots le but de la psychophysique, d'exposer les expériences sur lesquelles elle s'appuie, la loi qui en a été déduite ; de dire enfin quelles objections elle a soulevées.

« J'entends par psychophysique, dit Fechner, une théorie exacte des rapports entre l'âme et le corps, et, d'une manière générale, entre le monde physique et le monde psychique. » Les sciences de la nature, en possession depuis longtemps de leurs principes et de leur méthode, sont en voie de progrès continu. D'un autre côté, les sciences de l'esprit — la psychologie et la logique du moins — ont trouvé en une certaine mesure leurs fondements. Au contraire, la science des rapports réciproques du corps et de l'esprit est beaucoup moins avancée que les deux groupes de sciences nommées plus haut, entre lesquelles elle occupe une position intermédiaire. Jusqu'ici, elle n'a guère consisté qu'en théories sans solidité, ou en collection de faits sans précision et sans lien. Le but de Fechner est de faire entrer cet ordre de recherches dans une phase positive, ou plus exactement d'en faire une science reposant sur l'expérimentation, le calcul et la mesure.

En principe, il place la nouvelle science en dehors de toute hypothèse métaphysique. Le fait mérite d'être noté, d'autant plus que, dans les divers ouvrages dont nous avons donné la liste, Fechner est loin d'être sobre à cet égard et que parfois la hardiesse de ses théories ressemble à de la fantaisie pure. On trouve chez lui un mélange de Berkeley et de Leibniz, associé à des hypothèses aventureuses sur la nature des atomes, l'âme des astres et de l'univers. Tout cela est hors de notre sujet, et, quelque conception du monde que Fechner ait exposée ailleurs, il n'en paraît rien dans sa *Psychophysique*. « Nos recherches, dit-il (page 8), ne se rapportent qu'au côté phénoménal du monde physique et du monde psychique, c'est-à-dire à ce qui nous est donné immédiatement dans la perception interne ou externe, ou à ce qui peut être conclu des phénomènes..... bref, nous étudions ce qui est physique, comme le font la physique et la chimie; nous étudions ce qui est psychique, comme le fait la psychologie expérimentale (*Erfahrungsseelenlehre*), sans rechercher, sous les phénomènes, l'essence de l'âme et du corps, comme le fait la métaphysique. »

Dans les préliminaires de son livre, la seule idée générale que Fechner ait émise sur les rapports du physique et du moral, c'est que l'opposition entre le corps et l'esprit ne vient que d'une différence de point de vue; ce qui, en fait, est un, paraît double. « Ce qui, du point de vue intérieur, te paraît ton esprit, l'esprit que tu es, du point de vue extérieur te paraît le substratum corporel de cet esprit. C'est qu'il est tout différent de penser avec son cerveau ou de considérer le cerveau de l'être pensant. » Dans la nature, rien n'est plus fréquent que ces oppositions qui semblent réelles au premier coup d'œil et qui disparaissent, si on les considère sous un autre aspect. Nous nous tenons au milieu d'un cercle, le côté convexe nous est caché par le côté concave ; nous nous plaçons au dehors, le côté concave nous est caché par le côté convexe. Ces deux côtés du cercle sont aussi inséparables que le sont les deux côtés de l'homme (spirituel et corporel), et il est également impossible, dans les deux cas, de saisir à la fois les deux aspects, tant qu'on reste dans la même position. De même encore, notre système planétaire, vu du soleil, puis vu de la terre, présente un aspect tout différent. Là, c'est le système de Kopernik ; ici, c'est le système de Ptolémée. Il est impossible à tout observateur de voir à la fois ces deux aspects, quoiqu'ils soient nécessairement liés l'un à l'autre. Il y a, dans la nature, bien d'autres cas de cette sorte, et pour Fechner la différence du physique et du psychique en est un [1].

Il est à peine besoin de faire remarquer que cette thèse n'a rien de paradoxal ; qu'elle a été soutenue par des savants éminents, et qu'elle ne peut avoir aucune influence directe sur les recherches psychophysiques. D'ailleurs, ajoute Fechner, le but de mon ouvrage n'est pas de traiter cette question fondamentale ; que chacun résolve l'énigme comme il lui plaira ; cela n'a pas de conséquence pour le travail qui va suivre.

Sur un seul point, dont nous apprécierons plus loin l'importance, la métaphysique de Fechner fait irruption dans ses recherches, par son hypothèse des *mouvements psychophy-*

1. *Elemente der Psychophysik*. Introduction.

siques. Il serait inutile d'insister ici sur une théorie que la suite de notre exposition seule peut rendre intelligible. Bornons-nous à dire que, tandis que si l'on s'en tient aux simples données de l'expérience, on ne constate, entre l'excitation produite par un objet extérieur et la sensation qui en résulte, qu'un fait de transmission par les nerfs et les centres nerveux, Fechner intercale entre ces deux termes un « mouvement psychophysique » destiné à expliquer la disproportion entre la cause (l'excitation) et l'effet (la sensation); et que cette hypothèse a donné lieu aux critiques les plus sérieuses.

On doit aussi reconnaître que, quoique Fechner ait prétendu donner une théorie générale des rapports du physique et du moral, ses recherches expérimentales ne portent en définitive que sur un seul point : les rapports de l'excitation et de la sensation. Il est vrai que, sous le nom de « psychophysique interne », il comprend une série d'études sur le siège de l'âme, la veille et le sommeil, l'attention, la réminiscence, etc., etc. ; mais ces études sont loin d'avoir le caractère d'exactitude que la psychophysique réclame. Aussi peut-on dire que c'est sur une seule question que Fechner a concentré tous ses efforts, comme ses adversaires toutes leurs critiques. La question des sensations est, après tout, capitale, puisque c'est d'elle que tout vient, et ce serait un assez beau titre pour Fechner de l'avoir creusée à fond. Voyons donc en quoi consiste son œuvre et ce qu'elle vaut.

II

RECHERCHES PSYCHOPHYSIQUES

Le but principal de Fechner, c'est de mesurer les sensations. Pour y parvenir, il s'est livré pendant de longues
années à l'expérimentation et au calcul. Il a trouvé de plus
dans divers mémoires de mathématiques, de physique, d'astronomie, de physiologie dus à Euler, Bernoulli, Laplace,
Bouvier, Arago, Masson, Poisson, Steinheil, etc., des observations éparses, faites pour une autre fin ou restées jusque-
là sans interprétation psychologique . Il a confronté ces
résultats avec les siens.

Mais c'est surtout E. H. Weber qui lui a ouvert la voie.
Ce dernier (dans ses *Programm. collect.* et dans des articles célèbres du *Handwörterb. der Physiol.* de Wagner),
à la suite de certaines expériences sur la perception des
poids, des longueurs, en déduisit une loi. Il avait remarqué que, si l'on compare deux lignes presque égales,
la plus petite différence que l'on puisse saisir entre elles
équivaut toujours à 1/50 environ de la plus courte, quelle
que soit la longueur des lignes comparées; qu'elles aient un
centimètre, un décimètre ou un mètre. De même, pour
qu'un poids soit jugé supérieur à un autre, il faut qu'il le
surpasse d'une fraction qui varie de 1/30 à 1/50, suivant les
individus, quel que soit d'ailleurs le poids initial (gramme,
once, livre ou kilogramme). Weber rapprocha ces résultats
d'un fait acoustique très-analogue : entre deux tons de hau-

teur différente, la plus petite différence perceptible est toujours la même, quelle que soit la hauteur de ces tons, et cette plus petite différence est toujours une même fraction du ton le plus bas. Ces expériences, reposant sur trois ordres distincts de sensations, conduisirent Weber à formuler cette loi : Les sensations croissent de quantités égales, quand les excitations croissent de quantités *relativement* égales [1]. Cette loi a été exprimée par M. Delbœuf sous cette autre forme : « La plus petite différence perceptible entre deux excitations de même nature est toujours due à une différence réelle qui croît proportionnellement avec ces excitations mêmes. »

Tel était l'état de la question avant Fechner. Pour bien comprendre l'ordre de recherches dans lequel nous allons entrer, il est bon de remarquer que la physiologie distingue dans nos sensations, prises en général, deux choses : leur qualité et leur intensité ou quantité. Quoiqu'il soit bien possible qu'en dernière analyse ces deux choses n'en fassent qu'une, en fait, du moins, elles nous sont données comme distinctes. Ainsi, dans la catégorie des sensations visuelles, le rouge, le bleu, le vert nous sont donnés comme des qualités. Mais ces sensations, tout en restant les mêmes quant à leur qualité, peuvent varier en intensité ; elles augmentent ou diminuent. Toute sensation a donc une valeur quantitative. D'ailleurs, la plus simple réflexion nous

---

1. Eclaircissons cette loi par un exemple : Une sensation de poids croîtra de quantités égales, si à l'excitation primitive, soit 3 grammes, nous ajoutons 1/3 de 3 grammes = 1 gram., si à cette deuxième excitation = 4 gr. nous ajoutons 1/3 de 4 grammes = 4/3 gramme, et ainsi de suite. L'excitation, comme on le voit, croît de quantités qu sont relativement, mais non absolument égales.

l'apprend : il n'est personne qui n'ait comparé deux sensations et constaté qu'elles sont égales ou inégales, que l'une est plus grande ou plus petite que l'autre. Nous déclarons sans hésiter qu'il fait plus clair en plein midi qu'au clair de lune, qu'un coup de canon fait plus de bruit qu'un coup de pistolet. Il existe donc une comparaison quantitative des sensations ; mais elle se borne à constater des égalités ou des inégalités ; elle ne peut en aucune façon nous dire *combien de fois* une sensation est plus forte ou plus faible qu'une autre. Le soleil a-t-il cent ou mille fois plus d'éclat que la lune ? Le canon fait-il cent ou mille fois plus de bruit qu'un pistolet ? Il nous est impossible de répondre à cette question. La mesure naturelle de la sensation, que possède chaque homme, lui fait connaître le plus, le moins, l'égalité, jamais le *quantum*. Nous ne pouvons point sortir ainsi des affirmations vagues et approximatives.

De même, quoique nous puissions constater d'une manière générale que l'intensité d'une sensation croît et décroît avec l'intensité de l'excitation qui en est la cause, cependant nous sommes incapables de dire exactement quel est ce rapport et de savoir si la sensation croît comme l'excitation, ou plus lentement ou plus vite : en un mot, nous ne connaissons rien de la loi qui régit ici le rapport de la cause à l'effet. Nous ignorons si une excitation d'une intensité 1 cause une sensation d'une intensité 1 ; si une excitation d'une intensité 2 cause une sensation d'une intensité 2, ou 3, ou 4, etc.

A première vue, toute tentative pour mesurer exactement

le degré de la sensation peut paraître assez hasardée, car la
sensation ne contient en elle-même aucune mesure exacte.
Mais, à la réflexion, on voit que, si dans toute mesure un
étalon est nécessaire, jamais l'étalon ne peut être l'objet lui-
même qu'on mesure ; que nous n'arrivons à mesurer les
choses que par un artifice, et qu'ici la nature des phénomènes nous le fournit. En effet, nous savons très-bien que
toute sensation est un phénomène nerveux, et nous savons
aussi que les phénomènes nerveux dépendent d'un mouvement extérieur que nous appelons l'excitation. Faire varier
l'excitation, c'est, par l'intermédiaire de l'agent nerveux,
faire varier la sensation ; la force nerveuse étant la cause
prochaine de la sensation, l'excitation extérieure étant la
cause *éloignée*. Mais comme cette cause extérieure, — l'excitation, — nous la tenons sous notre dépendance, comme
elle est accessible à nos moyens de mesure les plus exacts,
il semble que, par elle, nous pouvons mesurer la sensation
elle-même.

En tant que l'on compare des sensations sous le rapport
de l'intensité, on les traite comme des grandeurs : et si, au
point de vue du sens intime, nous en sommes réduits à dire
qu'une sensation est égale, inférieure ou supérieure à une
autre, il n'en résulte pas que ce soit là un obstacle à toute
mesure exacte. Le temps lui aussi ne consiste à l'origine
qu'en notions vagues de l'avant, de l'après, du simultané ;
ce qui n'empêche pas de le mesurer d'une manière très-
précise. Et, de même que cette mesure précise du temps
doit être empruntée non au temps lui-même, mais bien

au dehors, aux mouvements qui se produisent dans l'espace; de même la mesure précise de la sensation doit être cherchée non dans la sensation elle-même, mais dans des faits extérieurs, qui se passent dans l'espace. Or, quelle meilleure mesure pouvons-nous trouver pour la sensation que ce mouvement extérieur, d'où naît la sensation elle-même? L'excitation n'est pas seulement la plus prochaine, mais aussi la seule mesure possible de la sensation. Entre la sensation et sa mesure, il existe un rapport nécessaire. La sensation n'existerait pas si l'excitation ne la précédait. Nous prenons ainsi la cause pour mesurer l'effet. Le point essentiel qui distingue la mesure des grandeurs psychiques de la mesure des grandeurs étendues, *c'est que, chez les premières, la cause sert à mesurer l'effet; chez les secondes, l'effet sert à mesurer la cause.*

La propriété qu'ont les sensations d'augmenter et de diminuer nous fournit un appui pour leur mesure. Nous avons vu qu'il est généralement admis que toute sensation croît et décroît comme l'excitation qui la cause : quand la sensation lumineuse augmente dans l'œil, nous croyons qu'il y a au dehors plus de lumière; et quand le son augmente dans l'oreille, nous croyons aussi que le bruit extérieur a augmenté. Mais si toute notre connaissance se bornait là, ce serait bien peu de chose. Il y a plus : le sens commun est porté à admettre que la sensation croît et décroît comme l'excitation. Herbart, qui, nous l'avons vu, a essayé le premier d'introduire la mesure dans la psychologie, trouve tout naturel de dire « que deux lumières éclairent deux fois plus qu'une seule [1] ». Cependant cette supposition est fausse. Certains faits que l'observation seule nous montre, sans le secours d'aucune expérimentation, vont nous le prouver et éclairer au moins d'une manière générale la loi suivant laquelle les sensations varient avec les excitations.

Tout le monde, dit M. Delbœuf [2], sait que, dans le silence de la nuit, on entend des bruits qui, pendant le jour, passent inaperçus : le tic-tac de la pendule, le léger vent coulis qui passe par la cheminée, et bien d'autres bruits de cette espèce. Dans une rue pleine de tapage ou dans un train en marche, nous n'entendons pas notre voisin ni quelquefois notre propre voix. Les étoiles, si brillantes pendant la nuit, n'apparaissent plus pendant le jour, et la lune pâlit devant le soleil. A un poids de 10 grammes que vous tenez dans la main, ajoutez un autre poids de 10 grammes, vous sentirez clairement une différence ; mais, si vous ajoutez ce poids de 10 grammes à un quintal, la différence n'est plus sentie.

Ce sont là des faits journaliers : on croit qu'ils se comprennent d'eux-mêmes, et pourtant il n'en est rien. Car il est indubitable que la pendule continue son tic-tac pendant le jour ; que nous parlons haut dans le chemin de fer ; que la lune et les étoiles rayonnent pendant le jour comme pendant la nuit, et que 10 grammes pèsent toujours 10 grammes.

---

1. Herbart's *Werke*, tome VII, p. 358.
2. Delbœuf, *Recherches théoriques et expérimentales sur la mesure des sensations.* Bruxelles, 1873. Extrait des Mémoires de l'Académie de Belgique.

Autres exemples : « On sait par expérience aujourd'hui, dit encore M. Delbœuf, que ces grands concerts vocaux et instrumentaux où les exécutants se comptent par centaines ne produisent pas à beaucoup près l'effet qu'on en attendait, c'est-à-dire qu'un nombre double de chanteurs ne produit pas sur notre oreille une sensation d'une intensité double. On sait aussi que, dans les éclipses de soleil, cet astre peut être offusqué dans une portion notable de son disque, sans que la clarté du jour paraisse notablement diminuée. »

Que signifient donc ces phénomènes? Ils signifient qu'une seule et même excitation peut, selon les conditions dans lesquelles elle agit, produire une sensation plus ou moins intense ou même n'être pas sentie.

Et ce changement, comment se produit-il? Les faits prouvent que les conditions de ce changement sont toujours les mêmes et qu'on peut les formuler ainsi : *Pour qu'une excitation soit sentie, elle doit être d'autant plus faible que l'excitation à laquelle elle s'ajoute est faible, d'autant plus forte que l'excitation à laquelle elle s'ajoute est plus forte.* On peut observer que ceci n'est qu'une expression vague de la loi formulée plus haut par Weber ; mais ce qu'il importe davantage de remarquer, c'est que les faits vulgaires nous montrent dès à présent — avant toute recherche expérimentale — que le rapport entre l'excitation et la sensation n'est pas aussi simple qu'on le suppose. Car, si le rapport était le plus simple possible, la sensation s'augmenterait toujours comme l'excitation : à une excitation 1 correspondrait une sensation 1 ; à une excitation 2, une sensation 2 ;

ainsi de suite. Et cependant cela n'est pas ; sans quoi une excitation serait toujours également sentie, qu'elle s'ajoutât à une excitation forte ou à une excitation faible : la lumière des étoiles par exemple serait également sentie le jour et la nuit. La conclusion à tirer de tout ceci, c'est donc : *que l'intensité de la sensation croît, non pas proportionnellement à l'intensité de l'excitation qui la provoque, mais plus lentement qu'elle.*

Dès lors se pose cette question : De quelle quantité l'accroissement de la sensation est-il inférieur à l'accroissement de l'excitation ? — L'expérience journalière n'est pas en état d'y répondre : c'est ici que la mesure exacte des intensités est nécessaire.

Il nous est impossible de mesurer directement la force d'une sensation ; nous ne pouvons jamais mesurer que des *différences* de sensation. Pour y arriver, on n'a employé jusqu'ici que trois méthodes d'expérimentation, que Fechner, qui les a mises en usage, a désignées sous les noms de *Méthode des plus petites différences perceptibles ; Méthode des cas vrais et faux ; Méthode des erreurs moyennes* [1].

La première méthode (*der eben merklichen Unterschiede*) consiste en ceci. On a deux poids A et B à comparer. Si la différence de ces deux poids est très-faible, il peut arriver qu'on ne la perçoive pas et qu'on les juge égaux. Au contraire, si la différence est considérable, elle n'échappera pas à l'observation. Si donc on fait croître la différence *d*

---

1. Fechner, *Elemente der Psychophysik*, t. I, p. 71-76. — Nous avons suivi en général l'exposition de Delbœuf, qui est beaucoup plus claire que celle de Fechner.

des poids A et B, il arrivera un moment où, d'imperceptible qu'elle était, elle deviendra appréciable. En général,
quand on use de cette méthode, on procède de deux façons
opposées : on fait d'abord croître la différence d jusqu'à ce
qu'elle devienne perceptible; puis on la fait décroître jusqu'à
ce qu'elle cesse de l'être. Naturellement, la sensibilité du
sujet, pour juger des différences, est d'autant plus *grande*
que la quantité d est plus petite.

La deuxième méthode (*der richtigen und falschen Fälle*)
consiste à prendre des poids tels que leur différence soit
très-petite. L'erreur est possible dans le jugement compa-
ratif qu'on est appelé à porter sur eux. On désignera le poids
le plus fort, tantôt comme le plus fort, tantôt comme le
plus faible. En un mot, pour chaque couple de poids à
comparer, sur un nombre donné de jugements, il y aura
un certain nombre de vrais et un certain nombre de
faux. Plus la différence des poids augmentera, plus le
nombre des jugements vrais augmentera aux dépens du
nombre des jugements faux. Représentons le nombre total
des cas par 100, et le nombre des cas vrais par 70; nous
avons le rapport $\frac{70}{100}$, obtenu par la comparaison des deux
poids A et B. Maintenant, soit un poids donné a, on pourra
chercher à déterminer le poids b qui, comparé avec a,
donnera le même rapport $\frac{70}{100}$. — Il faut noter que les cas
indécis doivent s'ajouter par moitié aux cas vrais et aux cas
faux.

La troisième méthode (*der mittleren Fehler*) cônsiste
d'abord à prendre un poids normal A, bien déterminé à

l'aide de la balance. Puis on cherche à déterminer, par le seul jugement qui accompagne la sensation, un autre poids B qui paraisse égal à A. En général, le second poids diffère du premier d'une quantité d qui est d'autant plus petite que la sensibilité est plus grande. On répète cet essai un grand nombre de fois; on ajoute les erreurs positives et les erreurs négatives, abstraction faite des signes; on divise le total par le nombre des essais, et on obtient ainsi l'erreur moyenne.

« Ces trois méthodes, dit Fechner, se complètent et mènent par des *routes différentes aux mêmes résultats*. La première sert à déterminer la plus petite différence perceptible. La seconde donne des différences qui dépassent la plus petite différence perceptible (elles tombent tantôt dans les cas vrais, tantôt dans les cas faux); la troisième donne les différences qui sont au-dessous. » En pratique, la première méthode est la plus simple, la plus directe, celle qui conduit proportionnellement le plus vite au but et exige le moins de calculs. Mais, comme le fait justement remarquer M. Delbœuf, le manque de précision est son plus grand défaut. « Où et quand une différence dans l'excitation extérieure cesse-t-elle d'être perceptible? On voit quel vaste champ reste ouvert au doute. »

III

Nous en avons fini avec ces préliminaires sur la méthode. Il s'agit maintenant de la voir à l'œuvre et de dire quels résultats elle a donnés en ce qui concerne les sensations de poids, d'effort musculaire, de température, de lumière et de son.

Sensations de poids. — On fait à un homme poser sa main bien étendue sur une table; puis on place sur la main un poids quelconque. A ce poids on en ajoute un plus petit; et on demande au sujet de l'expérience (qui pendant tout ce temps doit être mis hors d'état de regarder sa main) s'il sent quelque différence. S'il répond négativement, on essaye un poids plus fort, et on continue ainsi jusqu'à ce que le poids additionnel cause une différence perceptible. Après avoir ainsi procédé pour un premier poids, on fait de même pour un second, pour un troisième, et ainsi de suite jusqu'à ce qu'on ait déterminé pour un nombre suffisant de poids la grandeur du poids additionnel nécessaire.

Ces recherches ainsi continuées mènent à un résultat d'une simplicité frappante. On voit que le poids additionnel est avec le poids primitif *dans un rapport constant,* quelle que soit la grandeur du poids primitif qui sert à l'expérience. Par exemple, supposons qu'on ait trouvé que pour 1 gramme le poids additionnel est 1/4 de gramme; pour 1 once, on trouvera 1/4 d'once; pour 1 livre, 1/4 de livre. En d'autres termes, à 10 grammes il faut ajouter 2 grammes 1/2; à 100 grammes, 25 grammes; à 1000 grammes, 250 grammes.

Ces chiffres nous révèlent la loi précise suivant laquelle les sensations de pression ou de poids changent avec les changements dans la cause extérieure. Cette loi s'exprime par un nombre, et ce nombre exprime le rapport du poids·

additionnel au poids primitif. Or la moyenne d'un grand nombre de recherches donne comme expression de ce rapport 1/3 ; c'est-à-dire *que, quelque pression qui ait lieu sur la peau, une augmentation ou une diminution de pression ne sera sentie que si le poids ajouté ou retranché est dans le rapport de 1/3 au poids primitif* [1].

Sensations d'effort musculaire. — On a fait des recherches analogues et en grand nombre sur la sensation de l'effort (pour soulever un poids). Mais ici les conditions ne sont pas aussi simples. Lorsqu'on soulève un poids, on n'a plus simplement une sensation de pression dans la main ; on a aussi une sensation dans les muscles du bras qui soulèvent la main avec le poids. Dans ce cas-ci, la sensibilité est beaucoup plus délicate que dans le cas de la pression simple. Par suite, dans l'effort fait pour soulever des poids, on saisira des différences beaucoup plus petites. Et, en fait, des recherches précises montrent que, dans le cas de l'effort musculaire, on sent un poids additionnel qui n'est que le 6/100 du poids primitif. La sensibilité dans ce cas-ci est donc quelque chose comme cinq fois plus grande que dans le cas précédent.

Le nombre 6/100 est donc celui qui exprime la loi suivant laquelle la sensation d'effort musculaire dépend de l'excitation. Ce nombre s'applique à tous les poids, grands ou petits, qu'il s'agisse de grammes, de livres ou de kilogrammes : c'est-à-dire qu'il faut ajouter à 100 grammes 6 grammes,

---

1. Fechner, *Elem. der Psychol.*, tome I, p. 182 et suiv. Expériences de Weber et Fechner.

à 1000 grammes 60 grammes; bref, à tout poids les 6/100 de ce poids, pour qu'une différence soit sentie [1].

Sensations de température. — Notre peau est un organe sensoriel double. Nous sentons par elle non-seulement les pressions, mais la température des corps qui viennent à notre contact. Pour rechercher si les sensations de chaud et de froid dépendent de l'intensité de l'excitation extérieure, on prend deux vases pleins d'eau à une température un peu différente, et on plonge dans chacun un doigt de la même main; puis, par des essais répétés, on cherche à quelle différence de température dans les deux vases répond une différence dans la sensation de température. On pose la température propre de la main = 0, et on voit qu'à partir de ce point les deux températures comparées doivent toujours avoir entre elles la même différence relative, pour qu'il y ait sensation d'une différence. Toute température doit être de 1/3 au-dessus d'une autre, pour que la sensation de chaleur paraisse augmenter.

La loi pour les sensations de température s'exprime donc par le même nombre, 1/3, que la sensation de pression [2].

Sensations de lumière. — Nous déterminons objectivement un poids à l'aide d'une balance; nous déterminons objectivement la lumière à l'aide d'un photomètre. Dans une chambre obscure, on place un tableau blanc qui est éclairé par deux bougies A et B. Devant le tableau est placée une

1. Wundt, *Vorlesungen über die Menschen und Thierseele.* 7e leçon, tome I, p. 92. Expériences de Weber.
2. Fechner, t. I, p. 201. Expériences de Weber, Fechner, Volkmann, etc.

règle qui projette deux ombres, l'une A', qui est due à A, l'autre B', due à B. En éloignant la bougie B, l'ombre A' devient plus opaque. Il est alors facile de calculer quelle est la distance des points A et B à partir de laquelle l'augmentation de l'opacité devient perceptible. D'après les lois de l'optique, les intensités lumineuses étant en raison inverse du carré des distances qui séparent les bougies de l'écran, on peut en déduire directement la différence entre les intensités lumineuses appréciables pour nous.

La même méthode s'applique au sujet qui nous occupe : la mesure du rapport entre la sensation de lumière et l'intensité de la lumière. La partie vivement éclairée du tableau et la partie faiblement éclairée (celle où se projette l'ombre) produisent deux sensations de lumière, et deux sensations d'autant plus différentes que l'ombre est plus opaque. Si l'on place d'abord, derrière la règle, à une égale distance, deux lumières d'intensité égale, par exemple deux bougies semblables, les deux ombres sont également intenses, c'est-à-dire qu'elles diffèrent toutes deux également du fond clair sur lequel elles se projettent. Si maintenant on éloigne l'une des bougies, l'ombre qu'elle projette devient de plus en plus faibles : elle diffère de moins en moins du fond clair du tableau; finalement, on atteint un point où elle disparaît. On mesure alors la distance de la bougie fixe au tableau et celle de la deuxième bougie, dont l'ombre a été portée jusqu'au point de disparition complète : on obtient ainsi des données qui permettent de voir comment la sensation croît avec l'intensité de la lumière. Remarquons en effet ceci : si nous supposons que la bougie fixe soit toute seule, naturellement tout l'éclairage du tableau viendra d'elle. Qu'on place maintenant l'autre bougie à une très-grande distance, c'est une lumière qui s'ajoute à l'éclairage primitif. Cet accroissement à l'origine n'est pas perceptible. Et comment sait-on le moment où il le devient? Par l'apparition d'une deuxième ombre que la règle projette : la place de cette ombre est éclairée par la bougie qui est rapprochée, non par la bougie qui est éloignée. Dès que celle-ci en est au point où elle peut produire un accroissement perceptible, l'ombre doit apparaître. L'ombre n'est donc qu'un signe qui nous permet de reconnaître l'accroissement de lumière. Nous n'avons plus maintenant qu'à appliquer la loi d'optique sur le rapport des intensités aux distances. Supposons que la première bougie soit à 1 mètre du tableau, et la seconde à 10 mètres lorsqu'elle produit l'ombre simplement perceptible ; les intensités lumineuses sont dans le rapport de 100 à 1, et par conséquent l'intensité lumineuse de la première bougie doit être augmentée de 1/100 pour que l'accroissement soit perceptible à la sensation.

L'expérience a été conduite ici comme quand il s'agissait des poids. Là, nous ajoutions un poids plus faible à un poids plus fort; ici, nous ajoutons une lumière plus faible à une lumière plus forte. Il ne nous reste plus qu'à étendre nos observations à des excitations d'intensités diverses, comme on l'a fait aussi pour les poids. En procédant ainsi, on voit que les deux lumières servant à l'expérience sont toujours distantes l'une de l'autre, selon un rapport constant. Si la seconde bougie doit être portée à 10 mètres quand la première est à 1 mètre, elle devra être à dix pieds quand la première sera à un pied, à 20 mètres quand la première sera à 2 mètres. — Il s'ensuit que les intensités lumineuses qui produisent la plus petite différence perceptible sont toujours entre elles dans le même rapport, dans le rapport de 100 à 1, de 200 à 2, etc., etc. Nous avons donc encore ici trouvé une loi, et cette loi se traduit aussi par un nombre qui exprime le rapport de l'accroissement de lumière simplement perceptible à l'éclairage primitif. Ce chiffre est 1/100; c'est-à-dire que toute excitation lumineuse doit être augmentée d'un centième pour que l'accroissement soit senti [1].

On peut encore vérifier cette loi par une autre expérience. On se sert d'un disque blanc qui tourne très-rapidement. A la périphérie de ce disque est disposé un petit segment noir. On cherche quelle largeur il faut donner à ce segment pour que l'œil constate l'existence d'un cercle gris, pendant que le disque tourne rapidement. Le rapport de la grandeur du segment à celle du disque donne directement la différence appréciable, et la constance de ce rapport (1/100), pour des intensités lumineuses variables, confirme la loi [2].

Sensations de son. — Dans le domaine des sensations

1. Fechner donne la fraction 1/100; d'après d'autres, cette valeur constante varierait entre 1/50 et 1/180.
2. Expériences de Bouguer, Masson, Arago, Steinheil, Volkmann, Fechner, etc. *Elemente der Psychophysik*, tome I, p. 139-175. Nous parlerons plus loin des expériences importantes de M. Delbœuf. Voir aussi Wundt, *Menschen und Thierseele*, tome I, p. 96. — Helmholtz. *Optique physiologique*, trad. franç., p. 411.

auditives, on a fait des recherches analogues, en se fondant
sur le principe suivant : l'intensité du son qu'un corps produit, quand il frappe un autre corps, est grande, en proportion de la pesanteur du corps qui tombe et de la hauteur
d'où il tombe. Si donc nous prenons un corps déterminé,
nous pouvons, en faisant varier la hauteur de la chute, faire
varier le son comme nous le voulons. — Ce principe peut
s'appliquer de la manière suivante à la mesure des petites
différences, dans l'intensité des sons. On prend deux billes
A et B, de la même grandeur, faites de la même matière et
suspendues à des fils de longueur égale. On place entre les
deux billes un petit tableau. On tire une des billes, A, à
une distance déterminée (un cercle gradué, fixé au tableau,
permet de déterminer exactement cette distance); elle produit un son sur le tableau. On fait de même pour la bille B.
Les sons étant directement proportionnels à la hauteur de
la chute, si les deux billes sont écartées à des distances
égales, il en résultera des sons égaux ; si elles sont écartées
à des distances inégales, les sons seront inégaux. Si maintenant, partant du moment où il y a égalité parfaite, on fait
croître graduellement les différences de hauteur, en faisant
tomber les deux billes le plus rapidement possible l'une
après l'autre, pour mieux comparer, voici ce qu'on constate : c'est qu'on ne remarque d'abord aucune différence
entre les sons, quoiqu'il y ait déjà une différence entre
les hauteurs. Ce n'est que quand cette différence a atteint
un certain degré qu'elle est enfin perçue... A ce moment,
on mesure la hauteur pour les deux billes; et l'on voit

de combien la hauteur doit être augmentée pour qu'il se produise une différence perceptible. Supposons que la première bille soit à trois pouces et la seconde à quatre pouces, il en résulte que l'intensité du son doit croître de 1/3 pour qu'une différence soit sentie. Si l'on étend cette mesure à un grand nombre de cas et à des hauteurs très-différentes, on voit dans ce cas-ci, comme dans tous les autres, que le rapport reste constant et que par conséquent l'intensité d'un son doit être augmentée de 1/3 pour produire un accroissement dans la sensation [1].

Les expériences dont nous venons de présenter le résumé montrent que toutes les fois que les sensations de poids, de lumière, de température, de son et même d'effort musculaire, croissent d'une manière continue par l'addition des plus petites différences perceptibles à la conscience, il y a dans l'excitation correspondante un accroissement qui est une quantité aliquote, *toujours la même,* de l'excitation totale.

Restent les sensations de l'odorat et du goût. Ces dernières ont été étudiées par Képpler en 1869, d'après la méthode des cas vrais et faux; mais ces expériences ne s'accordent pas avec les théories de Fechner [2]. Nous pouvons donc

---

1. Expériences de Renz et Wolf, Fechner, Volkmann, Schaffhäutl, etc. *Elem. der Psychophysik,* tome I, p. 175 et suiv. — D'après Renz et Wolf (*Vierordt's Archiv,* 1856), pour que deux sons soient clairement distingués, il faut que leur rapport soit 100 : 72. A 100 : 92 est juste la limite où les jugements vrais dépassent les jugements faux. Le rapport donné par Volkmann est 4 : 3, ce qui équivaut à peu près à 100 : 75.

2. Sur ce point et sur les critiques de Fechner, voir *In Sachen der Psychophysik,* p. 161 et suiv.

résumer ce qui précède dans le tableau ci-dessous et dire :
Pour que la sensation s'accroisse de la plus petite différence
perceptible, l'excitation doit croître :

Pour le toucher......................... de   1/3
Pour l'effort musculaire......... ....   —   1/17
Pour la température.....................   —   1/3
Pour le son ....   —   1/3
Pour la lumière ....   —   1/100

IV

Ces nombres ont permis à Fechner, comme on le verra
plus loin, de trouver une loi très-générale qui exprime le
rapport de *toute* excitation à *toute* sensation [1]. Mais, avant
d'arriver à cette loi, il y a une recherche préalable à faire :
c'est celle qui a pour but de déterminer la plus petite sensation perceptible.

Pour construire en effet une échelle graduée qui nous
serve à mesurer le rapport entre l'excitation et la sensation, il ne suffit pas d'avoir trouvé une unité qui permette
de diviser l'échelle en parties égales; il faut savoir aussi
d'où partira notre graduation. Où placerons-nous le zéro ?
Evidemment, pour ce qui concerne la sensation, le zéro
de l'échelle graduée doit être placé là où se produit la
plus petite sensation perceptible, la plus petite sensation
dont nous ayons conscience [2]. Ce point est appelé par

1. Fechner distingue les sensations intensives des sensations extensives, qu'on nommerait plus exactement, perceptions des diverses manifestations de l'étendue. On peut remarquer que c'est surtout aux
premières que s'applique sa loi.
2. La question est plus compliquée que nous ne l'indiquons pour le

Fechner d'un mot emprunté à Herbart, le *seuil* de l'excitation (*Reizschwelle*), terme qu'il applique « aussi bien à la sensation qu'à l'excitation qui la place à ce point [1] ».

Il est nécessaire, en conséquence, de déterminer par une série d'observations et d'expériences, la valeur précise du *seuil* pour chaque espèce de sensation. Nous allons les résumer, en laissant de côté divers détails qui compliqueraient notre exposition, sans grand profit.

Poids. — La recherche est assez facile à faire en ce qui concerne les sensations de pression. On pose, sur le point de la peau dont on veut explorer la sensibilité, de petits poids en liége ou en moelle de sureau, et, par des essais répétés, on cherche quelle est la grandeur du poids nécessaire pour être simplement senti, pour produire par conséquent le *minimum* perceptible. — Un grand nombre de recherches faites de cette manière ont prouvé que la peau possède une sensibilité très-variable suivant les régions explorées. Les régions les plus sensibles sont le front, les tempes, les paupières, le dos de la main : elles peuvent sentir jusqu'à 1/500 de gramme. Le plat de la main, le ventre, les jambes, etc., sont des régions très-peu sensibles, puisqu'ici le *minimum* perceptible tombe à 1/20 de gramme. Enfin, sur les ongles et au talon, il descend jusqu'à 1 gramme. — En résumé, la limite de l'excitation, résultant d'un grand nom-

---

moment : comme la sensation est mesurée au moyen de l'excitation, il est nécessaire d'établir une concordance entre les deux échelles graduées ; il en résulte des difficultés qui seront examinées plus tard, dans la partie critique.

1. Voir *Elemente der Psychophysik*, tome I, p. 238 et suivantes.

bre de recherches, est représentée, d'après Aubert, *par une pression de 0ᵍʳ,002 à 0ᵍʳ,05* [1].

Pour ce qui concerne l'effort musculaire, le *minimum* perceptible serait représenté, suivant Wundt, par le raccourcissement de 0ᵐᵐ,004 du muscle droit interne de l'œil [2].

Son. — En déterminant la limite de l'excitation pour notre appareil auditif, nous devons tenir compte de plusieurs choses : du poids et de la matière du corps qui produit le son, de la matière du corps contre lequel il frappe, de la vitesse du son, de la distance entre notre oreille et le lieu où le son est produit.

Pour mesurer le *minimum* de son perceptible, on peut suivre deux méthodes : ou bien rester toujours à la même distance du corps sonore, et faire diminuer graduellement l'intensité du son jusqu'à la limite perceptible; — ou bien prendre un son d'une intensité quelconque, s'éloigner graduellement du corps sonore et aller assez loin pour que le son ne soit pas perçu. Comme le son diminue en raison du carré de la distance, on peut déterminer par une mesure exacte de combien le son a diminué à l'endroit où l'on se trouve.

Qu'on laisse tomber une petite boule de liége sur un plateau de verre, l'intensité du son ainsi produit variera suivant le poids de la boule et suivant la hauteur d'où elle tombe. Or, on trouve que le son produit par une petite boule de

1. Expériences de Weber, Kammler, Aubert, etc. *Elemente der Psychophysik*, tome Iᵉʳ, p. 263 et suiv., en particulier p. 264.
2. Wundt, *Physiologie humaine*, p. 439.

liége pesant 1 milligramme, tombant de 1 millimètre de haut, l'oreille étant à 91 millimètres de distance, produit *le plus petit son perceptible.*

Cette détermination faite, il faut que le son ainsi produit puisse devenir une *unité*, à laquelle les autres intensités sonores soient comparables. Pour cela, on procède de la manière suivante. Prenons un son quelconque dont on veut mesurer l'intensité : éloignons-nous jusqu'au point où ce son devient simplement perceptible. Là, il est précisément égal au *minimum perceptible*, tel que nous l'avons déterminé plus haut; et, par la mesure de la distance, nous pouvons savoir combien de fois ce son, à l'endroit où il est produit, est plus intense que le son de la petite boule de liége. Soit par exemple le bruit d'un fusil chargé à balle qu'on entend à 7,000 mètres. Cette distance est quelque chose comme 700,000 fois plus grande que celle de 91 millimètres. Il en ré-sulte donc que l'intensité du son produit par notre fusil sera environ 4,900 millions de fois plus grande que l'unité choisie.

On peut procéder d'une manière analogue avec toutes les autres intensités sonores. Mais ces mesures doivent se faire dans le silence de la nuit, l'oreille alors n'étant pas troublée par d'autres sons, et en même temps, par suite d'absence de chaleur solaire, l'état de l'air étant plus uniforme [1].

Lumière. — Quand il s'agit de déterminer le *minimum* perceptible dans l'ordre des sensations lumineuses, on ren-

---

1. Expériences de Schafäutl, Delezenne etc. *Elemente der Psycho-physik*, p. 257 et suiv.

contre de grandes difficultés. Il semble, au premier abord, qu'ici les conditions *extérieures* des phénomènes soient précisément les mêmes qu'ailleurs ; mais bientôt on voit que les conditions *intérieures* sont si différentes que la recherche se complique singulièrement.

. La détermination du *minimum* perceptible ne peut avoir lieu naturellement que quand l'organe sensoriel est à l'état de repos et ne perçoit rien. Tel est le cas pour l'oreille : le silence se distingue pour nous du bruit, par le manque absolu de sensation. Il semble que, pour l'œil, l'obscurité se distingue de même de la lumière. Mais il n'en est rien : l'obscurité ne diffère de la lumière qu'en degré. Nous fermons les yeux ; il en résulte une obscurité brusque, nullement une absence complète de sensation. La lumière extérieure y pénètre toujours un peu. En outre, la pression exercée sur le globe de l'œil excite la rétine ; si bien que, lorsqu'on augmente la pression, cette lumière intérieure augmente aussi.

Mais admettons que cette excitation mécanique manque et que nous soyons dans la nuit la plus obscure, il n'y en a pas moins encore de la lumière dans notre œil. C'est ce qu'on appelle *sa lumière propre*. « Le champ visuel de l'homme sain, dit Helmholtz [1], n'est jamais complètement débarrassé de ces apparitions qu'on a nommées le chaos lumineux, la poussière lumineuse du champ visuel obscur. » Ce phénomène fut d'abord étudié par Gœthe, J. Müller et Purkinje. Celui-ci raconte qu'après un effort corporel « il a vu ondoyer et flamboyer, dans le champ visuel obscur, une lumière

---

1. *Optique physiologique*, trad. franç., p. 274.

peu intense, comparable aux dernières lueurs d'un peu d'esprit-de-vin qui brûle. » Ce chaos lumineux est bien positivement indépendant de la lumière *extérieure*, puisqu'il se produit là où elle manque complètement, puisqu'il nous suit dans nos mouvements et ne répond à aucun objet externe. — Enfin, l'obscurité la plus profonde elle-même est une sensation de lumière. « Le noir le plus obscur est non le manque absolu de sensation, mais la plus faible sensation lumineuse. L'obscur a des degrés d'obscurité; dans le noir, il y a des différences : le noir le plus sombre devient successivement du noir plus clair, puis du gris, puis du blanc. »

Cette excitation intérieure de l'œil, ayant sa cause permanente soit dans les processus chimiques de nutrition qui se passent dans les tissus, soit plutôt dans les muscles moteurs de l'œil, lesquels sont toujours plus ou moins à l'état de contraction, présente, comme on le voit, un obstacle très-grave à notre mesure du *minimum* perceptible. L'œil est en état de sensation continuelle, permanente ; et toutes les excitations par nous produites ne font qu'ajouter quelque chose à cette sensation qui ne cesse pas. Nous sommes incapables ici de déterminer l'excitation qui répond au zéro de sensation. Cependant, si l'on admet que la sensation éprouvée par l'œil dans l'obscurité la plus profonde $= 0$, cette sensation serait ainsi le *minimum* perceptible, et l'excitation qui la cause serait l'unité d'excitation. Cette manière de procéder peut nous conduire à quelque chose. A la vérité, nous commettons une erreur; mais notre erreur est si petite qu'on peut la négliger, vu surtout que dans la plupart des cas il s'agit d'intensités lumineuses très-grandes et que, par suite, le résultat final ne s'en ressent pas dans la recherche de notre *unité;* nous ne pouvons pas non plus procéder ici comme dans les cas précédents : là, nous avions à déterminer l'excitation qui produit la plus petite sensation possible. Ici, la sensation un peu supérieure au *minimum,* mais acceptée comme telle, nous est donnée; c'est l'excitation correspondante qui est inconnue. Il nous faut la mesurer.

La méthode à suivre pour déterminer l'intensité lumineuse de l'œil obscur est celle que nous avons employée pour mesurer l'intensité d'une lumière extérieure quelconque. On se rappelle que le procédé consistait dans la projection de deux ombres, sur un tableau, à l'aide de deux lumières placées derrière une règle verticale. Dans le cas actuel, c'est notre œil lui-même qui est la source lumineuse dont nous voulons mesurer l'intensité. Dans l'expérience imaginée par Wolkmann et dont nous ne donnerons que le résumé [1], la lumière propre de l'œil est comparée à une lumière quelconque dont l'intensité nous est connue. Nous plaçons donc dans l'enfoncement d'un lieu obscur notre règle verticale, puis à quelque distance la lumière qui nous sert de mesure et la lumière qui doit être mesurée, c'est-à-dire notre œil. Nous considérons l'ombre projetée par la règle sur le tableau : en même temps, on éloigne de plus en plus la lumière. Par suite, l'ombre diminue de plus en plus et finalement atteint un point où elle cesse d'être visible. En ce point, la partie

1. Pour les détails, voyez Fechner, tome I", p. 166-168; Wundt, tome I", p. 124-125; Helmholtz, *Opt. phys.,* p. 416.

du tableau qui n'est éclairée que par la lumière propre de l'œil ne se distingue plus de l'autre partie, — de celle qui, outre la lumière de l'œil, reçoit la lumière extérieure. C'est donc là le point précis où la lumière extérieure est si faible qu'elle ne produit plus d'accroissement perceptible à la lumière de l'œil. Comme nous savons par les recherches antérieures que la constante proportionnelle est 1/100 pour la lumière, comme nous pouvons déterminer les distances, nous avons des données qui nous permettent de calculer cette lumière propre de l'œil [1]. Volkmann se servait pour ses expériences d'un tableau de velours noir et d'une bougie ordinaire, et il constata que cette bougie à une distance de neuf pieds environ (huit pieds sept) produirait une lumière égale à celle de la lumière propre de l'œil. Reste à faire de la quantité de lumière ainsi déterminée une *unité* qu'on puisse employer dans la pratique. Pour cela, il faut comparer cette unité aux diverses autres intensités lumineuses employées comme excitants. Cette opération ne présente pas de difficulté, puisqu'on a réussi à ramener la lumière subjective de l'œil à une intensité lumineuse objective, et par conséquent mesurable.

Température. — Il se présente ici des difficultés d'une toute autre nature que pour la vision. Notre épiderme, on

---

1. Appelons, dit Fechner, l'intensité de la lumière propre H_0. Quand un œil capable de reconnaître une différence de 1/100 regarde une surface dont une partie ne reçoit aucune lumière extérieure, et dont une autre partie possède l'intensité h, on a H_0 et $H_0 + h$ pour les intensités apparentes de ces deux parties, en tenant compte de la lumière propre de l'œil. Si h est la plus faible intensité perceptible, on a $h = 1/100\ H_0$; et ainsi l'intensité H_0 de la lumière propre est mesurée par la lumière objective.

n'en peut pas douter, n'éprouve pas constamment des sensations de chaleur. Il faut donc déterminer de combien cette température de la peau, où l'on ne sent ni chaud ni froid, doit être élevée ou abaissée pour produire le *minimum* perceptible de chaud ou de froid. Or, là se présentent deux difficultés qui, jusqu'ici, n'ont pas été vaincues complètement : 1° Les nerfs de notre peau, à cette température où il n'y a aucune sensation de chaleur, sont si sensibles que nous sentons toute élévation ou tout abaissement de température avant même que les instruments thermométriques aient pu les constater d'une manière exacte. 2° Cette température, qui est telle qu'il n'y a aucune sensation sentie et qui répond par conséquent à l'excitation *zéro*, n'est pas la même pour les différentes parties du corps et varie probablement pour la même partie. Cela se voit facilement si l'on met en contact mutuel diverses parties. On n'éprouvait d'abord aucune sensation de température ; puis, au contact, on sent qu'une partie est plus chaude et l'autre plus froide. Ainsi, en posant la main sur le front ou les joues, on voit clairement que la main est froide, que les joues et le front sont chauds. La partie de la peau qui recouvre le tronc est plus chaude que celle des extrémités. Les doigts sont plus chauds que le reste de la main, et, dans la main, le dos est plus chaud que le creux.

En ce qui concerne la main, on peut admettre que 19° centigrades représentent l'état où il n'y a pas d'excitation sentie, et qu'une élévation ou un abaissement de 1/8° centigrade produit le *minimum* perceptible de chaud ou de froid. Jusqu'à ce qu'on ait déterminé, pour toutes les parties du corps, le degré de température qui répond à l'excitation $= 0$, on ne peut appliquer la loi générale aux sensations de température que d'une manière incomplète. On peut cependant considérer la température de la peau chez l'homme comme étant en moyenne de 18°,4 centigrades : en plaçant à ce point le *zéro* d'excitation, on ne commet pas une grande erreur. Maintenant, le *minimum* perceptible, dans le cas d'élévation ou d'abaissement de température, n'est pas encore fixé d'une manière bien précise. On admet cependant, en général, 1/8° centigrade [1].

Nous pouvons résumer dans le tableau suivant les résultats donnés par l'expérience :

Pour le toucher............	Pression de 0ᵍʳ,002 à 0ᵍʳ,05.
Effort musculaire..........	Raccourcissement de 0ᵐᵐ,004 du muscle droit interne de l'œil.
Température	(La chaleur de la peau étant 18°,4), 1/8° centigrade.
Son........................	Boule de liége de 0ᵍʳ,001 tombant de 0ᵐ,001 sur une plaque de verre, l'oreille étant à 91 millimètres.
Lumière...................	Eclairage d'un velours noir par une bougie située à 8 pieds 7.

Pour le *minimum* perceptible dans l'ordre de la vision, Aubert donne comme unité une intensité de lumière environ 300 fois plus faible que celle de la pleine lune.

---

1. *Elemente der Psychophysik,* tome Iᵉʳ, p. 267.

V

Ces faits doivent maintenant nous servir à trouver une vue d'ensemble de notre sujet, c'est-à-dire à dégager une loi qui exprime le rapport général de l'excitation et de la sensation. De quelle quantité faut-il augmenter une excitation donnée, pour produire, dans la sensation correspondante, un accroissement déterminé? Si j'augmente une excitation d'une quantité déterminée, dans quelle mesure croît la sensation correspondante ? — Nous devons être en état de répondre à ces questions et à d'autres de même nature.

L'excitation et la sensation sont des grandeurs dépendant l'une de l'autre. Toutes deux s'expriment par des nombres. Les quantités qui expriment les sensations augmentent quand les quantités qui expriment les excitations augmentent. Mais dans quel rapport? — Le plus simple serait évidemment celui-ci : que les excitations étant représentées par les nombres 1, 2, 3, 4, etc., les sensations fussent représentées par les nombres correspondants 1, 2, 3, 4, etc. On dirait, en ce cas, que la sensation croît proportionnellement à l'excitation ; que quand l'excitation devient double, triple, quadruple, la sensation devient également double, triple, quadruple.

Ce n'est pas ce qui a lieu. Le cas n'est pas aussi simple ; les excitations croissent beaucoup plus vite que les sensations.

Mais il y a beaucoup de cas où une série de quantités

croît plus vite que la série correspondante. Par exemple, les excitations pourraient croître comme le carré, comme le cube, etc., des sensations. Ce n'est pas encore ce qui a lieu, et le rapport numérique qui exprime le rapport de la sensation à l'excitation est plus compliqué.

Nous pouvons le figurer d'une manière assez simple comme il suit :

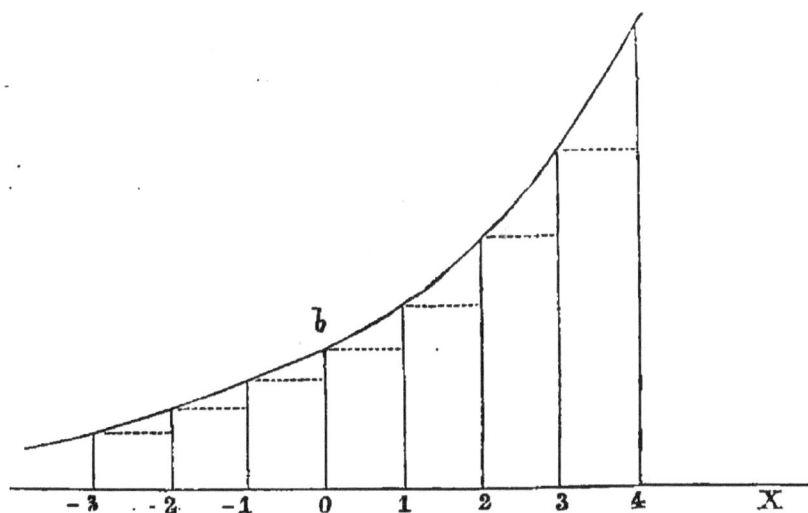

Tirons une ligne droite X d'une longueur indéterminée ; en un point de cette ligne, nous mettons un zéro. Ce point répond au *minimum* perceptible, par exemple, à 1/50 gr., s'il s'agit des sensations de pression. A partir du point 0, je divise la ligne X en parties égales marquées par les chiffres 1, 2, 3, 4, etc., placés à droite. Au point 0, je tire une ligne verticale 0*b* d'une longueur quelconque : elle représente le *minimum* perceptible. Maintenant, puisque la constante proportionnelle, c'est-à-dire la plus petite différence perceptible, est de 1/3 lorsqu'il s'agit de pression, je dois tirer au point 1 une ligne égale à la ligne 0*b* plus 1/3 de cette ligne ; au point 2, une ligne égale à la ligne 1 plus 1/3 de 1 ; au point 3 une ligne égale à 2 plus 1/3 de 2 ; au point 4, une ligne égale à 3, plus 1/3 de 3, et ainsi de suite. — On voit que ce tiers doit aller toujours en augmentant, et, comme ces lignes verticales ont nécessairement entre elles les mêmes rapports que les poids qu'elles représentent, il est clair que les différences de longueur entre la ligne 0 et les lignes 4, 5, 6, etc., indiquent quel poids il faut employer pour que la différence perceptible soit quadruplée, quintuplée, sextuplée.

Si l'on joint entre elles les extrémités des lignes verticales qui représentent la grandeur des diverses excitations, il en résulte une courbe qui exprime évidemment la manière dont les sensations dépendent des excitations, non-seulement pour les points 1, 2, 3, etc., mais pour tous les points situés entre les unités, par exemple 1 1/4, 1 1/2, etc., etc. Car il est évident que les longueurs égales 1, 2, 3, etc., peuvent être divisées en parties aussi petites qu'il nous plaira, et, si je désire trouver l'intensité d'excitation qui correspond à un point quelconque situé entre deux unités, je n'ai qu'à joindre, par une ligne verticale, ce point à la courbe : la longueur de cette ligne nous donnera la grandeur de l'excitation cherchée. La différence de sensation qui répond à ce point situé entre deux unités n'est peut-être pas perceptible pour nous ; il n'en faut pas conclure qu'elle n'existe pas. Je ne peux obtenir la différence perceptible qu'en accumulant un grand nombre de différences imperceptibles.

Notre mesure est donc continue, et la courbe qui représente l'augmentation des sensations, proportionnelle à l'accroissement des excitations, passe de l'imperceptible au perceptible, précisément comme le fait la sensation. Cette courbe est, de sa nature, infinie dans les deux sens et ne vient jamais couper la ligne X [1].

Ceci nous prépare à mieux comprendre la loi formulée par Fechner. Il a raconté (*Elemente der Psychophysik*, t. II, p. 553, 554) comment, après beaucoup de réflexions et d'essais infructueux, il trouva enfin, « un matin, le 22 octobre 1850, étant dans son lit, » un moyen qui lui parut satisfant pour mesurer la sensation à l'aide de l'excitation.

Pour être mieux compris, nous indiquerons d'abord d'une manière générale et sans détails mathématiques la marche suivie par Fechner.

Nous avons deux séries en présence : celle des excitations, celle des sensations. Il s'agit de mesurer la seconde au moyen de la première. La valeur quantitative de l'excitation et de ses accroissements peut être déterminée. Qu'il s'agisse de poids, de lumière ou de son, nous pouvons, par des procédés expérimentaux plus ou moins compliqués, établir que l'excitation initiale a augmenté d'un tiers, d'un quart, du double, du triple, etc. Pour la sensation, il n'en est pas de même. La conscience est incapable de nous dire si la sensation initiale a augmenté d'un tiers, d'un quart, du double, du triple. On a donc recours à un procédé indirect, qui consiste à déterminer les plus petites différences perceptibles de sensation,

1. Wundt, *Menschen und Thierseele*, tome Ier, leçon 8e.

puis à déterminer le rapport existant entre les différences d'excitation qui croissent *progressivement* et les différences de sensation qui croissent *uniformément*, et à exprimer ainsi la sensation en fonction de l'excitation.

Entrons maintenant dans quelques détails. La méthode de Fechner s'appuie d'abord sur le principe mathématique suivant :

Les accroissements de deux grandeurs continues dépendant l'une de l'autre restent proportionnels, tant qu'ils restent très-petits. — Mais remarque Fechner (tome II, p. 7), ce terme « très-petit » est tout relatif. Absolument parlant, la proportionnalité n'existera que pour des accroissements infiniment petits : l'approximation sera d'autant plus grande qu'on se rapprochera davantage de l'infiniment petit. Sous ces réserves, nous pouvons dire « que les variations de la sensation sont proportionnelles aux variations de grandeur dans l'excitation, tant que les variations de part et d'autre restent très-petites. »

En s'appuyant sur ces deux principes : 1º que les différences de sensation restent égales entre elles, quand les différences d'excitation restent relativement égales entre elles (principe de Weber), 2º que les petits accroissements de sensation sont proportionnels aux accroissements d'excitation (Principe mathématique énoncé plus haut), Fechner raisonne comme il suit :

« Admettons, conformément aux recherches de Weber, que l'accroissement qui s'ajoute à une excitation soit très-petit par rapport à elle. Appelons l'excitation β et le petit accrois-

sement $d\beta$ (la lettre d ne désignant aucune grandeur particulière, mais signifiant seulement que $d\beta$ est le plus petit
accroissement de β, qu'il peut être considéré comme sa
différentielle). L'accroissement relatif d'excitation est donc
$\dfrac{d\beta}{\beta}$. D'un autre côté, appelons γ la sensation qui dépend de
l'excitation β, et $d\gamma$ le plus petit accroissement de sensation
qui se produit pendant l'accroissement d'excitation $d\beta$ (d
ayant le même sens ici que ci-dessus)...

« D'après les recherches expérimentales de Weber, $d\gamma$
reste constant, tant que $\dfrac{d\beta}{\beta}$ reste constant, quelque valeur
absolue que puisse avoir β et $d\beta$. Et, d'après le principe
mathématique *a priori* énoncé plus haut, les variations $d\gamma$ et
$d\beta$ restent proportionnelles entre elles, tant qu'elles restent
très-petites. Ces deux rapports s'expriment par l'équation
suivante :

$$d\gamma = \frac{Kd\beta}{\beta}$$

K étant une constante. »

D'où, par intégration, il vient : $\gamma = K \log \beta$.

Ce qui donne la valeur de la sensation [1].

1. Fechner, *Elem. der Psychophys.*, tome II, p. 9 et 10. — Je re-
prends l'exposé de Fechner sous une autre forme plus détaillée, que
je dois à l'obligeance de M. Delbœuf :
« Fechner part de la méthode des *minima* perceptibles de sensation,
et il admet que :
« 1° Tous ces *minima* sont égaux, c'est-à-dire que la sensation d'un
surcroît de poids, de lumière, etc., est toujours la même, à quelque
poids, à quelque lumière que ce surcroît vienne s'ajouter.
« 2° L'expérience prouve que cette sensation de surcroît se produit

C'est le résultat de ces recherches que Fechner a exprimé sous une forme concise, dans cette formule fameuse, qui porte le nom de loi psychophysique :

La sensation croît comme le logarithme de l'excitation.

Cette loi a été exprimée sous d'autres formes plus simples et dans un sens mathématique moins transcendant (par Weber, Delbœuf, Budge, etc.), par exemple : *Pour que la sensation croisse de quantités toujours égales, il faut que l'excitation extérieure croisse de quantités toujours proportionnelles à cette excitation même.* — Ou bien encore : « L'excitation doit croître suivant une progression géométrique (telle que 1, 2, 4, 8..., ou 1, 3, 9, 27, etc.) pour que la sensation croisse suivant une progression arithmétique

chaque fois que le surcroît d'excitation est une portion aliquote, toujours la même, de l'excitation totale.

« '3° Si nous exprimons cela sous forme d'équation aux différences finies, la seule forme exacte pour cette sorte de phénomènes, il vient : Δs (surcroît de sensation) = K (servant à indiquer qu'il y a proportionnalité, non égalité) $\times \frac{\Delta E}{E}$ (rapport du surcroît d'excitation à l'excitation totale) :

$$\Delta s = K \frac{\Delta E}{E}$$

« Fechner, par un procédé qui peut être légitime dans certaines circonstances déterminées, transforme cette équation aux différences finies en une équation différentielle aux différences infiniment petites (la critique de ce procédé n'aurait pour résultat que de montrer que l'équation finale n'est qu'approximative). Il écrit donc : $ds = K \frac{dK}{E}$.

« On obtient de cette façon une équation qui peut s'intégrer, c'est-à-dire qui donne une relation non entre ds et dE, qui sont maintenant des infiniment petits, insaisissables, mais entre s et E, ce qui est la chose cherchée. Il vient de cette façon :

$$s = K \log E,$$

à la suite de quelques transformations indiquées dans mon *Étude psychophysique* et dans Fechner lui-même, *In Sachem der Psychophysik*, p. 10. »

(telle que 1, 2, 3, 4, etc.). En effet, les logarithmes des nombres qui forment une progression géométrique sont en progression arithmétique.

D'après cette loi, l'emploi d'une table de logarithmes permettrait de savoir de combien croît une sensation, quand l'excitation croît d'une quantité déterminée, et de faire l'opération inverse [1].

VI

LES CRITIQUES DE FECHNER

Nous venons d'exposer à grands traits la loi psychophysique et les expériences sur lesquelles elle s'appuie. Autant que possible, nous avons suivi Fechner lui-même, n'em

1. Sur ce point, voir Wundt, *Menschen und Thierseele,* 8ᵉ leçou, p. 116. — Nous lui empruntons quelques exemples. Dans nos tables, 10 étant le nombre fondamental, voici la façon la plus commode de procéder. On place la sensation = 1 sous l'excitation qui égale 10 fois le *minimum* perceptible. Cela fait, étant donnée une excitation quelconque exprimée par un nombre, on n'a plus qu'à chercher dans la table ce nombre : le logarithme qui se trouve à côté nous donne immédiatement la valeur de la sensation correspondante. — Nous savons que, pour la pression, le *minimum* perceptible est 1/50 de gramme. Nous posons donc l'excitation de 1/50 de gramme = 1 ; l'excitation décuple sera 1/5 de gramme. Sous cette excitation, nous plaçons la sensation = 1. Supposons, maintenant, que je veuille rendre ma sensation 2 fois 1/2 plus forte. Je prends ma table, et, en face du log. 2,5, je trouve le nombre 316, c'est-à-dire 316 unités d'excitation, ou $\frac{316}{50}$ de gramme, ou, plus simplement, 6ᵍʳ,3. — Faisons maintenant une opération contraire. Soit une excitation de 5000 unités (ou 100 grammes); il s'agit de connaître la grandeur de la sensation qu'elle produit. Je cherche dans la table le logarithme de 5,000, et je trouve 3,698, c'est-à-dire qu'une pression de 100 grammes produit une sensation qui est 3,698 fois plus grande que la pression produite par 1/5 de gramme.

pruntant ailleurs que quelques détails propres à éclaircir et à compléter sa pensée. Il nous reste maintenant à parler des critiques, dont nous avons semblé jusqu'ici ignorer l'existence. Pourtant, si l'importance d'une théorie se mesure au nombre des attaques qu'elle reçoit, la psychophysique doit être considérée comme d'une grande valeur. Les objections sont venues de toutes parts, sous toutes les formes, et ce n'est pas une mince difficulté que de les présenter avec quelque ordre.

On fit remarquer tout d'abord que la loi n'est vraie que *dans certaines limites*.

De même qu'il y a une limite inférieure au-dessous de laquelle l'excitation est trop faible pour pouvoir produire le mouvement nerveux, qui est la condition de la sensation ; de même il y a une limite supérieure à partir de laquelle les sensations s'accroissent encore plus lentement que le logarithme de l'excitation, et l'on atteint enfin un point à partir duquel tout accroissement de l'excitation ne peut plus augmenter la sensation. En ce qui concerne les intensités lumineuses, l'expérience vulgaire nous apprend que, si le jour baisse beaucoup, on ne distingue plus rien ; que, si la lumière est très-vive, il en résulte un éblouissement général. Mais l'expérience scientifique autorise des affirmations plus positives. « Fechner avait déjà signalé les anomalies que présente la loi psycho-physique dans les cas où les sensations lumineuses sont très-fortes ou très-faibles. Aubert et Helmholtz prouvèrent ensuite que ces anomalies sont même un peu plus grandes qu'on ne le croyait primitivement. Les recherches d'Aubert démontrèrent que, lorsque l'intensité lumineuse est très-faible, la *constante différentielle* peut tomber jusqu'à 1/17.

A ces critiques partielles, qui ne portaient que sur les limites de la loi et sur un seul ordre de sensations, succédèrent des critiques plus générales.

Bernstein [1], tout en admettant la loi de Fechner et sa forme logarithmique, lui donne un sens tout à fait différent. Le fait auquel il s'attache plus particulièrement, c'est celui de la propagation de l'excitation dans les organes centraux, c'est-à-dire dans les cellules cérébrales. Selon lui, l'intensité de la sensation serait *proportionnelle* à cette « propagation dans l'espace », au nombre des cellules ébranlées; mais cette « propagation » représenterait comme intensité le logarithme de l'excitation extérieure. La loi aurait ainsi un caractère purement physiologique.

Brentano, dans un passage de sa *Psychologie aus empirischen Standpunkte*, 1874 (p. 87 et suiv.), et dans une correspondance avec Fechner dont ce dernier nous a révélé l'existence [2], critiquant la loi psychophysique, soutient que les accroissements relatifs de la sensation doivent être égaux, quand les accroissements relatifs de l'excitation le sont aussi. Fechner a rapproché cette critique de celles que Plateau et Ueberhorst lui ont adressées.

En 1876, Langer, dans son livre sur les *Fondements de la*

---

1. *Zur Theorie des Fechnerschen Gesetzes der Empfindung*, dans les *Archives* de Reichert et Dubois-Reymond, 1868.
2. *In Sachen der Psychophysik*, p. 24.

Psychophysique [1], s'est attaché surtout au côté mathématique de la loi de Fechner et a proposé une autre formule pour exprimer le rapport entre la sensation et l'excitation.

Mais la critique la plus complète qui ait été faite de l'œuvre de Fechner dans tous ses détails est due à Hering et à Delbœuf.

M. Hering, professeur à l'Université de Prague, que le chapitre précédent nous a déjà fait connaître, dans une série d'articles ou de mémoires publiés de 1872 à 1875 *(Comptes rendus de l'Académie de Vienne* [2]*)*, a attaqué sur tous les points ou à peu près la psychophysique, niant ou contestant presque toutes les assertions de Fechner. Il rejette ses expériences ou n'admet leurs résultats qu'avec beaucoup de réserves ; il nie que la loi logarithmique soit une déduction légitime de la loi de Weber ; il ôte à cette loi toute généralité et soutient qu'elle ne se vérifie jusqu'à présent que pour la lumière et la tonalité, et encore en une certaine mesure. Aux objections physiques et mathématiques, il en ajoute d'autres qu'il qualifie de téléologiques : bref, c'est le plus rude assaut que la doctrine de Fechner ait eu à soutenir.

La position de M. Delbœuf est plus complexe. Plutôt partisan qu'adversaire de la psychophysique, connu lui-même par des expériences et des travaux importants sur ce sujet,

---

1. *Grundlage der Psychophysik* : eine kritische Untersuchung. Iéna, 1876.

2. Six mémoires relatifs aux sensations visuelles, mais surtout l'article *Ueber Fechner's psychophysiches Gesetz. Wien. Bericht*, vol. 72, 1875.

il n'admet cependant pas lès formules mathématiques de Fechner ; et, quant à l'ensemble de la doctrine, il en rejette une partie et il modifie ce qu'il ne rejette pas. A ses yeux, les *Elemente der Psychophysik* sont une œuvre digne d'admiration, mais qui, dans les temps à venir, vaudra plutôt par ce qu'elle aura suscité que par ce qu'elle contient de définitif. Il a exposé ses vues dans son *Étude psychophysique*[1], dans sa *Théorie générale de la sensibilité* et dans trois articles importants de la *Revue philosophique*[2], où il a défendu Fechner contre Hering et discuté le nouveau livre dans lequel Fechner a répondu à ses critiques.

On voit que, dans ce court espace de quinze ans, la psychophysique n'est pas restée oubliée, et cependant nous n'avons pas mentionné tous ses critiques : Mach, Classen, un mathématicien anonyme dans la *Revue scientifique* du 13 mars et du 24 avril 1875.

Fechner a cru pouvoir résumer toutes les objections qui lui ont été faites sous les cinq titres suivants[3] :

1º Les lois et formules de la psychophysique ne s'accordent pas avec les faits : elles en sont déduites à tort ; les recherches expérimentales montrent des exceptions à ces lois plutôt qu'elles ne les confirment.

2º En admettant que ces lois et formules aient une valeur pour la psychophysique externe, elles ne peuvent être trans-

---

1. *Étude psycho-physique*. Recherches théoriques et expérimentales sur la mesure des sensations, et spécialement des sensations de lumière et de fatigue. *Acad. des sciences de Bruxelles*, 1873.
2. Mars 1877, Janvier et février 1878.
3. *In Sachen der Psychophysik*, p. 13-14.

portées à la psychophysique interne. En d'autres termes, ces lois n'ont qu'une valeur physiologique.

3° Elles soulèvent des difficultés mathématiques et n'ont pas de solidité.

4° Elles sont téléologiquement inconciliables avec une conception raisonnable du monde extérieur.

5° Les formules psychophysiques, par suite, doivent être abandonnées ou modifiées ; ou, si elles sont maintenues quant à leur forme, entendues dans un sens tout différent.

Nous ne nous attacherons pas également à tous ces points. Nous insisterons surtout sur les objections qui ont rapport à la valeur des expériences, aux interprétations mathématique, enfin à la nature même de la loi.

I. Hering, avons-nous dit, conteste presque toutes les expériences de Fechner. Pour les sensations de poids, il s'est livré avec deux élèves à des essais répétés pendant plusieurs mois. Il part de 250 grammes et par des additions successives arrive jusqu'à 2750 grammes. D'après la loi de Weber, le poids additionnel amenant la plus petite différence perceptible de sensation devrait être une fraction toujours constante du poids antérieur ; or l'expérience montre que cette fraction est de plus en plus petite, jusqu'à un moment où elle se met à croître. C'est ce que prouvent les chiffres suivants : 1/21, 1/38, 1/58, 1/67, 1/78, 1/88, 1/92, 1/100, 1/114, 1/98. A la vérité, Hering reconnaît que, si l'on fait entrer en compte le poids du bras, les chiffres précédents se modifient [1] dans

1. 1/14, 1/29, 1/42, 1/56, 1/65, 1/77, 1/69, 1/20.

un sens assez favorable à la loi psychophysique. Mais, en
opérant sur des poids beaucoup plus petits (de 10 grammes
à 500 grammes) et en modifiant l'expérience de façon qu'il
n'y ait plus lieu de tenir compte du poids du bras, il trouve
des fractions également en désaccord avec la loi de
Fechner [1].

En ce qui concerne les sensations lumineuses, Hering paraît disposé à admettre la loi. M. Delbœuf fait de même ;
mais il insiste sur les réserves d'Aubert et de Helmholtz, en
s'appuyant sur des expériences qui lui sont propres. « Qu'on
imagine, dit-il, trois anneaux concentriques contigus dont
les teintes soient choisies de telle façon que, pour un éclairage donné, par exemple celui d'une bougie placée à 25 centimètres de distance, la teinte moyenne et intermédiaire
paraisse pour l'éclat également éloignée de la plus claire et
de la plus sombre. Si l'on éloigne la bougie, cette teinte cesse
d'être intermédiaire entre les deux autres et se rapproche de
la plus sombre ; si l'on a augmenté l'éclairage, cette teinte se
rapprochera de la plus claire. La loi n'est donc pas applicable aux limites extrêmes. » Par contre, il demande à Hering comment son principe de la proportionnalité entre l'excitation et la sensation peut s'accorder avec ce fait : qu'un
gris moyen, entre un blanc dont l'éclat égale 32 et un noir
dont l'éclat égale 2, est d'un éclat égal, non pas à 17, mais
à 8, nombre précisément réclamé par la loi de Fechner.

---

1. Fechner, critiquant à son tour les expériences de Hering, montre
que si l'on compte le poids du bras pour 2,273 grammes, on obtient
les fractions suivantes : 1/21, 1/21,3, 1/21,8, 1/22, 1/22,2, 1/21,2, 1/21,4,
1/20,6, 1/21,7, 1/8,8. (*In Sachen, u. s. w.*, p. 193.)

En ce qui concerne les sensations auditives, Hering distingue l'intensité et la tonalité, et il soutient que la loi psychophysique ne s'applique ni à l'une ni à l'autre. Si les intensités des sons perçues, dit-il, suivaient une loi logarithmique ; si, lorsqu'elles augmentent, les sensations correspondantes croissaient de moins en moins vite, le timbre d'un instrument varierait pour nous d'après l'éloignement ou le voisinage, dans les *forte* et les *piano ;* le timbre, en effet, comme l'a montré Helmholtz, est dû à la combinaison avec la note fondamentale de notes consonnantes, vibrant avec certaines intensités relatives. Pour la tonalité, Hering oppose une objection peu concluante. Il reconnaît, ce qui a été découvert de toute antiquité, que deux intervalles musicaux nous paraissent égaux quand les rapports des nombres de vibrations des deux sons constituants sont les mêmes pour ces deux intervalles ; mais, les sons n'étant pas perçus comme un *nombre* déterminé de vibrations, il importe peu, selon lui, que les rapports numériques des intervalles restent les mêmes. — M. Delbœuf a répondu à ces critiques[1], et a bien montré notamment pour la dernière que la sensation est un phénomène subjectif ayant sa nature propre, qui perçoit à sa manière ces rapports numériques, sans les percevoir comme nombres.

Outre l'odorat, qui n'a donné lieu à aucune expérience, et le goût, qui, nous l'avons vu, semble rebelle à la loi, reste la température. Or, Fechner, dans son plus récent ouvrage,

1. Pour le détail des réponses, voir la *Revue philosophique*, tome III, p. 236 et suiv., mars 1877.

reconnaît que, pour les sensations de cette sorte, la question n'est pas encore vidée [1].

En résumé, l'impitoyable critique de Hering aboutit à cette conclusion : que la loi psychologique ne peut s'appliquer ni aux saveurs, ni aux odeurs, ni à la chaleur, ni aux poids, ni aux sons ; qu'elle ne se vérifie en une certaine mesure que pour les sensations lumineuses ; que, par suite, elle n'a pas le caractère général d'une loi de la sensibilité. M. Delbœuf, au contraire, malgré beaucoup de critiques de détail, croit « qu'on peut lui accorder une adhésion provisoire » en ce qui concerne la question expérimentale.

II. La valeur mathématique de la loi a donné lieu à des difficultés d'un autre ordre.

La plus grave est celle-ci : Peut-on admettre, comme le veut Fechner, que, lorsqu'une sensation s'accroît des plus petites différences perceptibles, ces différences ds, ds', ds''... restent toujours égales? C'est sur cette hypothèse, comme nous l'avons vu, que s'appuient toutes ses déductions mathématiques.

Wundt, qui a défendu sur ce point la thèse de Fechner, soutient que « nous avons conscience, dans certains cas déterminés, qu'une sensation a diminué ou augmenté autant qu'une autre, notamment dans le cas où l'augmentation (ou la diminution) atteint un minimum appréciable de grandeur. Ces changements d'un minimum appréciable dans

---

1. *Ich halte die Frage der Beziehung der Gesetzes zu diesen Empfindungen noch nicht für erledigt* (p. 165).

les sensations sont nécessairement égaux les uns aux autres
en grandeur. Si le changement de l'une ou de l'autre des
deux sensations comparées était plus grand ou plus petit
que celui de l'autre, il serait par là plus grand ou plus petit
que le minimum appréciable, ce qui est contraire à l'hypothèse. La sensation a donc complètement le caractère d'une
grandeur mesurable, — mesurable toutefois dans des conditions déterminées, à savoir dans de très-petits changements
de valeur. »

M. Delbœuf, qui à plusieurs reprises a déclaré la loi insoutenable au point de vue mathématique, n'accepte ni l'hypothèse de Fechner ni la justification de Wundt et il souscrit
à la critique du mathématicien anonyme, dont il a été question plus haut. Celui-ci faisait remarquer que, pour que la
loi psychophysique eût un sens, il faudrait que les sensations
y fussent représentées par des nombres; qu'il serait bon de
dire de quelle mesure ils sont l'expression, au moyen de
quelle unité on les obtient; que c'est ainsi que l'on procède
en physique, où l'on définit les unités avec un soin minutieux et où l'on décrit les procédés de mesure, tandis qu'ici
rien de pareil n'a lieu. En effet, Fechner mesure la sensation
par l'excitation. Tout ce qui précède nous a montré sura-
bondamment que son procédé de mesure repose sur le rapport de dépendance qui existe entre l'intensité de l'excitation et celle de la sensation qui en résulte, et qu'ainsi, selon
son expression, « la sensation intérieure est mesurée par un
mètre extérieur. » Or c'est là, dit M. Delbœuf, une pure
illusion. La sensation doit être mesurée par son unité natu-

relle, qui ne peut être qu'une sensation. L'excitation à son tour doit l'être par une unité d'excitation. De cette manière, la sensation et l'excitation sont réduites en nombres qu'on peut comparer, pour voir s'ils sont soumis à une loi. C'est seulement quand la loi est découverte qu'on peut se contenter de prendre la mesure de la sensation et de déduire par le calcul celle de l'excitation [1].

A cette critique générale s'en ajoute une autre sur la méthode suivie par Fechner pour établir son échelle comparative entre la sensation et l'excitation. Dans la construction de toute échelle de mesure, il importe de fixer la position du zéro, du point d'où part la graduation. Pour la sensation, il semble naturel de placer ce zéro au moment où la sensation est nulle : c'est ainsi que procède Fechner. Mais, objecte M. Delbœuf, il résulte de là une grave difficulté. L'excitation extérieure, pour être sentie, pour devenir un état de conscience, doit avoir acquis une certaine intensité, avoir dépassé son point nul, son zéro. Au moment précis où l'excitation atteint son « seuil », c'est-à-dire un degré d'intensité juste suffisant pour être senti, Fechner prend ce « seuil » pour *unité* d'excitation. En face du seuil, il place le zéro de sensation. Aux excitations qui sont en dessous du seuil, qui par conséquent ne sont pas senties, correspondent les sensations *négatives* [2]. Il en résulte donc qu'en face de l'excita-

---

1. Dans son *Etude psychophysique*, M. Delbœuf a essayé, en ce qui concerne les sensations lumineuses, de déterminer une unité de sensation qui puisse servir de mesure, et il a donné les formules mathématiques qu'il substitue à celles de Fechner.

2. Cette expression a été vivement critiquée, en particulier par Delbœuf et Langer. Il semblerait que sensations *négatives* signifie *incons-*

tion 0 est inscrite la sensation = l'infini négatif; en face de la sensation 0 est inscrite l'excitation = 1. Ce n'est pas ainsi que l'on procède dans les expériences à mesure exacte. Si, par exemple, dit M. Delbœuf, nous voulons mesurer l'espace parcouru par un corps qui tombe, au moyen du temps écoulé depuis le commencement de la chute, et comparer par conséquent des fractions d'espace à des fractions de temps, nous ferons en sorte qu'il y ait une concordance parfaite entre le commencement des deux séries, qu'en face de l'espace 0 se trouve le temps 0.

III. La critique téléologique des doctrines de Fechner n'aurait pas lieu de nous arrêter ici, s'il s'agissait simplement d'hypothèses métaphysiques ou d'une question de causes finales; mais elle entre dans le vif de notre sujet, puisqu'elle a pour but de déterminer le vrai caractère de la loi psychophysique.

Suivant Hering, l'hypothèse la plus naturelle, celle qui s'impose tout d'abord à l'esprit, c'est que l'effet est proportionnel à la cause, et que par suite, dans le cas présent, la sensation doit être proportionnelle à l'excitation. Cette hypotèse est si simple, si claire, si satisfaisante, que, pour la rejeter, il faudrait donner de très-bonnes raisons.

Ce raisonnement nous paraît correct, et, sous sa forme abstraite, il ne fait qu'exprimer une loi très-générale du monde des phénomènes : la transformation des forces. Le

cientes; Fechner dit que cette interprétation est un non-sens. M. Delbœuf considère aussi la notion de seuil comme dénuée d'importance; mais nous ne pouvons embrasser ici la question dans tous ses détails.

principe de la proportionnalité de l'effet et de la cause n'est
que la traduction métaphysique de cette généralisation
appuyée sur des expériences sans nombre et sans exception : que rien ne se crée, que rien ne s'anéantit, que tout
se transforme. Mais, dans le cas qui nous occupe, rien ne
prouve que la sensation soit l'effet total causé par l'excitation. Pour ceux mêmes qui n'admettent pas la loi de Fechner
sous sa forme rigoureuse, il est hors de doute que la sensation ne croît pas proportionnellement à l'excitation. Beaucoup de faits le prouvent. Il faut donc qu'il y ait ici quelques causes de déperdition. L'excitation ne produit pas
seulement un effet psychique, — la sensation —; elle produit
d'autres effets d'ordre physique ou physiologique qui doivent entraîner une certaine usure de son intensité primitive.
Elle s'applique à un milieu élastique et compressible, en
sorte que le phénomène psychique est lié à un phénomène
de compression ou de dilatation. Il n'y a donc rien ici qui
contredise le principe de la proportionnalité entre la cause
et l'effet.

M. Delbœuf, qui, en réponse aux objections de Hering,
montre, par divers exemples, que, dans la nature, les rapports entre la cause et l'effet sont loin d'être toujours simples,
a grandement contribué par ses expériences sur la fatigue à
mettre en lumière le vrai caractère de la loi psychophysique,
ainsi que les causes naturelles qui lui imposent des limites.

Il y a, dans Fechner, une tendance bien marquée à tenir
peu de compte des conditions biologiques de l'excitation et
de la sensation. Il raisonne surtout en physicien. L'organe

sensoriel en activité est pourtant très-différent d'un instrument qui fonctionne. Lorsqu'il reçoit une série d'excitations toujours croissantes, il n'est rigoureusement pas le même à la seconde qu'à la première, à la troisième qu'à la seconde. Parmi les critiques de Fechner, nul n'a mieux mis ce fait en lumière que Delbœuf. L'intensité de la sensation, dit-il, ne dépend pas uniquement de l'intensité de la cause excitante, mais encore de la masse de sensibilité ou de force que les organes excités possèdent à ce moment. Cette masse est continuellement entamée par l'excitation qui épuise cette provision de sensibilité. Par suite, lors d'une excitation subséquente, égale ou inégale, l'être sensible est dans des conditions nouvelles. L'excitation frappe pour ainsi dire un autre individu. La formule de Fechner fait croître la sensation indéfiniment, pendant que l'excitation croît aussi de son côté indéfiniment; elle ne tient nul compte de l'altération que l'organe subit par suite de l'excitation même [1].

« En résumé, toute excitation produit un double effet : elle est cause de sensation et cause d'épuisement, et l'épuisement diminue la sensation. La sensation est à son maximum de pureté, quand elle l'emporte le plus sur la fatigue (l'auteur a déterminé la valeur de δ qui donne ce maximum).

---

1. *Etude psychophysique*, p. 27 et suiv. M. Delbœuf a cherché à déterminer la formule de la fatigue ou de l'épuisement : en représentant par δ l'excitation et par m la masse de sensibilité disponible, il trouve :

$$f = \mathrm{K} \log \frac{m}{m - \delta};$$

Ses recherches l'avaient amené, dès cette époque, à modifier la formule de Fechner.

En deçà ou au delà de cette valeur, le jugement commence à s'altérer. »

Nous n'avons donné qu'un aperçu très-sommaire des critiques adressées à Fechner, négligeant les objections de détail et ne donnant des autres que l'essentiel. Une exposition complète demanderait un gros volume [1]. Dans sa réponse, le fondateur de la psychophysique ne cède que sur des points de détail, et, plein de confiance dans la durée de son œuvre, il termine par ce *Nachwort* qui ne manque pas de grandeur :

« La tour de Babel ne s'acheva pas, parce que les ouvriers ne purent s'entendre sur la manière de la bâtir ; mon monument psychophysique restera, parce que les ouvriers ne peuvent s'entendre sur la manière de le démolir [2]. »

Cependant cette confiance, Fechner ne peut la trouver qu'en lui-même, car, suivant la remarque de M. Delbœuf, « s'il a beaucoup d'admirateurs, il n'a pas d'adeptes... et il a contre lui à la fois des adversaires déclarés et des disciples plus ou moins fidèles. »

Si de toutes ces critiques générales ou partielles, on essaye de dégager quelques conclusions, la première qui se présente, c'est que la loi de Fechner paraît plutôt une *loi physique*. D'après une hypothèse dont nous n'avons rien dit jusqu'ici, mais à laquelle notre auteur attache la plus haute importance, entre l'excitation, fait tout extérieur, et la sen-

---

1. Le plus récent et le plus complet est celui de M. G.-E. Müller, *Zur Grundlegung der Psychophysik : kritische Beiträge*, Berlin, 1878, 440 pages in-8°.
2. *In Sachen der Psychophysik*, p. 215.

sation, fait tout intérieur, il faut intercaler « une activité physique interne », à laquelle il donne le nom de mouvement psychophysique. Fechner avoue très-nettement (*Elemente der Psychophysik*, tome II, p. 377 et suiv.) qu'on ne peut rien savoir de la nature de ce mouvement psychophysique. Mais cela importe peu; en physique, on ne connaît pas davantage la nature de l'électricité, ce qui n'empêche pas la science des phénomènes électriques d'avancer. — En réalité, cette hypothèse de Fechner n'a qu'un but : expliquer pourquoi la sensation n'est pas proportionnelle à l'excitation.. Dans ses rapports avec l'extérieur, la force psychophysique se conformerait au principe universel de la proportionnalité des effets aux causes. Dans ses rapports avec l'intérieur, elle serait subordonnée à une certaine loi de progression. Comme toutes les solutions métaphysiques de nature mixte, celle-ci ne supprime aucune difficulté; aussi a-t-elle été universellement condamnée.

Cet intermédiaire psychophysique retranché, l'effet se retrouve en face de sa cause, la sensation en face de l'excitation, et comme, dans la plupart des cas, il y a une disproportion manifeste entre l'intensité croissante de l'une et celle de l'autre, il faut bien l'attribuer à ces déperditions de cause physique dont nous avons parlé plus haut. La loi prend ainsi un caractère physique. Les expériences de Dewar et de Mackendrick, publiées dans les *Transactions of the Royal Society of Edinburgh* (1873) [1], relatives à l'action physiologi-

1. Voir aussi Fechner, *In Sachen*, u. s. w., p. 275 et suiv., et le *Mind*, n° IV, p. 463.

que de la lumière, fournissent d'ailleurs des présomptions considérables en faveur de ce mode d'interprétation. D'après ces recherches, l'intensité du courant nerveux transmis par le nerf optique au cerveau serait proportionnelle au logarithme de l'excitation qui a agi sur la rétine. Il y a là, comme le disent ces expérimentateurs, « une concordance avec la loi de Fechner qui ne peut guère être regardée comme accidentelle. »

Mais, si cette loi a un caractère physique, est-elle sans intérêt pour la psychologie? Cette conclusion nous paraît inadmissible. L'étude des perceptions est d'une importance capitale; elle est peut-être la clef de tout le reste. Si l'on se borne, suivant le principe des psychologues « intérieurs », à n'étudier que le fait de conscience, alors la psychologie des perceptions sera bientôt faite, et l'on peut dire qu'elle contiendra autant d'erreurs que de vérités : car la conscience adulte prend fatalement pour immédiates des connaissances médiates, pour innées des connaissances acquises. L'expérience objective est ici indispensable. L'étude des conditions physiques des perceptions peut seule en préciser la nature : Le fait de conscience réduit à lui-même, dissocié de tout l'entourage de ses conditions matérielles, resterait si abstrait, si vague, qu'on ne pourrait pas même le distinguer de quelques autres états de conscience, par exemple du souvenir. Ce n'est que par un procédé illégitime qu'on établirait ici une séparation arbitraire entre des éléments qui s'impliquent réciproquement et se supposent les uns les autres. Tous les résultats des sciences expérimentales n'ont certes pas une égale importance pour la théorie psychologique des perceptions, quoiqu'il n'y en ait peut-être pas un seul qui soit sans quelque valeur; mais les faits mis en lumière par la psychophysique peuvent être comptés au nombre de ceux qui offrent le plus d'intérêt.

M. Wundt, qui s'est déclaré jusque dans ces derniers temps pour la nature *psychique* de la loi, y voit « l'expression mathématique d'un phénomène logique. » D'après une théorie qui lui est propre et que nous exposerons ailleurs, toute l'activité (consciente ou inconsciente) de la pensée se réduit à un processus logique, — à conclure. Dans ce cas-ci, ce processus logique prendrait la forme plus déterminée d'un processus mathématique. Ce qui est plus certain que cette interprétation discutable, c'est que la loi psychophysique est une nouvelle preuve en faveur du caractère de relativité de notre connaissance. Elle nous montre que, dans la sensation, nous n'avons aucune mesure pour des grandeurs absolues, que percevoir deux sensations c'est en réalité percevoir une *différence* entre deux sensations.

Cette loi, quelle qu'en soit la nature, conduit aussi à un résultat qui nous paraît digne d'attention. Depuis un siècle, le grand effort de la psychologie analytique a consisté à démontrer que, contrairement aux préjugés du sens commun, la perception ne donne pas une copie du monde extérieur. Entre les qualités, dans l'objet, et les états de conscience, dans le sujet, il n'y a qu'une correspondance; ces qualités sont des signes que l'esprit interprète et groupe d'après sa nature. La loi psychophysique montre qu'il en est de même dans l'ordre de la *quantité*. Elle nous apprend qu'il n'y a . point égalité ni équivalence entre les variations d'intensité objective (excitation) et les variations d'intensité subjective (sensation); que notre connaissance ne consiste encore ici qu'en une interprétation que l'esprit fait d'après sa nature. Fechner nous paraît ainsi avoir inauguré pour l'étude quantitative des perceptions un travail analogue à celui qui, depuis Locke, Hume et Berkeley, se poursuit pour leur étude qualitative, et avoir été conduit à des résultats analogues.

Il nous reste peu à ajouter à cette appréciation générale de la loi de Fechner et de sa nature. Des critiques précédentes, ce qui semble ressortir, c'est :

1° Que sous sa forme mathématique, elle est inacceptable;

2° Que l'observation et l'expérience montrent que, généralement, la sensation croît plus lentement que l'excitation;

3° Que vérifiée, en certaines limites, pour les sensations visuelles et auditives, contestée pour les poids, elle ne s'applique pas aux autres sensations.

A toute question sur la valeur de la loi de Fechner, il ne peut être répondu en bloc : telle est la conclusion de ce qui précède. Pour le présent, nul jugement définitif n'est possible. Quoi qu'il advienne de l'œuvre de Fechner, il lui restera la gloire d'avoir posé sous une forme toute nouvelle la vieille question des rapports du physique et du moral, et, comme tout esprit original, d'avoir suscité chez ses adversaires et ses admirateurs des travaux de vérification et de recherches, des tentatives, des efforts en tous sens qui ne se seront pas dépensés en vain.

CHAPITRE VII

M, WUNDT

LA PSYCHOLOGIE PHYSIOLOGIQUE

I

M. Wundt peut être considéré, à l'heure actuelle, comme le principal représentant de la psychologie expérimentale en Allemagne. Seul, il l'a embrassée dans toute son étendue. Fechner, malgré le grand éclat de ses travaux, s'est confiné dans une question unique; Lotze est avant tout un métaphysicien qui souvent semble n'entrer dans l'expérience que par nécessité et à regret; Helmholtz, malgré la haute portée de son analyse des sensations élémentaires, n'est psychologue que par occasion; d'autres enfin, tout en suivant la même voie que Wundt, sont loin de l'égaler. Chez lui seul, nous trouvons une étude complète et systématique des problèmes de la psychologie.

En 1862, dans ses *Beiträge zur Theorie der Sinneswahrnehmung* (Contributions à la théorie de la perception extérieure), il étudiait, sous forme de monographies, plusieurs questions relatives à la physiologie des sens, de la vision en particulier. Depuis, ses diverses publications ont eu pour objet soit la pure physiologie, comme le *Traité de physique médicale*, la *Physiologie humaine* [1], les *Untersuchungen zur Mechanik der Nerven und Nervencentren* (1871-1876), soit la psychologie physiologique, exposée dans ses *Vorlesungen über die Menschen und Thierseele* (1863) et surtout dans ses *Grundzüge der physiologischen Psychologie* (1874).

L'unité de son œuvre est dans sa méthode. Elle consiste à s'appuyer sur les données de la physiologie : directement, s'il s'agit des sensations qui sont, en définitive, la base de toute psychologie et l'aliment de toute vie mentale, s'il s'agit encore des mouvements involontaires, du langage, des formes inférieures du sentiment et de leur expression naturelle; — indirectement, s'il s'agit de la volonté, de l'attention, des notions complexes d'espace et de temps, des sentiments esthétiques. Là où la physiologie est insuffisante, l'anthropologie, l'ethnographie, l'histoire, la statistique lui servent d'appui. En somme, rien ici ne ressemble à la méthode spéculative ou à cette méthode de pure observation intérieure, qui n'en diffère pas beaucoup.

La psychologie doit donc être traitée comme une science naturelle; mais ceci même demande à être précisé. « Plus d'une fois, dans ces derniers temps, dit M. Wundt, on a traité la psychologie au point de vue propre des sciences naturelles, sans qu'on puisse en conclure que ces essais

---

1. Ces deux ouvrages ont été traduits en français, le premier par le docteur Monoyer, 1871, et e second par le docteur Bouchard, 1872. Une 4ᵉ édition de sa *Physiologie der Menschen* vient de paraître, 1878.

constituent un progrès fondamental sur les systèmes spéculatifs antérieurs. Car la psychologie, tout en visant à devenir
une science naturelle, reconnaissait comme sa source unique
l'observation intérieure. Or, aux faits de conscience que
chacun peut trouver en soi-même par l'observation, rien n'a
été ajouté depuis que l'homme pense et réfléchit ; à peine la
science peut-elle ajouter quelque chose qui ne soit pas fami-
lier à l'expérience de tout le monde. La psychologie a donc
dû, grâce à cette méthode, rester la même au fond pendant
des siècles ; ce qui est scientifique étant, en elle, à peine
séparé de ce qui est d'expérience vulgaire [1]. »

Le but à atteindre, c'est de transformer la psychologie en
une science *explicative*. Si l'on examine l'état antérieur ou
même actuel des sciences qui ont pour objet l'étude des
phénomènes naturels, on verra que les unes se bornent à
décrire, que d'autres visent à *expliquer*. Moins une science
est avancée, plus elle décrit : tout au moins elle mêle constamment les descriptions et les explications. « C'est ainsi
que la plupart des travaux de psychologie empirique appartiennent à l'histoire naturelle de l'âme. Les études approfondies faites dans ces derniers temps pour l'interprétation
psychologique de l'histoire et de l'ethnographie appartiennent au même domaine, quoique dans un sens plus large.
Car la psychologie des peuples s'occupe de phénomènes si
complexes, qu'ils ne peuvent être éclairés que par les faits
et les lois de la conscience individuelle : or c'est là, avant

1. *Menschen und Thierseele*, t. I, Vorrede, p. 5.

tout, un travail de classification appartenant au genre des-
criptif [1]. »

Tout au contraire, Wundt se propose un travail explicatif.
Pour y parvenir, il faut, à l'observation intérieure qui, seule,
ne peut fournir que des descriptions, ajouter l'*expérimentation*, et à celle-ci la *mesure* qui en est inséparable. Tel est le
but de la psychologie physiologique. Elle tend à trouver
les faits psychiques élémentaires, en partant des faits physiologiques auxquels ils sont liés. Le point de vue de notre
science, dit Wundt, n'est pas celui de l'expérience interne.
Elle part au contraire du dehors pour chercher à pénétrer
au dedans, et pour cela elle emploie les moyens propres à
toute science naturelle : la méthode expérimentale. A la
vérité, l'*emploi de cette méthode* n'est possible que dans le
domaine psychophysique, et l'on peut dire, pour parler
exactement, qu'il y a des expériences psychophysiques, mais
qu'il n'y a pas d'expériences purement psychologiques.
Toutefois, comme cette méthode consiste à faire varier les
conditions extérieures qui sont liées à la production des
phénomènes internes, il s'ensuit que par elle nous avons
quelque ouverture sur ces phénomènes internes ; qu'en ce
sens toute expérience psychophysique est en même temps
une expérience psychologique ; bref, que dans ces limites
une psychologie expérimentale est possible. — Ainsi, le but,
c'est de constituer la psychologie ; la physiologie n'est qu'un
moyen : c'est ce qu'exprime ce titre de psychologie physiologique.

1. *Physiolog. Psychologie*, Introd., p. 5.

- D'ailleurs, laissons l'auteur expliquer lui-même la marche qu'il entend suivre :

« Dès qu'on entre un peu avant dans la question, on voit que l'opinion traditionnelle qui admet que la conscience est la scène qui embrasse toute notre vie intérieure est inacceptable. Partout, dans la nature, la seule chose qui s'offre immédiatement à l'observation, c'est le phénomène complexe : mais les lois simples, par l'action desquelles le phénomène se réalise, restent cachées à nos yeux. La psychologie seule ferait-elle exception ? Devons-nous admettre qu'ici les lois sont accessibles à la perception immédiate ? Et quels seraient alors les rapports réciproques de ces lois ? Dans la conscience, les actes psychiques sont très-distincts les uns des autres : les désirs, les sentiments, les sensations, les idées nous sont donnés comme des modes d'activité distincts. Faut-il attribuer à chacune de ces activités un domaine séparé ? C'est ce qui a été fait dans la doctrine courante des facultés fondamentales de l'âme. Mais il n'y a qu'une science encore dans l'enfance qui puisse croire que sa tâche se borne à montrer les différences entre les objets qu'elle analyse. La science adulte vise à l'unité. Et l'observation elle-même conduit nécessairement le psychologue à cette unité... Ce qui unit les phénomènes psychiques est en dehors de la conscience : celle-ci ne connaît que les résultats du travail opéré dans ce laboratoire obscur, situé au fond d'elle-même. Par moments jaillit une pensée nouvelle : nous ne savons pas d'où elle vient, car depuis longtemps déjà les conditions qui pouvaient la produire ont disparu. L'analyse intime des processus psychiques nous prouvera que l'inconscient est le théâtre des phénomènes spirituels les plus importants. Partout la conscience suppose l'inconscient comme condition.

« Comment est-il possible de descendre dans ce laboratoire secret où la pensée prend sa source invisible ? Comment la décomposer en ce millier de fils qui servent à la tisser ? Les recherches suivantes ont pour but de montrer que l'*expérience* est en psychologie le moyen essentiel qui conduit des faits de conscience à cet arrière-fond obscur où s'élabore la vie consciente. L'observation intérieure, comme toute observation en général, ne nous donne que des phénomènes composés. Par l'expérimentation au contraire, nous dépouillons le phénomène de toutes ses conditions accessoires. Par elle, nous produisons le phénomène artificiellement, dans des conditions déterminées, que nous pouvons changer à notre gré et qui nous permettent de le mesurer. Partout et toujours, l'expérience nous conduit aux lois naturelles, parce qu'elle nous permet de saisir simultanément la cause et l'effet.

« Le naturaliste part toujours de l'observation des phénomènes que la nature lui offre immédiatement : le psychologue doit de même partir des faits de conscience. Lorsque ensuite, par l'expérimentation, il résout les phénomènes psychologiques en leurs éléments simples, il jette ainsi un coup d'œil furtif sur ce mécanisme qui, dans les profondeurs inconscientes de l'âme, élabore les impulsions dérivées des impressions extérieures. — C'est la même voie que le naturaliste choisit. Lorsque, partant de ces phénomènes embrouillés que lui livre l'observation, il remonte jusqu'aux lois qui les régissent, il ne fait rien autre chose que produire devant les yeux ce fond inconscient qui est sous les faits. Le processus situé au delà de la conscience et d'où sort l'acte conscient est dans le même rapport avec celui-ci que la loi cachée l'est avec le phénomène, tel que nos sensations nous le donnent.

« L'expérimentation est accompagnée pas à pas par la *mesure*. Mesurer et peser, tels sont les grands moyens dont la recherche expérimentale se sert toujours, pour arriver à des lois précises. Avec l'expérience, le poids et la mesure sont entrés dans la science ; car ce sont eux qui lui donnent un caractère définitif. La mesure trouve les *constantes* de la nature, ces lois fixes qui règlent les phénomènes. Toute mesure peut traduire ses résultats par des nombres. Les nombres ne sont pas le but de la mesure ; mais ils sont le moyen indispensable pour arriver au but dernier de la recherche, car les nombres peuvent seuls nous révéler la loi.

« Mais, dira-t-on, comment est-il possible d'appliquer l'expérimentation au principe psychique qui est totalement soustrait à nos sensations? Comment pourrait-on mettre dans la balance ou soumettre à toute autre mesure cette essence immatérielle ? — Le principe producteur des phénomènes se dérobe à nos sens ; il ne s'agit donc que de saisir le phénomène lui-même. Quoique les effets et conditions extérieurs de la vie psychologique soient seuls accessibles à nos recherches, cependant ces conditions et effets, s'ils sont suffisamment analysés, peuvent nous faire pénétrer jusqu'à l'essence intime des faits qui constituent la vie psychologique. Par les sens et les mouvements du corps, l'àme est en rapport continuel avec le monde extérieur. Nous pouvons à volonté appliquer des agents extérieurs aux sens et aux mouvements, observer les effets produits et de ces effets tirer des conclusions sur la nature des processus psychiques. Jamais nos mesures ne s'appliquent directement, ni aux causes productrices des phénomènes, ni aux forces productrices des mouvements : *nous ne pouvons les mesurer que par leurs effets.*

Le physicien mesure les forces motrices par les mouvements produits, et de l'observation de ceux-ci il infère les lois — absolument inaccessibles à ses sens — suivant lesquelles les forces agissent. De même, nous mesurons les fonctions psychiques par les effets qu'elles produisent ou qui les produisent, par les impressions sensorielles ou les mouvements du corps. Mais ce que nous déterminons par les expériences et la mesure, ce ne sont pas simplement ces effets extérieurs, ce sont les lois psychologiques elles-mêmes d'où résultent ces effets.

« La psychologie donc, en tant qu'elle existe comme science naturelle, repose presque tout entière sur le champ des recherches expérimentales et de la mesure. Beaucoup de ces recherches sont déjà anciennes ; et elles sont dues non à des psychologues, mais à des physiciens, des astronomes, des physiologistes qui souvent les ont faites incidemment et le plus souvent en ont totalement méconnu la valeur psychologique [1]. »

Dans cet exposé si net, un point nous paraît réclamer quelques explications. Ces lois qui régissent les phénomènes, et dont la connaissance seule constitue la science, doivent être cherchées, dit Wundt, dans « l'inconscient », dans « ce laboratoire obscur qui est au-dessous de la conscience ». Que signifient ces termes, dont l'apparence un peu mystique semble s'accorder assez mal avec la méthode positive ? On aurait pu attendre plus de clarté sur ce point, car il est capital. L'auteur y revient constamment. C'est dans l'inconscient qu'il trouve l'explication dernière des lois de la perception, de la pensée, des sentiments, de la volonté : c'est l'idée dominante de sa psychologie.

Que faut-il donc entendre par cette thèse : Les lois psychologiques doivent être cherchées dans l'inconscient? — Pour l'expliquer, nous prendrons un exemple qui nous est propre, mais qui éclaircira bien, à ce qu'il nous semble, la thèse de M. Wundt.

Tout le monde sait que nos idées et en général nos états de conscience s'associent. C'est là un de ces faits donnés par l'observation et dont il faut toujours partir, comme on nous le disait plus haut. Le premier effort scientifique consiste à montrer que ces associations ont lieu suivant des lois ou rapports déterminés. Enfin, dans ces derniers temps, l'école anglaise a soutenu que cette loi est la loi dernière de la psychologie, en d'autres termes que tous nos états de cons-

---

1. *Menschen und Thierseele*. Préface.

cience, si complexes qu'ils soient, sont produits par des associations. Mais, que ce dernier point soit admis ou non, pour le moment cela importe peu. Il y a des associations suivant des lois : ce point est incontesté ; et la raison de ces lois doit, d'après la thèse de M. Wundt, être cherchée dans l'inconscient. — Que signifient ces termes, sinon que l'explication des phénomènes mentaux doit être cherchée dans les faits physiologiques ou physiques qui en sont la base et la condition ? En un mot, à tout phénomène ou groupe de phénomènes d'ordre psychologique correspond un fait ou groupe de faits d'ordre physiologique ; et l'explication scientifique des premiers doit être cherchée dans la connaissance des seconds. Ce qui prouve l'exactitude de notre interprétation, c'est que l'auteur, traitant — très-brièvement d'ailleurs — la question de l'association que nous avons prise pour exemple, dit : « La seule base sur laquelle une théorie des causes physiques de l'association puisse s'appuyer est la connaissance exacte de l'organisation anatomique et des fonctions physiologiques du cerveau : connaissance que nous sommes loin de posséder. » Au reste, par la suite de ce travail, cette thèse sur le rôle de l'inconscient s'éclaircira. Il suffisait d'en fixer le vrai sens, de montrer qu'elle a une valeur positive. La réflexion du lecteur fera le reste.

M. Wundt n'a pas dit son dernier mot ; mais, en prenant son œuvre psychologique sous sa forme actuelle, on voit qu'elle contient deux parts : l'une — la plus large — est consacrée à la psychologie physiologique, à celle qu'il a qualifiée plus haut d'expérimentale ; l'autre, à la psychologie pure, c'est-à-dire à ces questions où l'appui direct de l'expérimentation fait défaut. Nous allons parcourir cette œuvre dans son ensemble.

II

L'auteur a longuement exposé la physiologie nerveuse et rassemblé en quelques chapitres [1] les opinions les plus récentes sur ce point. S'appuyant surtout sur les travaux de Meynert, il a montré comment l'anatomie de la moelle épinière, du bulbe, de la protubérance, des pédoncules, du cervelet et du cerveau, permet de concevoir le fonctionnement de ces divers organes et combien d'obscurités se rencontrent à chaque instant dans ce domaine.

Avec l'étude des sensations, il entre dans son sujet proprement dit : « Quand on commence par les plus simples, l'étude des phénomènes psychologiques, on est forcé d'avouer que ces éléments simples se dérobent toujours à notre observation ou ne se présentent qu'intimement liés à d'autres phénomènes. Cependant, ceux qui offrent le caractère de la plus grande simplicité sont sans contredit les *pures sensations*. Nous entendons par là ces états primitifs que l'homme trouve en lui-même, isolés de tous les rapports et connexions que la conscience adulte y ajoute. » La sensation se trouve ainsi distinguée de la *perception*, phénomène beaucoup plus complexe qui doit être étudié à part.

1. *Grundzüge*, chapitres I-V.

Prise à ce degré d'abstraction, la sensation ne présente que deux déterminations immédiates :

1° Elle est forte ou faible ; elle a une certaine *intensité*.

2° Elle a une marque caractéristique, qui la différencie de toute autre ; elle a une certaine *qualité*.

3° Enfin, elle a un troisième caractère moins net que les deux autres. Dans la sensation réelle, il y a quelque chose qui tient au sujet sentant : état secondaire qui accompagne la sensation primitive et qu'on peut appeler un *sentiment*. C'est surtout dans la vue et l'ouïe que ces sentiments concomitants nous frappent : ils sont même les facteurs élémentaires de l'effet esthétique. Ils existent également pour le toucher, le goût et l'odorat.

Les deux premiers caractères seuls sont les éléments primitifs ; si on les supprime, le troisième disparaît.

INTENSITÉ. — Nous ne reviendrons pas sur cette question, qui a été longuement exposée et discutée sous le nom de loi psychophysique.

QUALITÉ. — Nous entendons par qualité de la sensation cet élément qui reste, si nous supposons l'intensité supprimée. Sous le rapport de la qualité, les sensations peuvent être divisées en deux grandes classes :

1° Les sensations qualitativement uniformes, qui ne présentent qu'*une* qualité déterminée, mais avec tous les degrés possibles d'intensité. Telles sont les sensations organiques, les sensations cutanées (pression, chaud et froid) et les sensations musculaires, qui se divisent elles-mêmes en deux classes : sensations d'innervation, c'est-à-dire de la force musculaire employée au mouvement ; sensations musculaires au sens étroit, causées par l'état de nutrition, de fatigue ou de lésion des muscles.

2° Les sensations qualitativement variées sont celles des quatre sens spéciaux : ouïe, vue, goût, odorat. Chaque espèce consiste en une combinaison de qualités diverses, dont chacune peut parcourir divers degrés d'intensité.

On peut bien supposer que les différences qualitatives dépendent immédiatement des différences de structure. M. Wundt entre, à ce sujet, dans l'étude histologique des organes sensoriels terminaux : pour l'odorat, les cellules olfactives placées entre les cellules épithéliales qui tapissent la muqueuse du nez ; pour le goût, les cellules caliciformes, fungiformes et filiformes ; pour la vue, les diverses couches de la rétine ; pour l'ouïe, les fibres de Corti ; pour le toucher, les corpuscules de Pacini, de Meissner et de Krause.

L'excitation, en agissant sur ces organes terminaux, détermine un mouvement qui se transmet jusqu'aux parties centrales. Mais le fait peut se passer de deux manières distinctes. Dans les sens *mécaniques* (toucher et ouïe), l'excitation extérieure se transmet très-probablement, sous la forme qui lui est propre, dans la substance nerveuse, et là elle détermine un processus qui correspond en général au processus du mouvement excitant. Dans les sens *chimiques* (vue, goût, odorat), l'excitation extérieure détermine un phénomène nerveux différent d'elle, quant à sa forme et à son processus ; quoique, dans certaines limites, il change suivant les variations de l'excitant. Dans les premiers, il y a transmission directe du mouvement externe. Dans les seconds, l'excitation produit un fait d'une autre nature, probablement un mouvement chimique moléculaire. Aussi peut-on dire que l'excitation est sentie *plus immédiatement* dans les premiers que dans les seconds ; chez ceux-ci la forme de l'excitation dépendant au plus haut point de la constitution moléculaire des nerfs, qui est inconnue. Les sens mécaniques sont évidemment les plus simples ; et le plus général de tous, le toucher, a servi vraisemblablement de base au développement des quatre sens spéciaux.

M. Wundt place la vue dans le groupe des sens chimiques. Tout en reconnaissant les difficultés que cette classification soulève, il expose en détail les raisons qui le font rapprocher ce sens du goût et de l'odorat. D'abord, dans la rétine, l'excitation se change en une autre forme de mouvement. « On ne peut pour le moment préciser l'espèce de transformation dont il s'agit ici, mais il semble qu'on est en droit de la qualifier d'*action chimique*. A cet égard, on peut faire valoir la facile décomposition chimique de la substance nerveuse et l'action chimique de la lumière en général. Dans les formes inférieures de l'organe visuel, l'action photochimique paraît suivie d'une absorption des rayons lumineux les plus réfrangibles. Ces formes inférieures consistent en filets nerveux unis à des cellules épithéliales contenant du pigment rouge. Un pareil fait d'absorption paraît se passer dans la rétine des oiseaux, puisqu'on trouve, dans l'article interne des cônes, des gouttes de pigment rouge et jaune. — Remarquons aussi qu'en admettant de simples différences de dcgrés dans l'action des divers rayons lumineux sur la rétine, on n'explique pas la diversité des sensations lumineuses : au lieu de couleurs diverses, nous devrions simplement sentir de la lumière à divers degrés d'intensité. Il faut donc qu'il y ait d'autres différences dans les effets chimiques qui suivent les excitations lumineuses, différences dont nous ne pouvons déterminer la nature. — De plus, la vue présente cette propriété remarquable que toute différence entre la forme des excitations disparaît, dès qu'elles sont très-fortes ou très-faibles ; les excitations lumineuses de toute espèce sont senties comme noires si elles sont très-faibles, comme blanches si elles sont très-fortes. Les intensités moyennes produiraient seules des actions photochimiques nettes. Aux différences de sensation répondront des différences d'action photochimiques, dues à ce que chaque espèce de rayon agit d'une manière différente sur les combinaisons chimiques existant dans la substance nerveuse [1].

Une autre question, d'une portée très-générale et actuellement fort débattue, est celle de *l'énergie spécifique des nerfs*. Elle offre un intérêt philosophique particulier, puisqu'elle a été présentée par plusieurs auteurs comme l'expression physiologique de la doctrine de Kant sur la subjectivité de notre connaissance. D'après la théorie qui admet une énergie spécifique des nerfs, la qualité de la sensation serait une fonction propre de la substance de chaque nerf

—

. 1. Depuis la publication du livre de Wundt, les découvertes de Franz Boll et de Kühne sur le pourpre rétinien sont venues donner un fort appui à la théorie exposée ci-dessus.

sensoriel. Quand nous sentons la lumière, le son, la chaleur, etc., ce qui parvient à la conscience, ce n'est pas l'impression extérieure, mais la réaction de notre nerf sensoriel sur cette impression. Cette doctrine s'appuie sur ce fait, que chaque nerf n'est approprié qu'à des excitations déterminées (le nerf optique à la lumière, le nerf acoustique au son, etc.) ; de plus, que si l'on emploie un excitant d'un caractère général (l'électricité, etc.), chaque nerf réagit sous sa forme spécifique.

Cette solution avait contre elle plusieurs difficultés, dont l'une capitale : celle qui résulte de l'indifférence fonctionnelle des nerfs. Pour l'améliorer, on attribua l'énergie spécifique aux organes terminaux et au cerveau exclusivement. Les filets nerveux, d'après la comparaison usitée, seraient semblables à des fils télégraphiques qui, suivant le point avec lequel ils communiquent, peuvent produire des effets très-divers (sonner une cloche, mouvoir un aimant, etc.). Cependant, puisqu'on n'attribuait aux organes terminaux qu'un simple pouvoir de transmission dans les nerfs, puisque ce n'est pas en eux qu'on faisait naître la sensation ; c'est au cerveau, en définitive, qu'on attribuait toutes les énergies spécifiques. D'ailleurs, quand même on laisserait aux organes terminaux une part dans le phénomène, comme les sensations spécifiques ont lieu même après l'ablation des organes sensoriels, il faut bien admettre que c'est dans les parties centrales que se trouvent ces différences qui sont comme des signes répondant aux différences périphériques. On a des raisons d'étendre aux terminaisons centrales des

nerfs le principe de l'indifférence fonctionnelle. Les différences qu'elles présentent ne sont certainement pas aussi
grandes que celles des diverses espèces des nerfs, qui cependant, l'expérience le prouve, peuvent être indifféremment
motrices ou sensitives. Ce n'est donc que par un tour
d'adresse qu'on a placé dans les parties centrales le siége
des fonctions spécifiques ; parce que, ces parties n'étant pas
encore suffisamment connues, on en peut dire ce qui plaît.

Les difficultés que soulève cette doctrine sont encore plus
grandes, dès qu'on veut expliquer par elle les différences qualitatives de la sensation, dans un seul et même sens. Prenons
la vue. D'après une hypothèse de Young, adoptée et modifiée
par Helmholtz, il existerait trois espèces de nerfs, sentant le
rouge, le vert et le violet. Mais puisque une impression lumineuse, limitée sur un point extrêmement petit, n'est jamais
perçue comme ayant une couleur déterminée, il faudrait
admettre que, sur les plus petites surfaces de la rétine, il y
a un mélange de ces trois espèces de nerfs : hypothèse qu'il
est difficile de concilier avec le diamètre des bâtonnets, dont
chacun ne paraît recevoir qu'*une* fibrille primitive. — Dans
l'ordre des sensations acoustiques, il y a des difficultés encore plus grandes.

On peut en somme se représenter de deux manières le
changement que l'excitation subit dans les nerfs. Ou bien les
phénomènes moléculaires ne changent pas, quant à leur
nature, pendant que les vibrations périodiques croissent et
décroissent en amplitude (son). Ou bien il y a des changements dans la nature des phénomènes moléculaires, suivant

l'espèce de l'excitation (sens chimiques). Rien n'empêche
d'admettre que, dans les deux cas, le phénomène moléculaire se transmette tel qu'il est au début, par le nerf entier,
jusqu'au cerveau ; que les processus qui se produisent dans
les cellules centrales diffèrent par là même et arrivent à la
conscience sous la forme de sensations différentes. Tel est le
seul moyen d'accorder les faits de différence fonctionnelle
des organes avec le principe d'indifférence fonctionnelle des
éléments. Dans cette hypothèse, il n'y a plus de fonction
spécifique des éléments nerveux, car tout changement dans
la nature du phénomène moléculaire est causé par la manière dont les éléments sont mis en contact entre eux et,
dans les organes des sens, avec les excitations extérieures.

« Ce qui distingue essentiellement l'hypothèse de l'énergie
spécifique de celle-ci, c'est que la première suppose que la
sensation est déterminée exclusivement par les *parties* que
parcourt l'excitation, tandis que pour nous c'est la *forme* de
ce phénomène qui est le fondement immédiat de la forme de
la sensation. Il est à peine besoin de montrer que cette opinion, même au point de vue psychologique, est plus com-
préhensible. Nous pouvons très-bien admettre que notre
conscience est déterminée qualitativement par la nature des
processus qui parcourent nos organes ; mais il est très-diffi-
cile de concevoir comment ces différences qualitatives seraient liées seulement à des différences locales du processus. »

La théorie des énergies spécifiques, comme le remarque
M. Wundt, est un écho physiologique de la philosophie de
Kant, de sa tentative pour déterminer les conditions subjec-

tives de la connaissance : ce que montre d'ailleurs très-bien l'un des principaux représentants de cette théorie, J. Müller, dans son *Manuel de physiologie*. Mais il n'y a aucun lien de nécessité logique entre les deux doctrines; et la thèse de la nature purement subjective de la sensation laisse le champ libre à toutes les opinions sur son fondement physiologique. Il va de soi, d'ailleurs, que la discussion de ce point purement théorique ne touche en rien au fait bien constaté du rapport des sensations avec les excitations extérieures [1].

Pour achever l'étude de la sensation, il nous resterait à parler du sentiment qui l'accompagne; mais cette question sera mieux à sa place quand nous traiterons des sentiments en général.

III

Avant de passer des sensations aux perceptions, il nous paraît indispensable d'exposer avec quelque détail la thèse fondamentale qui domine toute la psychologie de M. Wundt et qui peut se résumer ainsi : au fond de tous les phénomènes psychiques, il y a unité de composition; tous se réduisent finalement à des *conclusions*.

La pensée — en entendant par ce mot tout état de conscience en général — peut être considérée dans sa forme ou dans sa nature.

1. M. Wundt expose longuement les faits et problèmes physiologiques qui se rapportent à l'ouïe considérée comme type des sens mécaniques et à la vue comme type des sens chimiques. On trouvera notamment une critique intéressante de l'hypothèse de Young sur les trois couleurs primitives, pages 403-406.

Dans sa forme, la pensée est soumise à la condition du temps. Tout acte de pensée a une durée mesurable : aussi nous ne pouvons avoir. deux états de conscience à la fois. Là où l'observation intérieure nous donne la fausse apparence d'une simultanéité, nous sommes en réalité induits en erreur par une succession rapide. Voilà un des cas nombreux où l'observation réduite à elle seule nous trompe, et des faits vulgaires nous expliquent facilement cette illusion. Quand le forgeron frappe avec son marteau le fer rouge, on voit l'étincelle jaillir avant d'entendre le coup de marteau. Quand le médecin saigne un patient, il voit souvent d'abord le sang couler, puis la lancette pénétrer dans la chair. Ces faits montrent, aussi bien que les recherches scientifiques sur la durée des actes psychiques, que nous ne pouvons penser à deux choses à la fois. Ils montrent, de plus, que dans cette succession rapide que nous prenons pour une simultanéité, il peut arriver que le second phénomène soit *connu* avant le premier, car il est évident que le coup de marteau doit précéder l'étincelle et le coup de lancette précéder l'effusion du sang. Ces faits et tous ceux de même nature ont, dit M. Wundt, une signification psychologique : ils sont l'expression d'un fait interne, qui est l'*unité de la pensée*.

Dans sa nature intime, dans son fond, la pensée se réduit à un seul fait : raisonner, conclure (*schliessen*).

Il y a pour tous les phénomènes mentaux, quelque variés et quelque divers qu'ils soient, une unité de composition. Les sensations de toute sorte, les jugements, les idées, les sentiments, etc., sont produits par des raisonnements, sont le résultat d'une conclusion. Toutes les différences ne viennent que des divers degrés de complexité de l'acte primitif et de la diversité des matériaux qu'il met en œuvre, en sorte que l'esprit ainsi entendu pourrait se définir : une chose qui raisonne.

Telle est la thèse fondamentale de M. Wundt. Si obscure et si inattendue qu'elle puisse paraître, nous prierons le lecteur de l'accepter d'abord de confiance ; ce n'est qu'après avoir lu ce travail qu'il pourra, en connaissance de cause, l'accepter ou la rejeter. Toutefois, pour simplifier sa tâche, essayons dès à présent de faire comprendre en quelques mots la marche suivie par l'auteur.

Tous les faits psychologiques se ramènent finalement à un fait unique : la sensation. La sensation la plus simple est, pour M. Wundt, une conclusion. Que suppose une conclusion? Des prémisses. Et quelles sont ici les prémisses ? Ce sont des faits absolument inconscients, des faits physiologiques, des processus nerveux. Entre le raisonnement ordinaire et la sensation simple, il y a donc cette différence : que, dans le premier, les prémisses et la conclusion sont des actes conscients; que, dans la seconde, les prémisses sont des états physiologiques et la conclusion seule un état de conscience. On dit généralement : Penser, c'est juger. M. Wundt soutient au contraire que l'acte de juger n'est pas primitif; que c'est un état conscient, qui présuppose une série d'états inconscients; que c'est le terme de l'opération, non l'opération tout entière, laquelle est un raisonnement, c'est-à-dire une synthèse de prémisses.

M. Wundt applique la même méthode à toutes les formes de l'activité psychique. Chaque forme supérieure est une conclusion dont les formes inférieures sont les prémisses. En sorte que les phénomènes complexes étant ramenés par l'analyse à des phénomènes de plus en plus simples, ceux-ci à la sensation, et la sensation au processus nerveux, nous arrivons ainsi à trouver la loi cachée de tous les phénomènes psychologiques, dans l'inconscient, c'est-à-dire dans le domaine physiologique.

Ceci nous permettra de mieux comprendre les analyses qui vont suivre.

« Nous devons, pour bien éclaircir la connexion des lois internes de la pensée avec ses manifestations extérieures, mettre sous les yeux ses éléments essentiels. Or les éléments de la pensée sont les idées, les jugements et les raisonnements. Les idées et les raisonnements forment un domaine stable, qui embrasse notre science et notre connaissance tout entière. Les raisonnements sont le moyen à l'aide duquel nous donnons une valeur à ce domaine et sans lequel toutes les idées et tous les jugements resteraient un capital improductif. Nous comprendrons combien les raisonnements sont essentiels pour la pensée, en considérant de quelle manière se forment les jugements et les idées. »

Si je prends un jugement quelconque, — le lion est un animal, — il est indubitable que, pour se former, ce jugement présuppose un grand nombre d'actes mentaux antérieurs. Sans entrer dans une analyse qui serait très-longue et à laquelle la réflexion du lecteur suppléera, bornons-nous à quelques remarques. Je ne puis savoir ce qu'est un animal, qu'après avoir comparé cet objet à une foule d'autres objets, soit semblables, soit différents (des plantes, des pierres, des liquides). Chaque objet est caractérisé par un certain nombre de *marques* ou de qualités qui lui sont propres ; et la comparaison de deux ou de plusieurs objets ne peut avoir lieu qu'à la condition que les marques des objets comparés soient en partie semblables, en partie différentes. C'est de la comparaison de choses diverses, sous le rapport de leurs marques, que résulte le jugement.

Tout jugement qui, comme celui qui nous occupe, est fondé sur une somme considérable d'expériences, naît donc d'un grand nombre de jugements antérieurs, qui sont eux-mêmes les uns affirmatifs et les autres négatifs : car nous déterminons une chose en disant à la fois ce qu'elle est et ce qu'elle n'est pas. Et chacune de ces expériences, qui sert de base au jugement total, est elle-même un jugement ; puisque, dès que je veux exprimer une expérience, il faut que j'exprime un jugement. Mais ces jugements d'expérience que je porte sur un objet déterminé, sont entre eux sans lien, sans connexion. Pour qu'ils me conduisent à un jugement final qui comprenne tout entière mon intuition de l'objet, il me faut un lien quelconque qui réunisse toutes ces marques éparses. Comment se produit cette liaison ? Mes expériences particulières resteront-elles un agrégat sans aucune unité ? ou y a-t-il quelque chose qui les unisse plus profondément ? Nous ne connaissons qu'une seule forme dans laquelle les jugements soient liés les uns aux autres :

cette forme, c'est le *raisonnement*. La conclusion réunit un
certain nombre de jugements donnés pour en tirer un nouveau jugement.

De quelle nature est ce raisonnement? C'est une induction, car il va du particulier au général. M. Wundt, qui parle
ici exactement comme Stuart Mill, fait remarquer que toute
déduction suppose une induction préalable, puisque le principe qui sert de base à la déduction doit être le résultat et
la condensation d'une masse d'expériences antérieures [1].

Ces jugements d'expérience, — qui sont en même temps
des jugements particuliers, — d'où nous tirons les lois de la
nature et de la pensée, sont, semble-t-il, les éléments de
notre connaissance. Est-il possible de pousser plus loin
l'analyse et de montrer qu'ils sont composés d'éléments
encore plus simples ? — En fait, il n'y a pas de jugement, si
simple qu'il soit, qui ne suppose avant lui quelque acte de
pensée. Si je résous un jugement en jugements plus simples,
ceux-ci en d'autres plus simples, et ainsi de suite, à quoi
dois-je finalement arriver? Aux sensations primitives. Tout
objet m'est donné comme ayant telle couleur, telle forme,
subissant tels changements, etc., etc. Bref, les *marques* dernières, celles auxquelles nous devons nous arrêter, sont partout et toujours des perceptions de nos sens.

---

1. *Menschen und Thierseele*. Tome Ier, 4e leçon. M. Wundt fait remarquer que le raisonnement inductif se compose de trois membres, comme
le raisonnement déductif : 1° les jugements ou faits affirmatifs (un tel
et un tel sont morts) ; 2° les jugements ou faits négatifs (il n'y a aucun
exemple d'homme qui ne soit mort) ; sans ceux-ci, les faits affirmatifs,
si nombreux qu'ils soient, restent sans valeur ; 3° la conclusion générale, qui sert à son tour de base à la déduction.

« Mais toute perception sensorielle est elle-même un jugement d'expérience, le plus simple de tous les jugements d'expérience. Ce que je vois est blanc, rouge, brillant, corporel ; ce sont là des jugements d'expérience, à nous donnés dans l'intuition sensible. Ces jugements sont-ils les actes de pensée primitifs ou en supposent-ils d'autres ?

« Quand j'ai conscience que ce que je vois est rouge, je le distingue par là du jaune, du vert, du bleu, etc. Je distingue de même une sensation de lumière d'une sensation de son ou de toucher. Comment puis-je faire cette différence ? Évidemment grâce aux marques déterminées que l'objet possède pour ma sensation. Ces marques s'accordent en partie, diffèrent en partie. Ainsi le rouge, le jaune, le vert, etc., s'accordent par certaines marques, et diffèrent par certaines marques du son, de l'odeur, etc. Mais nous avons vu que chacune de ces marques n'est rien autre chose qu'un jugement. Toute perception sensorielle résulte donc d'une masse de jugements en partie affirmatifs, en partie négatifs, et la perception elle-même n'est rien autre chose que la conclusion tirée de ces jugements.

« Ceci nous conduit plus loin. L'acte de pensée primitif, ce n'est pas ce jugement qui existe dans l'intuition sensorielle immédiate, mais bien ce jugement qui fixe la marque particulière de la sensation. Comment se forme ce jugement vraiment primitif ? Il a une propriété qui lui est absolument propre : il n'y a rien qui puisse l'exprimer. Ni les mots, ni la pensée ne peuvent le saisir. Nous ne savons rien de lui, sinon qu'il existe. Je sais bien que la sensation du rouge se distingue par des marques de celles du bleu, du jaune, etc. Que sont ces marques? Cela m'est absolument inconnu. Nous ne pouvons découvrir ces marques ni par la réflexion la plus profonde, ni par la recherche minutieuse des conditions dans lesquelles la sensation se produit. A la vérité, nous savons que des ondulations éthérées d'une certaine longueur, en tombant sur l'œil, produisent la sensation du rouge. Mais ces ondulations ne sont pas les marques à l'aide desquelles nous distinguons le rouge des autres couleurs, puisque cette distinction, nous l'avions faite bien longtemps avant de savoir que la lumière résulte des ondulations de l'éther. »

Ces jugements primitifs offrent donc ce caractère qu'on ne peut douter de leur existence et que cependant leur contenu, ce qui les constitue dans leur fond, est complètement inconscient. « Ce n'est donc pas par des jugements, mais bien par des raisonnements, que commence la pensée. » Un jugement n'existe pour nous, c'est-à-dire comme état de conscience, qu'à la suite d'un raisonnement. En sorte qu'on peut dire « que le raisonnement est la connaissance *qui se fait*, le jugement la connaissance qui *est faite.* »

Il nous reste à dire maintenant comment se forme le troisième élément de la pensée : l'*idée*. Il résulte aussi d'un raisonnement. Si je prends, par exemple, l'idée d'homme, j'observe qu'elle présuppose un certain nombre de données expérimentales dont chacune est caractérisée par une marque : il a telle forme, il se meut, il pense, etc., etc. Ce sont ces jugements qui forment notre idée d'un homme. Mais notre idée ne résulte pas d'une simple juxtaposition de tous ces jugements ; car, si cela était, l'idée ne serait plus qu'une simple somme de marques, et une somme de marques ne fait pas plus une idée qu'une tête et des membres sur un tronc ne font un homme. L'idée consiste dans la fusion de toutes les marques en une unité. Et cette fusion d'où peut-elle venir ? Évidemment de la seule forme d'activité mentale à laquelle nous reconnaissons le pouvoir de lier, d'unifier ; c'est-à-dire du raisonnement.

On a sans doute remarqué que, dans cette réduction de toutes les formes d'activité mentale à une seule, M. Wundt ne s'accorde pas avec l'opinion commune, et c'est ce qu'il fait lui-même observer. « Nous avons montré que la série véritable des actes psychiques est tout autre que celle qu'on professe généralement. Nous n'admettons pas d'abord des idées d'où sortent des jugements, puis des raisonnements ; mais la pensée pour nous commence par des raisonnements qui conduisent aux jugements, qui eux-mêmes forment des idées. » L'activité de la pensée consiste donc uniquement dans le raisonnement ; tout le reste n'est qu'un résultat, un produit. Par là aussi est établie l'*unité de composition* de la pensée. Toutes les activités et facultés se réduisent finalement à une forme unique, et cette forme a pour caractère essentiel d'être une *succession*. Tous les phénomènes mentaux se ramènent donc ainsi à une opération *logique* (le raisonnement). Tous les phénomènes physiques se ramenant à un *mouvement*, nous verrons plus loin comment l'auteur, rapprochant la logique du mécanisme, essaye de les identifier.

Th. Ribot.   16

IV

Les sensations sont la matière des représentations. Comparée à la sensation, la représentation est un fait complexe; les sensations sont ses éléments constitutifs, et elle résulte de leur combinaison. La représentation qui se rapporte à un objet réel s'appelle *perception*. Celle qui se rapporte à un objet simplement pensé est une *conception imaginaire*. Les premières seules vont nous occuper.

Il nous serait impossible de suivre M. Wundt dans sa longue étude des perceptions tactiles, auditives et visuelles [1], étude toute pénétrée de la méthode et des résultats de la physiologie. Nous ne nous attacherons à mettre en lumière qu'un seul point, qu'il a traité avec beaucoup d'originalité; c'est la réponse à cette question : Comment nos perceptions tactiles et visuelles sont-elles localisées dans l'espace?

Nous avons vu qu'il y a sur ce point, en Allemagne, deux théories : celle de l'innéité, celle de l'expérience. Wundt n'adopte ni l'une ni l'autre.

Aucune de ces deux opinions, dit-il, n'est suffisante. La théorie de l'innéité a raison de soutenir que les dispositions anatomiques ont une importance capitale, que l'expérience n'influe que dans des limites très-restreintes, que la variabilité elle-même a pour cause l'organisation physique. Mais elle se hâte trop de tirer cette conclusion que, puisque ces conditions sont innées, la perception du lieu

---

1. *Grundzüge der physiologischen Psychologie*, 4e section.

doit être aussi primordiale. — On ne peut refuser à l'empirisme d'accorder une part très-large à l'expérience, mais rien ne prouve que la perception du lieu sorte d'elle seule. — Essaye-t-on, par une sorte d'éclectisme, de réunir les deux théories, on commet au moins une nouvelle erreur, puisque, en soutenant que la perception de l'espace est donnée à l'état fixe, on soutient cependant que l'expérience peut la déterminer. Si l'on se retranche dans l'hypothèse d'une localisation complètement indéterminée, qui ne serait en rapport réel avec l'espace que par l'expérience, on se met en contradiction avec l'idée même de localisation qui implique rapport avec un point déterminé dans l'espace.

La théorie de Wundt, que nous avons précédemment indiquée et que nous allons maintenant exposer en détail, peut tout d'abord se résumer ainsi : Chaque point de la peau (pour le toucher), chaque point de la rétine (pour la vision) possède son signe local, sa manière propre et particulière de sentir les impressions : ce qui produit un commencement de localisation. — De plus, ces diverses impressions sont accompagnées de mouvements et par conséquent d'un certain sentiment d'innervation, variable suivant le membre et le lieu affecté. — Ni les impressions locales toutes seules, ni les mouvements tout seuls ne peuvent nous donner la localisation dans l'espace ; mais ces deux éléments, réunis par une sorte de chimie mentale, par une *synthèse psychologique,* forment une combinaison qui n'est autre chose que cette notion même de l'espace.

Examinons d'abord ce cas pour le toucher :

Les sensations de toucher, de pression et même de température sont rapportées par nous à un point de notre peau. Mais cette localisation est loin de se faire toujours avec le même degré de précision.

Weber est le premier qui ait institué à cet égard des recherches exactes et minutieuses. Elles ont été continuées après lui. En employant les deux méthodes, des plus petites différences perceptibles et des cas vrais ou faux, on a pu déterminer la finesse relative du *sens du lieu* dans les différentes parties du corps.

Il est facile, d'ailleurs, de montrer que nous ne sentons pas de la même manière avec tous les points de notre épiderme. Si, avec le doigt, on touche d'abord les joues, puis le creux de la main, en exerçant chaque fois une pression égale, la sensation n'en paraît pas moins différente dans les deux cas. De même si l'on compare le creux et le dos de la main, la poitrine et le dos, en un mot, deux parties de la peau éloignées l'une de l'autre.

Bien mieux, avec une observation attentive, on voit que deux points assez voisins de l'épiderme diffèrent un peu, cependant, quant à la nature de la sensation produite. Si l'on passe d'un point de l'épiderme à un autre, on trouve qu'il y a un changement successif et continu dans la sensation, quoique la nature de la pression extérieure reste la même. Les sensations produites sur les parties correspondantes des deux moitiés du corps, bien qu'analogues, ne sont pas non plus semblables. Et qu'on ne croie pas que ces différences viennent simplement de ce que nous nous

représentons les sensations comparées comme étant produites dans des endroits différents. Nullement ; en procédant
avec beaucoup d'attention et en ne considérant que la nature
de la sensation, indépendamment de toute considération de
lieu, on trouve la différence tout aussi grande qu'auparavant.
Nous admettrons donc que chaque partie de la peau possède
une caractéristique locale déterminée, qui consiste en une
qualité de la sensation dépendant de l'endroit où l'impression s'est produite. La qualité de la caractéristique locale
varie d'un point de l'épiderme à un autre, d'une manière
continue, de telle façon cependant que nous ne saisissions de
différence que si les distances sont suffisamment grandes. Si
l'impression extérieure est intense (sans toutefois dépasser
certaines limites et devenir douloureuse), la caractéristique
locale est très-nette. Nous admettrons aussi que les parties .
symétriques des deux moitiés du corps ont des caractéristiques locales très-analogues, quoique non identiques. Cette
hypothèse s'appuie sur l'analogie de structure anatomique
et sur divers faits physiologiques.[1].

Ces différences de sensation ne peuvent avoir qu'une cause
locale, qui consiste dans la nature propre de l'organe sensoriel , dans les petites différences qui existent soit dans la
constitution, soit dans la disposition des terminaisons nerveuses. Il en résulte que nous pouvons reconnaître le lieu
où une impression a lieu, pourvu que nous ayons déjà quelque expérience de sa situation.

1. *Grundzüge*, ch. XII, p. 483.

Reste à examiner le deuxième élément de la perception, c'est-à-dire les mouvements concomitants. Leur influence est très-grande pour l'exactitude de la localisation. Plus le mouvement d'une partie du corps est facile dans tous les sens, plus la localisattion est précise. D'après les recherches de Kottenkamp et Ullrich, le sens du lieu va toujours décroissant en finesse du bout des doigts à la main, à l'avant-bras, au bras, à l'épaule. Pour la jambe, on rencontre une décroissance analogue. C'est ce qui a amené Vierordt à formuler le principe suivant, auquel il donne le nom de *loi* : Pour toute région du corps se mouvant en totalité, la finesse du sens du lieu est toujours proportionnelle à la distance entre une région de la peau et l'axe du mouvement [1].

Enfin, l'habitude a encore une influence sur l'exactitude des localisations, comme cela se voit chez les aveugles-nés. La fatigue, les abaissements de température diminuent sa finesse (Goltz). Les maladies du cerveau et de la moelle la modifient ou l'abolissent. Un malade souffrant d'une anesthésie des extrémités inférieures transportait à la partie supérieure de la cuisse des impressions faites à la partie inférieure ou au pied.

La théorie des perceptions tactiles doit expliquer comment, étant donnée une certaine organisation, il se produit, d'après des lois psychologiques, un ordre des sensations tactiles dans

---

1. Pour plus de détails, voy. Vierordt, *die Abhangigkheit der Ausbildung des Raumsinnes der Haut von der Beweglichkeit der Körpertheile*, dans la *Zeitschr. für Biologie*, tome VI, p. 53.

l'espace. Toutes les observations nous montrent que, pour cet ordre de perceptions, le *mouvement* est un facteur de la plus haute importance. Le langage lui-même comprend, par l'expression de « toucher », le mouvement des parties sentantes. Cette influence des mouvements sur les perceptions tactiles n'a lieu que par le moyen des sensations liées à l'innervation motrice.

Le sentiment de l'innervation se combine de toutes les façons possibles avec les sensations tactiles. Au mouvement d'une partie quelconque du corps sont invariablement liées les sensations tactiles venant de la pression des tissus de cette partie, et il y a un rapport constant entre le degré d'intensité des sensations motrices et celui des sensations tactiles. C'est probablement de cette combinaison que sort notre première notion du lieu : elle consiste à saisir la *différence des parties de notre corps par rapport à leur situation dans l'espace.* Mieux ces parties peuvent se mouvoir l'une contre l'autre, plus nettement elles peuvent être distinguées les unes des autres.

Il est clair que quand nous distinguons le mouvement de notre bras de celui de notre tête, c'est grâce à une différence *qualitative* des sensations concomitantes. De plus, l'expérience nous apprend que si la sensibilité de la peau est abolie, la notion de la position de nos membres dans l'espace est singulièrement altérée, faits qui s'expliquent par la liaison intime des sensations tactiles avec le sentiment d'innervation.

D'après une loi psychologique bien connue, des sensations

diverses, liées entre elles habituellement, se fondent en un
tout, si bien qu'une partie du tout, si elle est évoquée, suscite le reste. Cette loi s'applique au cas qui nous occupe.
Ici, en effet, les sensations tactiles et les sentiments d'innervation se fondent en un tout inséparable. On peut même dire
que nous ne connaissons ni les sensations tactiles toutes
seules, ni les sentiments d'innervation tout seuls : *il nous
est impossible de les isoler complètement.*

Ce qui se passe dans ce cas, c'est donc une *synthèse psychique.* « On peut désigner par ce nom la combinaison particulière des sensations périphériques avec les sentiments
d'innervation centrale, d'où résulte un certain ordre des
premières dans l'espace. L'idée ordinaire d'une synthèse, en
effet, implique un produit nouveau qui n'existait pas encore
dans les éléments constitutifs. De même que dans le jugement synthétique un nouveau prédicat est attribué au sujet,
de même que dans la synthèse chimique il se produit une
combinaison qui a des propriétés nouvelles, de même la synthèse psychique nous donne, comme nouveau produit, un
ordre des sensations dans l'espace. » Mais l'analyse psychologique ne peut nous faire connaître que les éléments de
cette combinaison : l'ordre dans l'espace étant une synthèse
ne peut être donné par l'analyse, pas plus que les propriétés
de l'eau ne peuvent être données par l'analyse de l'oxygène
et de l'hydrogène.

« Les caractéristiques locales du tact forment un continu
à deux dimensions d'où peut naître la notion d'un *plan.* Mais
ce continu en lui-même ne contient pas la notion d'espace.

Nous admettons que celle-ci ne se produit que par un rapport rétrospectif au continu simple que forment les sentiments d'innervation. Ceux-ci, grâce à leurs variations purement intensives, constituent une mesure uniforme pour les deux dimensions des caractéristiques locales. La forme du plan dans lequel ces caractéristiques sont rangées est d'abord complètement indéterminée : elle varie avec la forme des superficies touchées. Mais les lois du mouvement des membres sont telles que, dans la plupart des changements de position, l'organe tactile se meut *en ligne droite* vers les objets (ou s'en éloigne). La ligne droite devenant ainsi un élément déterminant de l'espace tactile, celui-ci reçoit la forme d'un espace *plan*, dans lequel les surfaces par nous perçues et qui changent, quant à leur courbure, doivent être rapportées à *trois* dimensions [1]. »

La même question se pose pour la formation de l'espace visuel et est résolue par Wundt de la même manière.

1. M. Wundt exprime la même théorie sous une autre forme dans sa *Physiologie humaine*. La perception de l'espace est le résultat d'une *synthèse psychique* qui a pour éléments l'ordre des sensations périphériques et l'ordre des sensations d'innervation correspondantes. En d'autres termes, supposons qu'une série d'impressions locales $a, b, c,..$, soit parcourue, le passage de a en b, de b en c, etc., répondra à des sensations élémentaires de mouvement $\alpha, \beta, \gamma...$, qui, pendant le parcours de la série d'impressions locales jusqu'au terme x, s'additionneront en une sensation A. Ni la série $a, b, c.....$ toute seule, ni la série $\alpha, \beta, \gamma.....$ toute seule ne peut nous faire percevoir la coordination dans l'espace, nous fournir la notion de lieu. Mais c'est au *rapport réciproque* des deux séries $a, b, c.....$ et $\alpha, \beta, \gamma.....$ que la perception d'espace est due. Pour plus de détails, voyez Wundt, *Beiträge zur Theorie der Sinneswahrnehmung*, 3e partie. *Physiologie de l'homme* (trad. franç., p. 518). *Menschen und Thierseele*, I, p. 233 et suiv. *Grundzüge der physiol. Psychologie*, p. 484, 630, 686.

D'abord peut-on admettre que la sensation lumineuse possède par elle-même la forme de l'espace? Nullement. En effet, quoique les éléments sensitifs de notre rétine constituent une mosaïque, et quoiqu'une partie de cet organe, celle qu'on nomme la *tache aveugle*, soit complètement insensible aux excitations, notre champ visuel nous apparaît comme un tout continu. Or, si la perception de l'espace était immédiate, la partie inexcitable de la rétine devrait être perçue comme une lacune, une brèche, dans le champ visuel. L'expérience, au contraire, nous montre qu'il n'en est rien.

Nous rencontrons encore ici les deux mêmes éléments : 1° les signes locaux; 2° les mouvements avec le sentiment qui les accompagne.

Pour ce qui concerne les signes locaux, « qu'on tienne par exemple, à la main, devant l'œil, un morceau de papier rouge, qu'on le dirige lentement de côté, sans le suivre de l'œil, en sorte que l'image de l'objet rouge, projetée d'abord sur la tache jaune, soit projetée ensuite de plus en plus sur les côtés de la rétine. On remarque que, pendant que ce mouvement vers le côté a lieu, la sensation de rouge subit un changement successif : la couleur devient d'abord plus foncée, puis se rapproche du bleuâtre; finalement, l'objet rouge semble tout à fait noir. On peut produire des changements analogues avec toute autre couleur simple ou composée. Évidemment ce phénomène ne peut s'expliquer que parce que les différentes parties de notre rétine sentent différemment. »

En ce qui concerne les mouvements et leur rôle, M. Wundt le premier a cherché à expliquer la formation du champ optique en se fondant sur les deux éléments dont il a été si souvent question.

Voici les preuves qu'il a données [1] à ce sujet :

1° Les distances verticales nous paraissent plus grandes que les mêmes distances horizontales ; leur rapport est d'environ 4,8 à 4. Ces chiffres correspondent au rapport entre les forces qui meuvent l'œil horizontalement et verticalement ; rapport déterminé par la disposition des muscles.

2° Nous pouvons encore différencier à l'œil les longueurs des deux lignes horizontales, quand elles varient entre elles de 1/50. La différence entre les quantités de mouvement que l'œil doit exécuter en ce cas est aussi 1/50 du mouvement total.

3° La plus petite distance absolue et le plus faible mouvement de l'œil, pour nous appréciables, concordent entièrement ; ils répondent à un angle d'une minute.

4° Dans la paralysie du muscle abducteur de la pupille, comme nous l'avons dit plus haut, les objets semblent situés plus en dehors. Le chemin parcouru paraît alors plus long, parce que la contraction musculaire doit être plus forte pour exécuter le même mouvement. Le malade voit tous les objets plus en dehors qu'ils ne le sont réellement, et, quand il veut les saisir, il ne saisit que l'espace

1. *Physiologie humaine*, p. 517. *Menschen und Thierseele*.

extérieur. Mais il s'accoutume à rectifier ses mouvements, qui lui coûtent seulement un plus grand effort [1].

Pour conclure, nous avons bien réellement, dans la sensation qui accompagne le mouvement, une mesure de l'intensité et de l'étendue de ce mouvement.

Au fond, le processus est ici le même que celui qui produit l'ordre dans l'espace des sensations tactiles. Les signes locaux des sensations rétiniennes forment une combinaison inséparable avec les sentiments d'innervation, dont l'intensité a des degrés variables. Ce qui distingue les perceptions visuelles, c'est que cette combinaison se rapporte à un point unique, le centre de la rétine (la tache jaune). Ce rapport, qui facilite la mesure exacte du champ visuel et rend possible l'union fonctionnelle des deux yeux, pour la vision binoculaire, a sa racine dans les lois du mouvement. En tant que ceux-ci ont pour base un mécanisme central inné, on peut dire que l'individu naît avec une disposition complètement développée à donner immédiatement à ses sensations visuelles un ordre dans l'espace. Quelque petit que soit le temps écoulé entre la première action des impressions rétiniennes et la perception, il faut pourtant admettre un fait *psychologique* déterminé, qui réalise la perception.

Ce fait, comme pour les perceptions tactiles, peut être considéré comme une *synthèse*, puisque le produit qui en résulte présente des propriétés nouvelles, autres que celles

1. Pour plus de détails, voir ci-dessus, chap. V, p. 148.

des matériaux sensibles qui l'ont formé. Cette synthèse consiste à mesurer les variations quantitatives des sensations
périphériques par les variations d'intensité des sentiments
d'innervation. Chaque œil pouvant être mû dans deux directions principales (en haut et en bas, en dehors et en dedans)
entre lesquelles se trouvent toutes les directions possibles,
chaque position correspond à une combinaison déterminée
des éléments sensitifs. Quand l'œil se meut, l'image de
chaque point perçu se meut aussi sur la rétine; les caractéristiques locales se modifient dans un sens déterminé, et
ainsi se forme la notion d'un continu à *deux* dimensions.
« Mais ces dimensions ne sont pas homogènes, puisqu'à
chaque changement de direction les caractéristiques locales changent d'une manière particulière. Les sentiments d'innervation qui forment un continu à *une* dimension servent à mesurer, dans toutes les directions possibles,
le continu à deux dimensions hétérogènes et à le ramener à un continu homogène à deux dimensions, c'est-à-
dire à une *surface*. Ainsi se forme le champ visuel monoculaire. »

Dans le cas de la vision binoculaire, la combinaison des
caractéristiques locales avec les sentiments d'innervation est
variable. Soit une caractéristique *a* de l'œil droit qui se
combine avec une caractéristique *a'* de l'œil gauche, toutes
deux répondant à un point situé à 10° à gauche du point
visuel. A cette combinaison *aa'* répondra un sentiment
d'innervation de 10°. Maintenant, si *a* se combine avec une
autre caractéristique *α'* qui n'est située qu'à 5° à gauche, la

combinaison αα' répondra à un autre sentiment d'innervation composé de convergence et conversion à gauche. Il se
passe ici une synthèse plus compliquée, et le fait de la perception peut se décomposer en deux actes : le premier par
lequel, grâce aux caractéristiques locales et aux sentiments
d'innervation du premier œil, la position d'un point donné a
est fixée par rapport au point visuel ; le second par lequel,
grâce à l'addition du second œil, la position du point visuel
et du point a est fixée par rapport au sujet voyant. Si nous
considérons le champ visuel monoculaire comme un plan,
par suite de l'addition du second œil, certaines parties du
champ visuel peuvent sortir du plan. Ce plan se change en
une surface d'une autre forme, variant suivant les conditions
spéciales de la vision. — Pour éclaircir par une comparaison,
supposons (c'est le cas de la vision monoculaire) un point
fixe et une ligne droite qui en part et qu'on peut faire mouvoir dans toutes les directions ; à l'aide de ces deux éléments,
on ne peut construire qu'une simple surface, par exemple
un plan, si la droite est infinie. Supposons maintenant (c'est
le cas de la vision binoculaire) deux points fixes et deux
droites à direction constamment variable dont les points
d'intersection peuvent déterminer une surface ; à l'aide de
ces quatre éléments, on peut obtenir une surface d'une forme
quelconque.

Si nous nous rappelons que M. Wundt appelle chaque
sensation une conclusion, nous dirons avec lui : La synthèse
des deux séries de conclusions (les impressions sensorielles
et les sensations de mouvement) en une conclusion unique

donne l'espace. Cette synthèse est assimilée par lui à une *combinaison chimique.* « De même que, dans la synthèse chimique, de la combinaison de certains éléments naissent des propriétés nouvelles, de même la synthèse psychique nous donne un nouveau produit qui est l'ordre dans l'espace des sensations élémentaires. Aussi, tandis que les sensations élémentaires nous sont données par l'analyse psychologique, la notion de l'espace ne peut l'être, parce qu'elle résulte de leur synthèse. »

V

Des perceptions simples naissent les formes psychiques composées. Elles se ramènent à trois classes : les notions complexes; les notions générales; les formes de l'intuition, c'est-à-dire le temps et l'espace.

Les notions ou perceptions complexes sont formées par la réunion des perceptions simples, appartenant à des espèces diverses. En réalité, la plus grande partie de nos représentations et de nos états de conscience appartiennent à cette classe, puisqu'elles répondent à des objets réels, concrets, complexes.

Les notions générales sont formées d'un certain nombre de perceptions simples, mais qui ont entre elles une grande analogie et qui concordent quant à la plus grande partie de leurs éléments (exemple : homme, arbre). Tout état psychique étant d'autant plus facile à reproduire qu'il a été déjà plus souvent dans la conscience, il en résulte que ces éléments analogues doivent posséder une plus grande force de reproduction. Une impression sensorielle suscitera ces éléments déjà souvent reproduits. « Les lois de la reproduction suffisent ainsi à expliquer la genèse des notions générales, et il n'y a aucune raison de l'attribuer, avec l'ancienne psychologie, à une faculté particulière d'abstraction. »

L'auteur distingue la notion générale, du *concept (Begriff)* [1]. Le concept n'existe pas, comme la sensation ou la perception, à titre de forme psychologique déterminée. Il n'a dans notre conscience qu'un seul substitut : le mot, parlé ou écrit. C'est ce qui explique pourquoi le concept abstrait ne peut exister chez l'animal ni chez l'homme pendant la première enfance, tandis que l'existence des notions générales est possible. La notion générale n'est, à proprement parler, qu'un schéma des notions particulières qu'elle résume. Le concept est quelque chose de plus : il constitue une connaissance scientifique; il nous donne la loi des phénomènes. Il est, dit M. Wundt, un *postulat*. « Lorsqu'on résout complètement une notion générale en ses éléments particuliers, on voit que plus cette notion est étendue, plus sa compréhension de tous les objets rentrant dans le schéma est insuffisante. On remarque en même temps que, si indéterminée que soit, dans ses contours, la notion générale avant qu'on la résolve en faits particuliers, cependant chacun des éléments qu'elle contient peut changer, sans que la notion générale cesse d'exister. Ainsi se produit le

---

1. *Grundzüge*, chap. XVI, et *Menschen und Thierseele*, 25-26e leçons.

postulat d'une notion générale qui : 1° ne contienne schématiquement que les éléments communs à toutes les perceptions particulières subordonnées; 2° qui puisse, si on la résout complètement par l'analyse, s'étendre à toutes ces perceptions particulières. Un postulat de cette sorte est ce que nous nommons un concept. »

M. Wundt distingue les concepts en empiriques et abstraits. Les premiers résument une somme de notions générales, tout comme chaque notion générale résume une somme de notions particulières. L'expérience vulgaire toute seule suffit à les former (par exemple l'idée d'homme); mais ils sont obscurs, sans précision, sans rigueur scientifique. Un travail ultérieur de l'esprit forme les concepts abstraits (cause et effet, moyen et fin, quantité, nombre, nécessité, etc.), ainsi nommés parce qu'ils dépassent l'expérience et parce qu'ils ne sont applicables immédiatement à aucun objet d'observation, interne ou externe. La différence entre ces deux ordres de concepts n'est d'ailleurs qu'une question de degré. « On nomme empirique un concept qui s'étend à un groupe limité de phénomènes; abstrait, un concept qui s'étend à plusieurs groupes. »

Les formes de l'intuition (temps et espace) ont des rapports avec les notions générales aussi bien qu'avec les concepts. D'une part, elles sortent des perceptions particulières, puisqu'elles correspondent à l'impression totale de l'ordre interne (temps) ou de l'ordre externe (espace) des représentations. D'autre part, cet ordre en lui-même échappe à la représentation : le temps et l'espace sont donc des postulats comme les concepts. Ils en diffèrent cependant en ceci, qu'un simple signe ne suffit pas à les représenter, mais que dans notre conscience, ils se transforment toujours en un laps de temps particulier, en un espace particulier, qui deviennent pour nous les substituts sensibles du temps en général et de l'espace en général; et c'est parce qu'ils sont toujours liés à des représentations particulières que le sens commun et l'ancienne philosophie, d'accord avec lui, les considéraient comme des existences indépendantes, embrassant toute chose.

Temps. — L'intuition du temps naît d'une succession de diverses représentations, dont chacune reste disponible pour la conscience, quand une nouvelle y fait son entrée. Elle consiste moins dans la reproduction réelle des représentations que dans la représentation de leur reproduction possible. Psychologiquement, ceci ne peut avoir lieu que si chaque représentation, en disparaissant de la conscience, laisse une trace, un certain effet qui dure, à côté des représentations nouvelles qui s'y produisent.

Prenons le cas le plus simple. A l'origine, l'idée de temps trouve une condition extérieure indispensable de sa genèse dans la succession des impressions sensorielles. Supposons donc une conscience libre de toute autre représentation : elle ne reçoit que des impressions acoustiques régulières, par exemple les battements d'un pendule qui se succèdent après des pauses uniformes. Le premier battement a eu lieu; il en reste une image qui persiste jusqu'à ce que le second suive. Celui-ci reproduit immédiatement le premier. En vertu

d'une loi générale d'association, les états de conscience identiques ou analogues se suscitent. Mais, en même temps, le
second battement rencontre l'image qui a persisté pendant la
pause, pendant l'intervalle entre les deux. Le nouveau battement et l'image sont rapportés à la perception passée. L'impression répétée rend à celle-ci son intensité primitive, tandis
que l'image reste à l'état de réminiscence. Par suite, la perception actuelle doit se distinguer immédiatement de son
image. Nous avons dans ce fait si simple tous les éléments
de l'idée du temps : le premier son est le commencement du
temps, le second son la fin du temps, l'image est l'intervalle
de temps. Au moment de la troisième impression, la notion
de temps existe tout entière d'un seul coup, puisqu'en ce
moment les trois éléments sont donnés simultanément : la
seconde impression et l'image immédiatement, la première
impression par reproduction. Mais nous avons en même
temps conscience d'un état dans lequel la première impression seule existait et d'un autre dans lequel l'image seule
existait. Cet état de conscience constitue la notion du temps.

La question a été prise sous sa plus grande simplicité.
Mais les cas plus compliqués supposent, quant au fond, le
même processus psychologique. Ainsi le point final peut
être différent du point initial; il se peut qu'entre les deux
points il y ait, non une pause, mais une série d'autres impressions, etc. Dans ces cas, au moment où l'impression
finale a lieu, de deux choses l'une : ou bien elle est analogue
à l'impression initiale, tout se passe comme ci-dessus, et
nous avons l'idée d'un laps de temps déterminé; ou bien

rien ne donne lieu à une reproduction, et alors se produit l'idée d'un laps de temps *indéterminé*.

Espace. — Nous avons déjà parlé de la genèse du concept d'espace. Nous avons vu qu'il est caractérisé par la *pluralité*, la *continuité* ou l'*homogénéité* de ses dimensions; que l'idée d'espace naît d'une synthèse par laquelle le continu, à deux dimensions, hétérogène, que forment les caractéristiques locales, est ramené à un continu homogène par le moyen des sensations d'innervation qui sont continues, mais qui ne possèdent qu'*une* dimension intensive. Nous avons vu aussi comment, en vertu des lois du mouvement la ligne droite est l'élément qui nous sert à mesurer l'espace, et comment de ces diverses conditions naît le concept d'un espace plan, à trois dimensions.

L'intuition pure de l'espace est un concept qui est toujours traduit par nous en une représentation *particulière*, c'est-à-dire en un objet dans l'espace; et, comme le fait d'être dans l'espace suppose pour un objet d'autres objets étendus hors de lui, il en résulte que l'espace, comme le temps, à titre de concept, est illimité.

Les considérations de M. Wundt sur le concept d'espace, d'après les hypothèses de la géométrie imaginaire, l'amènent à voir dans notre géométrie un cas particulier d'une géométrie beaucoup plus générale. « Les recherches de la géométrie imaginaire nous conduisent du côté mathématique à des résultats analogues à ceux que l'analyse physiologique nous a fournis. Ces recherches montrent que l'espace, considéré comme une diversité continue de dimensions homo-

gènes, est un concept général qui contient notre intuition
de l'espace à titre de forme particulière. D'un autre côté,
l'analyse physiologique nous a montré que la forme particulière d'espace plan, à trois dimensions, a son fondement
dans les conditions déterminées de notre organisation. Mais
les considérations mathématiques ne peuvent pas nous
mener plus loin. Il n'est pas admissible de conjecturer,
comme l'a fait Zœllner dans son livre *Sur la nature des
comètes,* que le monde réel appartient peut-être à un espace
de courbure non constante. Car, quelque opinion que l'on
professe sur le rapport de nos représentations au monde
réel, on ne pourra jamais justifier cette assertion que les
choses réelles devraient être représentées sous une forme
autre, que nous ne *pouvons* nous les représenter d'une
manière générale. Les théories sur la nature de la matière
auxquelles la science est conduite peuvent être très-éloignées
des apparences que nous donnent nos perceptions immédiates; mais elles ne peuvent jamais conduire à des hypothèses non conformes à notre intuition générale du temps
et de l'espace. Le représentable ne pourra jamais sortir de
l'irreprésentable. Les formes imaginaires de l'espace ont une
valeur réelle en un certain sens : en tant que l'espace est la
forme dans laquelle nous nous représentons des diversités
continues; mais il y a des continus, nous l'avons vu (par
exemple les couleurs), qui ne peuvent être construits dans
notre espace ordinaire. »

Quant à la question de savoir si l'espace n'est qu'une forme
subjective de notre pensée ou s'il a en même temps un fon-

dement objectif, cette question n'appartient pas à la psychologie. A titre de science empirique, elle doit rechercher
comment nous pouvons percevoir les choses sous cette
forme; mais rien de plus.

VI

En abordant les sentiments, il nous faut revenir pour un
moment aux sensations et examiner ce troisième caractère
dont nous avons parlé plus haut et que nous avons négligé
jusqu'ici. Comme nous l'avons vu, ce n'est que par abstraction qu'on peut imaginer une sensation ayant pour seuls caractères l'intensité et la qualité; en fait, toute sensation se
produit dans la conscience de l'animal, et par suite elle y a
son retentissement.

Ce sentiment ou ton de la sensation est agréable ou désagréable, est un plaisir ou une douleur. Le plaisir et la douleur sont des états contraires dont l'un peut se transformer
dans l'autre, en traversant un point d'indifférence : ce qui
équivaut à dire qu'il y a des sensations qui n'ont pas de *ton*,
qui ne sont accompagnées d'aucun sentiment. Le rapport
des sensations à la conscience étant soumis à des oscilla-
tions continuelles, ce point d'indifférence doit répondre en
général à un état passager qui se transforme facilement en
plaisir ou en douleur. Il y a cependant beaucoup de sensations dont le sentiment concomitant est si faible, qu'elles se
meuvent toujours autour de leur point d'indifférence. Chez

d'autres, le sentiment est si fort qu'il recouvre la sensation. Les premières sont les sensations proprement dites.

Le sentiment consistant en un rapport à la conscience, c'est-à-dire en un changement d'état continuel, permet, beaucoup moins que les deux autres éléments de la sensation, une analyse exacte. Dans un bon exposé historique des hypothèses faites sur la nature du sentiment, M. Wundt les réduit à trois :

La première, qui d'Aristote à Kant compte les observateurs les plus remarquables, considère le sentiment comme une affection immédiate de « l'âme » causée par la sensation. Toutes les opinions de ce groupe voient plus ou moins dans le sentiment un fait de connaissance. — Mais notre expérience ne nous dit rien du plaisir et de la douleur de « l'âme » ; elle ne nous fait connaître que des états de notre conscience ; c'est comme une affection immédiate de notre conscience que nous percevons nos sentiments, et il n'y a aucune raison de substituer le concept métaphysique d'âme au concept empirique de conscience.

La seconde, qui est représentée par Herbart et son école, considère les sentiments comme résultant d'un *rapport réciproque* entre les sensations ou les idées : ce ne sont donc pas des états élémentaires. L'antagonisme réciproque des idées est la base du sentiment de douleur ; leur union réciproque, la base du sentiment de plaisir. — Cette théorie rencontre une grosse difficulté : c'est qu'elle n'explique pas la forme la plus simple du sentiment, celle qui accompagne la sensation ; car, dans ce cas, il ne peut être question de rapport réciproque d'idées. Elle n'est applicable qu'aux formes les plus complexes du sentiment, en particulier dans l'ordre esthétique.

La troisième, qui est soutenue par l'auteur, considère le sentiment comme le complément subjectif des sensations et idées qui sont objectives. C'est un changement d'état causé dans le sujet sentant par les sensations et les idées. Cette hypothèse se rapproche de là première, puisqu'elle suppose un acte de connaissance obscure par lequel le sujet n'éprouve pas seulement ce changement d'état, mais le sent. On pourrait donc définir le sentiment : « cet aspect de la pensée (*Vorstellung*) que la conscience rapporte à l'état propre du sujet pensant. »

« Pour bien comprendre la nature du sentiment, il est important de remarquer qu'il se meut entre deux *contraires*. Pour la plupart des sentiments, ceux que nous appelons principalement subjectifs, ces contraires sont le plaisir et la douleur. Pour ces sentiments plus objectifs, qui sont les éléments simples de l'effet esthétique, les contraires sont d'une nature plus complexe, qu'on ne peut rapporter que par une analogie éloignée au plaisir et à la douleur. Le plaisir n'existe lui-même que par opposition à la douleur, la douleur que par opposition au plaisir. Aussi, c'est de la durée des sensations que dépendent les sentiments concomitants. Plus les sentiments changent vite, plus leur contraste s'accuse ; un sentiment invariable cesserait d'être un sentiment. Il en résulte que c'est une propriété primitive de la conscience d'éprouver, à la suite de ses sensations et de ses états internes en général, un mode de détermination qui se meut entre des contraires... Notre conscience est un changement continuel. Les idées qui la constituent vont et viennent. Ce mouvement repose sur des causes, telles que les sensations et les idées, qui, à chaque instant, sont amenées par les excitations extérieures ou par la reproduction (mémoire). Par elles, les sensations et les idées présentes dans la conscience sont ou bien *chassées* ou bien *renforcées*. Le rapport d'une sensation à la conscience ne peut consister que dans l'action exercée par cette sensation sur le fait fondamental de l'exclusion ou du renforcement des sensations et des idées. Mais l'exclusion et l'augmentation sont des états antagonistes. Le sentiment concomitant d'une sensation doit donc aussi nécessairement se mouvoir entre des contraires. L'exclusion est la base de la douleur et des sentiments objectifs analogues (humeur grave, etc.); l'augmentation ou renforcement est la base du plaisir et des sentiments objectifs analogues (gaieté, raillerie). A l'équilibre entre les deux contraires correspond le point d'indifférence (indolence, apathie). »

Une tendance marquée de M. Wundt dans ses études sur la sensibilité, c'est de la ramener en une large mesure à l'intelligence.

« Dans tout sentiment, dans toute affection, dans toute inclination, il y a, dit-il, une connaissance instinctive. Le sentiment est même identique à la connaissance instinctive, et il disparaît dès que la connaissance devient consciente. En appelant le sentiment une connaissance instinctive, nous

voulons dire qu'il repose inconsciemment sur les processus
qui, dans la conscience, constituent la connaissance. Il n'est
donc dans la conscience qu'à l'état de résultat. Nous ne pouvons jamais le résoudre en ses éléments comme une vérité
connue. Aussi la connaissance ne peut être erronée que tant
qu'on n'a pas une conscience claire des opérations logiques
dont elle découle ; tandis que le sentiment reste toujours
douteux, puisqu'on ne peut jamais savoir clairement comment il se produit. Le sentiment ne peut jamais reconnaitre
la vérité : il ne fait que la pressentir ; il montre la route, il
est le pionnier de la connaissance [1]. »

Puisque les phénomènes sensibles ne sont que de l'intelligence confuse, il s'ensuit qu'ils doivent être, dans leur fond,
des *raisonnements*. En effet, la sympathie et l'antipathie, le
désaccord et l'harmonie, le rhythme et l'arhythmie sont des
espèces spéciales de raisonnements comparatifs. L'espoir et
les sentiments de cette nature sont des raisonnements par
analogie. Le doute naît de la lutte entre plusieurs raisonnements analogiques, etc., etc.

VII

Après avoir parlé des sentiments dont la base est purement physique, — ceux qui dépendent de l'état des organes

1. *Menschen und Thierseele*. Tome II, p. 41-44 ; voyez aussi p. 31.
Toute connaissance est instinctive à l'origine. M. Wundt donne comme
exemples : le coup d'œil pénétrant chez le naturaliste, le médecin ; la
méthode expérimentale sentie d'instinct avant Galilée par les alchimistes, etc. (43e leçon.)

et des tissus, — l'auteur étudie trois groupes importants, les sentiments esthétiques, moraux, religieux.

Nous avons vu que, dans l'ordre intellectuel, tout le travail de l'esprit consiste à passer des perceptions aux *idées* ou notions abstraites, qui sont le terme de la connaissance. Dans l'ordre des sentiments, il y a un travail analogue qui consiste à passer des affections purement matérielles à un *idéal,* qui est le terme des trois groupes de sentiments que nous venons de citer. Le rapport de la perception à l'idée est analogue au rapport du sentiment à l'idéal. Seulement le premier est conscient, le second inconscient. « Idéal est donc un mot qui exprime le terme du processus inconscient de la connaissance, tout comme idée exprime le terme du processus conscient. » Comme l'idée résulte d'une somme de marques et d'opérations logiques parfaitement conscientes, on peut toujours par l'analyse la ramener aux éléments concrets qui l'ont produite. L'idéal, au contraire, ne résultant pas d'opérations claires, ne peut pas se résoudre en une somme déterminée de prédicats : de là vient qu'il a ce caractère indéterminé qu'on appelle « l'infini ». Le devoir des sciences, ajoute M. Wundt, c'est autant que possible de changer tout idéal en une idée.

Sa théorie de l'idéal, comme on le voit, n'a rien de mystique, et il en est de même de son esthétique tout entière. Elle repose sur la géométrie et la physique. Évidemment une esthétique scientifique ne peut être, pour le moment, qu'une bien grossière ébauche. Cependant, quand on lit *l'Optique* et *l'Acoustique* de Helmholtz, les *Mémoires* de Fechner *sur l'esthétique expérimentale*, les travaux de Zeising et de Brücke, on entrevoit la possibilité de substituer à des dissertations vagues et à des généralisations contestables une théorie fondée sur les sciences positives ; la possibilité d'une esthétique qui ne ressemblera que bien peu à celle que nous connaissons. Essayons d'en donner quelque idée, d'après M. Wundt [1].

On a suivi généralement en esthétique deux méthodes : l'une, spéculative, qui, partant de l'idée du beau, en déduit des lois ; l'autre, empirique, qui, partant de l'analyse des objets beaux et des œuvres d'art, en induit les lois esthétiques. Hegel représente la première, Lessing la seconde. Les avantages de l'une et de l'autre se trouvent réunis dans la *méthode expérimentale*, qui cherche, dit M. Wundt, à déterminer les facteurs qui produisent l'effet esthétique et à descendre ainsi jusqu'aux éléments simples.

Prenons les impressions de la vue. Ici, les deux facteurs sont les formes et les couleurs des objets. Les analyses des physiciens, celles de Helmholtz en particulier, ont suffisamment montré que l'optique fournit des bases solides à l'esthétique des couleurs. Arrêtons-nous donc plutôt aux formes. Voici deux figures très-simples, un carré et un trapèze ; l'une est régulière, l'autre irrégulière ; la première nous plaît mieux que la seconde. Pourquoi ? Parce que la première offre plus de *symétrie*. Si l'on compare un grand nombre de formes, dans les œuvres d'architecture, dans la sculpture, la

---

1. *Menschen und Thierseele*, t. II, leçons 33-36, et *Grundzüge der physiologischen Psychologie*, 3e partie, ch. VII.

peinture et même dans les organismes vivants, on verra que
la *loi de symétrie* est le fait esthétique par excellence. Non
que la symétrie nous plaise, toute nue et sans rien qui lui
donne un corps ; mais elle nous agrée parce qu'elle est la
façon la plus simple de mettre de l'ordre dans une pluralité
d'éléments.

Les géomètres ont découvert depuis longtemps une certaine manière de diviser les lignes qui importe beaucoup en
esthétique. Pour prendre la question sous la forme la plus
simple, supposons deux lignes droites qui se coupent à
angle droit. Il y aura un rapport entre la section verticale
et la section horizontale. Si ce rapport est 1 : 1, c'est la
symétrie parfaite. Mais il y a d'autres proportions qui nous
sont agréables : ainsi le rapport 1 : 1,6. Pourquoi cette proportion nous plaît-elle? Quelle est la loi mystérieuse qu'expriment ces nombres? L'examen de la figure nous la laisse
découvrir immédiatement. En effet, nos deux lignes forment
une croix dont la section verticale = 1, la section horizontale = 1,6. Ajoutons ces deux nombres de $1 + 1,6 = 2,6$.
Nous trouvons alors la proportion suivante 1 : 1,6 :: 1,6 :
2,6 (ou pour être absolument exact 2,56). En d'autres termes, nous avons cette loi : *Que la proportion verticale des
formes produit l'effet esthétique le plus complet, quand la
partie la plus petite est à la plus grande comme la plus
grande est au tout* [1]. C'est A. Zeising qui, dans sa *Théorie*

1. Toutes les proportions des formes se meuvent entre la symétrie
complète 1 : 1 et le rapport 1 : $\frac{1}{x}$, où x exprime une quantité si grande
que $\frac{1}{x}$ devient très-petit par rapport à 1. Une proportion qui ne dé-

nouvelle des proportions du corps humain, a le premier
vérifié l'application de cette loi dans les chefs-d'œuvre de
l'architecture antique, le Parthénon, l'Erecthéum, les Pro-
pylées, le temple de Thésée et même, en une certaine mesure, dans l'art gothique; dans les plus beaux modèles de
la plastique grecque; enfin dans le corps humain tel qu'il
existe; bien plus, dans tout le règne animal et végétal.

Ce qui précède nous laisse entrevoir comment M. Wundt
conçoit l'esthétique. Dans l'ordre des sensations auditives, il
étudie de même les trois facteurs, le rhythme, la mélodie et
l'harmonie; et il les ramène à leurs conditions mathématiques. Ainsi deux sons seront harmoniques, si le nombre de
leurs vibrations forme un rapport simple, comme l'octave
1 : 2, la quinte 2 : 3, la quarte 3 : 4, etc.

Il nous est impossible de le suivre dans les détails. L'important était de faire comprendre sa méthode, qui se réduit
essentiellement à ceci : prendre les sensations qui nous cau-
sent un plaisir ou une peine esthétique, en faire l'analyse
à l'aide de la physiologie et de la physique, fixer cette analyse par des nombres et chercher s'il s'en dégage quelque

---

passe que d'une manière à peine sensible la symétrie plaît moins
que celle qui s'éloigne davantage du rapport 1 : 1, parce qu'elle paraît être une symétrie incomplète qui, comme telle, demande à être
complétée. D'un autre côté, la proportion $1 : \frac{1}{x}$, où la petite dimension ne peut plus être mesurée par nos perceptions relativement à la
grande, est décidément désagréable; c'est entre ces deux limites que
se trouvent les rapports esthétiques. Nous en avons donné ci-dessus
la loi $(x + 1 : x = x : 1)$. *Grundzüge der phys. Psychologie*, p. 696. —
Nous avons parlé surtout des travaux de Zeising, parce qu'ils sont
beaucoup moins connus en France que ceux de Fechner et de Helmholtz; mais l'auteur a montré longuement l'importance des travaux de
ce dernier pour l'esthétique musicale.

loi. Aussi fait-il remarquer « que l'analyse du sentiment esthétique nous conduit partout et toujours au même processus : processus qui commence par une *comparaison* et une *mesure* des impressions. Le sentiment esthétique est satisfait, quand cette comparaison nous montre une harmonie entre les impressions ; il l'est au plus haut degré, quand cette harmonie coexiste avec une diversité d'éléments. »

Puisque la science doit s'efforcer de traduire tout *idéal* en une *idée* abstraite, à quoi répond le beau ? A l'idée d'*ordre*. Tout phénomène esthétique exprime cette idée que le monde n'est pas une masse confuse d'unités sans lien, mais qu'il est un *cosmos*. Et par là le beau se rapproche de l'idéal religieux et de l'idéal moral. L'ordre éternel de la nature nous apparaît comme une chose incompréhensible et infinie, et c'est là l'idée dans laquelle les religions prennent racine. L'ordre *extérieur* nous indique un ordre intérieur qui est lié à l'ordre et au développement de l'univers tout entier, et c'est ce qui produit le sentiment moral.

Existant à la fois dans la nature et dans l'esprit, dans les formes extérieures et dans la pensée, « le beau nous montre l'accord profond des lois du phénomène interne et du phénomène externe : tous deux sont de même nature et ne sont incompatibles que pour notre intuition. »

VIII

Tous nos sentiments, quelle qu'en soit la nature, peuvent nous déterminer à agir, et ceux que nous appelons *moraux*

n'ont pas seul ce privilége ; seulement leur importance pratique est très-grande. La morale n'est cependant pas moins
obscure que l'esthétique. Le bien et le mal qui lui servent de
base ne sont en nous qu'à l'état d'*idéal*, de résultat d'une
connaissance instinctive. L'idéal moral, comme l'idéal esthétique, est une notion vague et imparfaite qu'il faudrait que
l'analyse scientifique pût traduire en *idées* claires. La morale
(comme science) n'a donc pas une moins lourde tâche que
l'esthétique. Malheureusement, on n'a pas réussi jusqu'ici à
résoudre le bien comme idée, dans toutes ses marques ; et,
comme idéal, son origine reste ensevelie dans les ténèbres
de l'inconscient. Kant, on le sait, avait placé l'origine du
sentiment moral hors de la portée des recherches psychologiques : la loi morale était pour lui un élément d'une nature
toute spéciale, n'ayant rien de commun avec les lois générales de la connaissance, étant même en opposition avec
elles. Mais, pour voir combien cette thèse est insoutenable,
il suffit de remarquer que l'état moral de l'homme est dans
le rapport le plus intime avec le développement de ses connaissances. Quoique ce rapport ne soit pas douteux, nous ne
connaissons l'idée morale que sous la forme vague du sentiment. Pour l'éclaircir, comment s'y prendre ?

Si l'individu se borne à interroger sa conscience, ce travail ne l'avancera guère, car il y a ici une question d'origine. Il s'agit justement de savoir par quelles inductions
inconscientes s'est formée chez lui cette conscience adulte,
dont maintenant il déduit, dans chaque cas, les motifs de
ses actes.

Si nous étudions l'histoire des théories morales depuis
l'origine de la philosophie jusqu'à nos jours, cela ne nous
servira pas davantage, car nous ne trouverons dans toutes
ces théories qu'une autre forme de la réflexion individuelle :
seulement ici les résultats seront plus clairs, parce qu'ils
sont exprimés par des esprits supérieurs. Mais la question
d'origine des sentiments moraux nous échappe toujours.
Que faire donc ?

Pour bien étudier le sentiment de l'harmonie, il faut savoir
objectivement ce qu'est l'harmonie. De même, pour bien
comprendre le sentiment moral, il faut savoir ce qu'est objectivement le *moral*. Nous l'apprendrons par l'histoire, surtout par l'histoire naturelle, qui nous permet de remonter
jusqu'à ces époques où l'homme n'a pas encore d'annales,
mais où l'étude de ses mœurs et de sa grossière organisation
nous conduit aux origines de ces sentiments moraux, que
nous trouvons maintenant tout formés dans notre conscience.
C'est donc l'anthropologie, l'ethnologie, l'histoire avant l'histoire, qui doivent nous servir de guides.

M. Wundt consacre plusieurs chapitres d'un grand intérêt
à noter et à interpréter des faits ethnologiques de toute espèce [1]. Nous ne pouvons indiquer que les points principaux.

La vie morale des peuples s'exprime dans les *mœurs ;* de
l'état des mœurs nous inférons l'état moral. Or, comme la
société la plus infime a sa manière de vivre, c'est-à-dire ses
mœurs ; les étudier, c'est étudier indirectement les senti-

---

1. *Menschen und Thierseele*. Tome II. 37ᵉ et 41ᵉ leçons.

ments qui les produisent. Remarquons encore qu'à l'époque
la plus primitive un peuple n'a que des mœurs. C'est seulement quand sa vie historique commence, qu'il a des lois,
lois qui d'ordinaire embrassent tout, règlent tout, prévoient
tout. Puis, le cercle de la loi se rétrécit, la législation tend
vers un état où la morale imposée par écrit devient un *minimum* et où une grande partie des actes est abandonnée à
l'influence des mœurs. L'Angleterre nous offre de ce cas un
exemple frappant.

Les mœurs nous donnent donc bien toute la moralité primitive. D'ailleurs, elles ne résultent pas d'un contrat explicite
ou implicite : elles consistent en une sorte de tact instinctif
auquel l'individu obéit aveuglémemt. Chez les peuples à l'état
de nature, elles sont déterminées en grande partie par le
climat et le milieu. En général, on peut dire que les températures extrêmes ne sont pas favorables à la culture morale. Il
y a cependant des exceptions. Ainsi, dans la zone arctique,
tandis que les Kamtschadales et les habitants des Aléou-
tiennes sont déréglés, le Groënlandais a une certaine finesse
morale. Et, sous les tropiques, nous trouvons presque à la
même latitude les Boschimans, les Hottentots, les Austra-
liens et les anciens habitants, si bien doués, du Mexique et
du Pérou.

Chez les peuples primitifs, une des coutumes les plus em-
barrassantes pour le moraliste est le cannibalisme, coutume qui n'a peut-être manqué à aucune race humaine,
dans l'état de nature; car les récits de Marco Polo donnent à
penser qu'elle existait encore, au XIIIᵉ siècle, en Chine et

au Japon. M. Wundt en recherche les causes probables, —
destruction totale de l'ennemi, idées superstitieuses, rareté
de la nourriture, délicatesse de la chair humaine qui en faisait le privilége des grands, dans les îles de la mer du Sud;
— il nous montre que, même chez les peuples primitifs, le
cannibalisme a soulevé des protestations. Aux îles Fidji,
avant l'arrivée des Européens, des factions combattaient,
comme « immorale », la « bonne vieille coutume » qu'avait
la noblesse de manger le peuple.

L'auteur étudie ensuite, avec les mœurs qui les caractéri-
sent, les trois formes d'organisation sociale qui ont précédé
la civilisation proprement dite : 1º la vie de *chasse*, avec son
mélange de cruautés et de vertus : l'héroïsme du prisonnier de
guerre chez les Indiens d'Amérique, le respect de la parole
donnée et de l'hospitalité, etc. ; 2º la vie *nomade*, dont les
Mongols nous offrent le type : réunis un instant par le génie
de Tchengis-Khan, ils errent sur les plateaux de la haute
Asie, sans se souvenir même de leur ancienne splendeur ;
3º la vie *agricole* qui, par son caractère sédentaire, pose
les premières assises de la civilisation. Quelques peuplades
nègres de l'intérieur de l'Afrique, les Foullahs, les Mandin-
gues, nous offrent l'exemple de ce passage des formes primitives à la vie civilisée.

La famille existe-t-elle à l'état de nature? On ne peut répondre catégoriquement à cette question. Comme on admet
généralement que le lien social devient plus ferme et plus
intime à mesure que la culture progresse, on est porté à admettre un état primitif où l'individu vivait absolument isolé.

Mais c'est une conclusion *a priori*. Le véritable état de nature n'existant plus nulle part, on en est réduit, quand on veut raisonner sur des faits, à recourir à l'étude des animaux. Or nous voyons que plusieurs espèces supérieures ont une sorte de mariage et vivent dans l'état de polygamie ou même de monogamie. L'analogie nous porte donc à admettre que, pour l'homme primitif, il a dû en être ainsi. Les races océaniennes, les nègres, les peuplades des zones glacées, les tribus primitives de l'Amérique nous offrent différents types de la vie domestique, curieux à étudier.

L'auteur nous montre ensuite comment de la famille sort l'État ; soit sous la forme patriarcale, dont la Chine nous présente encore un curieux modèle ; soit sous la forme despotique, comme chez les nègres, par la nécessité d'être fort contre l'ennemi. Puis à ces formes primitives succède un régime de castes (l'Inde, l'Égypte, la Perse), dont on trouve des vestiges même en Grèce et à Rome. Enfin apparaît la vie historique avec la démocratie, la centralisation, etc., etc.

« Les changements si divers que les notions morales ont éprouvés dans le cours de l'histoire, quelque incompatibles qu'ils paraissent entre eux à celui qui les observe objectivement, ont cependant un lien subjectif qui les réunit tous. Le but moral que les peuples s'efforcent d'atteindre reste toujours le même au fond ; il n'y a que les moyens qui varient. Il y a un caractère identique qui se retrouve à travers toutes les variations morales. *La conscience des peuples, comme celle de l'individu, à toutes les périodes de son développement, nomme moral tout acte utile à l'agent lui-même ou aux autres, pour que lui et eux puissent vivre conformément à leur nature propre et exercer leurs facultés.* C'est ainsi qu'à l'origine une faculté seule règne : la force physique ; il n'est question que de besoins physiques. Puis peu à peu la connaissance ouvre une nouvelle route. La société apparaît comme un tout dont les membres sont liés entre eux, et ainsi se forme la notion de devoirs envers l'État et envers les autres. »

Tel est le résultat de cette course à travers les faits ethnologiques, dont nous n'avons indiqué que quelques points. Il s'agissait d'interroger la conscience des peuples pour traduire en idées claires ces sentiments vagues qui sont en nous. Le développement historique des notions morales nous révèle partout un processus de connaissance, à l'origine inconscient : car ce n'est que par une connaissance, par un raisonnement appuyé sur l'expérience, que l'individu voit la nécessité, pour assurer le développement de ses facultés, de se soumettre en commun avec les autres à la règle des mœurs et des lois. Ce raisonnement inconscient, qui est la base du sentiment moral, s'enrichit d'éléments conscients et s'approche ainsi de plus en plus de son but idéal. De là vient que chaque époque, tout en croyant sa loi morale très-parfaite, en attend une encore plus parfaite : et cette attente n'a jamais été trompée.

IX

L'étude sur le sentiment religieux est d'un grand intérêt : elle a d'ailleurs un caractère de nouveauté, car M. Wundt est du très-petit nombre des psychologues qui l'ont abordée. Soit respect mal entendu, soit prudence, soit dédain, la plupart n'en parlent jamais. Le problème de l'origine et de la nature du sentiment religieux, de quelque façon qu'on l'interprète, s'impose pourtant à titre de fait ; et le rôle que ce sentiment joue est d'une trop haute importance pour qu'on se hasarde à l'oublier. La méthode à suivre ici est d'ailleurs tout indiquée : il faut partir des faits fournis par l'ethnologie et l'histoire. Non qu'il s'agisse d'une histoire des religions, ce qui est tout autre chose. Mais il faut de l'étude des faits, c'est-à-dire de toutes les formes religieuses, grossières ou raffinées, faire sortir une interprétation psychologique, découvrir les processus divers dont les formes diverses sont issues.

La tâche est pleine d'inextricables difficultés, et, rien qu'à considérer la lutte ardente d'opinions qui s'est produite dans le domaine religieux, il est évident que ce sentiment ne peut se traduire en idées claires. De plus, l'imagination créatrice joue un si grand rôle dans les conceptions religieuses, qu'on peut se demander si elles ne sont pas autant l'œuvre de la fantaisie que celle du sentiment.

Les faits cependant semblent prouver que toute religion, à l'origine, est l'adoration des forces de la nature. C'est là leur point de départ commun ; et c'est là que commencent les différences. Ces différences ont pour causes le caractère des peuples, l'influence de la nature extérieure, le travail créateur des poètes, le travail réfléchi des philosophes : causes souvent bien difficiles à démêler.

- Tous les cultes de l'Asie, à part peut-être la Chine, se sont adressés aux phénomènes éternels de la voûte étoilée. La Chaldée nous offre le culte du soleil dans toute sa pureté. Le Pérou nous présente un cas analogue dans le Nouveau Monde. Mais, ce qui est digne de remarque et démontre l'influence de la nature sur les conceptions religieuses, c'est que la religion chaldéenne, en passant des plaines nues et uniformes des régions de l'Euphrate, en Phénicie et en Syrie, pays fertile, découpé par des fleuves et des accidents de terrain, prend un caractère *terrestre*. La Mylitta babylonienne devient la déesse de la fécondité chez les hommes et les bêtes. Astarté, divinité antagoniste, préside à la guerre. Ce n'est plus la fécondation et la destruction produites par le soleil. Le contraste bien marqué des saisons, dans la Phénicie et la Syrie, donna lieu de même à une division des dieux primitifs en plusieurs dieux. — L'Égypte, autant qu'on peut le conjecturer, eut à l'origine un culte analogue à celui de la Chaldée ; mais là encore l'influence de la nature est visible. Le débordement fécond du Nil est suivi de soixante-douze jours de chaleur dévorante ; ce fait naturel devient le mythe d'Osiris frappé à mort par Typhon et ses soixante-douze compagnons. — Dans l'Inde et l'Iran, mêmes mythes: Les Védas nous racontent le combat d'Indra, le dieu rayonnant, contre le Nuage sombre ; et, dans les vieux hymnes du Zend-Avesta, l'Esprit de Lumière lutte contre les noirs Démons.

Dans cette adoration des forces naturelles, une tendance se dessine de plus en plus : elle consiste à *personnifier* les dieux. Cette tendance, très-visible dans les religions orientales, atteint son plus haut degré dans l'hellénisme.

En généralisant les résultats obtenus, on arrive à cette conclusion : l'adoration des forces naturelles s'est produite sous deux formes. Elle s'est adressée tantôt aux phénomènes réguliers et calmes (Chaldéens, Égyptiens), tantôt aux phénomènes changeants, violents, destructeurs (Juifs et Indo-Européens). Elle a abouti presque partout à la personnification de ces forces.

Essayons maintenant d'interpréter le processus psychique d'où ce culte est sorti. Ici, comme partout dans le domaine du sentiment, nous avons affaire à une connaissance instinctive. L'esprit reçoit de l'expérience un certain nombre de données qu'il élabore inconsciemment suivant ses lois propres ; puis les résultats tombent dans la conscience. Comment l'esprit arrive-t-il à ces résultats ? En d'autres termes, quel est le processus intellectuel qui fait le fond du sentiment religieux ? — C'est un *raisonnement par analogie*. La science tend toujours à tout ramener à des idées claires : elle gagne sans cesse du terrain ; mais il y a toujours un reste qui lui échappe, ce que d'autres que M. Wundt appellent l'Inconnaissable. Elle ne peut le pénétrer ni par l'induction ni par la déduction. Que faire alors ? Comme toutes les choses sont par quelques points analogues entre elles, comme on peut trouver partout des analogies ; là où aucun autre mode de raisonnement n'est possible, il ne reste qu'à raisonner par analogie, c'est-à-dire par le procédé logique le plus vague, le plus imparfait, le moins sûr. — Ainsi

l'homme à l'état de nature voit partout des volontés analogues à la sienne, dans le tonnerre, les étoiles, etc. Et ainsi se
forme la conception de dieux semblables aux hommes, ne
différant d'eux que par une puissance supérieure.

Mais qu'arrive-t-il ? Quand les dieux ont ainsi pris une
forme animée, ils se détachent des phénomènes dans lesquels on croyait les voir agir. Ils deviennent des êtres
vivants qui ont la haute main sur la destinée humaine. Ceci
nous conduit à une autre forme de l'idée religieuse : le dieu-
nature devient le dieu-destin.

L'une des formes les plus grossières de cette conception
religieuse est le fétichisme. Il est caractérisé par deux choses :
1° l'idole est le dieu même : c'est une pierre, un arbre, ou
même une cruche cassée, un débris de poterie, comme chez
les Bambarras, d'après Mungo-Park ; 2° chaque individu a
son dieu, qu'il adore, maltraite ou brûle suivant les circonstances. Le fétiche est essentiellement individuel à l'origine,
quoiqu'il puisse s'étendre à une famille, à une peuplade.
Ainsi, chez les tribus africaines, lorsque survient quelque
désastre, la tribu part en guerre pour conquérir en quelque
lieu que ce soit le fétiche ennemi, qui est ramené en triomphe
et adoré par la tribu. Le fétiche est un dieu-destin ; de là le
caractère profondément égoïste de cette forme de culte.

On sait assez généralement qu'elle est le propre des races
inférieures. Mais des faits incontestables montrent qu'elle a
sa racine psychologique, même chez les nations cultivées.
Sans parler de la croyance aux talismans et aux amulettes,

« on voit que, chez les Grecs, le Zeus d'Olympie n'était pas celui de Crète, etc. Chez les Chrétiens, les saints ont dans diverses chapelles une puissance miraculeuse spéciale. La Vierge Marie porte quelques centaines de noms tirés des lieux de pèlerinage. Bien mieux, chaque croix, chaque image religieuse, sur les routes, a son culte particulier [1]. »

Rapprochons du fétichisme le culte des animaux, tel qu'il a existé dans l'ancienne Égypte et tel qu'il se trouve encore chez les nègres d'Afrique, qui adorent le serpent, l'hyène, le crocodile, le tigre, l'éléphant, et demandons-nous d'où vient cette forme religieuse.

Voici le mot de l'énigme. Pour l'homme à l'état de nature, tout ce qui est étonnant est divin, et tout ce qui existe est étonnant. Non-seulement l'éclair, le tonnerre, le fleuve qui déborde, mais la feuille qui tremble, le ruisseau qui murmure, tout lui paraît surnaturel. Il a une tendance — le nègre en particulier — à attribuer aux animaux une intelligence supérieure à celle de l'homme. Les nègres de Bornou parlent du temps « où l'homme comprenait le langage des bêtes ». Puis l'instinct des animaux, encore si mystérieux pour nous, l'est bien plus pour le sauvage, qui ne peut y voir que des révélations d'une nature divine qui habite en eux. — Ainsi donc, pour l'homme à l'état de nature, tout est animé, divin; tout parle. Le vent qui mugit, l'animal qui crie, sont des voix qui le préviennent. Il prend par hasard avec lui un caillou, il réussit dans une entreprise : la pierre deviendra son bon génie.

1. *Menschen und Thierseele*, II, 46e leçon, p. 262.

Le fétichisme repose donc sur un *post hoc, ergo propter hoc* : tel fait a suivi tel autre, donc celui-ci est la cause du premier. Il repose sur une crainte continuelle de l'homme pour sa destinée, — destinée qui, pour l'ignorant, dépend de la volonté de dieux durs et jaloux et qui se traduit par un culte d'un égoïsme naïf. L'opinion que l'homme se fait à lui-même sa destinée, n'appartient qu'à la civilisation moderne, et c'est l'une de ses plus belles conquêtes.

Dans le fétichisme, la puissance surnaturelle qui est l'objet du culte, n'est pas encore séparée des phénomènes, érigée en entité distincte. C'est ce qui se produit au contraire dans un autre groupe de croyances religieuses, dans la foi aux esprits et aux fantômes. Parcourez le vaste pays qui s'étend de l'Oural à la mer du Japon, et qui est borné au sud par l'Himalaya, au nord par la mer de Glace, et vous trouverez cette croyance dominante chez les Tartares, les Mongols, les peuplades nomades de la Sibérie, les habitants des bords de l'Obi et de l'Iénisséi. Le chamanisme, tel qu'il existe chez les Ostiakes, les Samoïèdes, les Jakoutes, etc., n'en est qu'une forme. Cette croyance, comme le dit M. Wundt, a été justement appelée la *religion des steppes.* Dans ces plaines de sable, arides, sans eau, de la haute Asie, tout porte à l'hallucination. Les mugissements plaintifs de la tempête se mêlent aux cris des loups et des tigres ; l'œil erre sans but sur les steppes immenses, tandis que des bruits inconnus frappent l'oreille. L'homme, miné par la faim et la soif, en proie à la fièvre, peuple ces déserts de fantastiques visions, nées de son imagination malade.

Aussi le culte consiste surtout à produire en soi l'extase par des moyens artificiels. Les prêtres chamans, les sorciers finlandais et lapons dansent devant le feu, en frappant un tambour avec des cris sauvages. Puis, au plus haut degré de son extase, le prêtre se jette à terre ; deux hommes lui attachent une corde au cou et la serrent à l'étrangler. Le prêtre se réveille et raconte ce que l'esprit lui a dit.

Ce besoin d'entrer en commerce, par l'hallucination et l'extase, avec un monde réputé surnaturel, a existé partout : il explique, dans l'histoire des religions, un grand nombre de faits souvent mal compris. En Grèce, les mystères de Samothrace et d'Eleusis, les Dionysiaques avec leurs danses orgiastiques, leurs flots de vin, leurs cris furieux, n'étaient à l'origine qu'un moyen violent de produire l'extase. Le vin y jouait le même rôle que l'opium dans le sud de l'Asie, le haschich dans le nord de l'Afrique, le tabou dans les îles océaniennes. Dans l'Inde et plus tard chez les chrétiens, on essayait par le jeûne et l'ascétisme d'atteindre le même but, et de produire cette excitation morbide du système nerveux qui passait pour la révélation d'un autre monde. Le chrétien ne comprenait rien à l'extase de la Ménade ivre ; mais les macérations de l'anachorète n'étaient qu'une orgie de solitaire ; car, à leur suite, moines et nonnes serraient ardemment dans leurs bras les images fantastiques de la Vierge et du Sauveur [1].

A quelles conclusions mène cette revue rapide des faits dans le domaine religieux ? — Elle nous montre d'abord que

---

1. *Menschen und Thierseele*, II, p. 285.

le sentiment religieux, qui doit avoir nécessairement pour base quelque connaissance, s'appuie tantôt sur l'imagination, tantôt sur la raison. De là vient, dit M. Wundt, que tout polythéisme est monothéisme et que tout monothéisme est polythéiste. Les religions les plus naïves nous parlent, celle des indigènes de l'Amérique « d'un grand Esprit » ; celles des nègres, du « grand Ami »; celles de la Polynésie, d'un Créateur du monde, etc. Par contre, l'Inde a sa Trinité, le christianisme ses saints, qui sont des demi-dieux : chez les Juifs, Jéhovah est le dieu national, mais dont l'existence n'exclut pas celle des dieux étrangers; plus tard d'ailleurs, la fantaisie des rabbins créa des anges avec des attributions diverses. Les religions diffèrent donc en ceci que tantôt un dieu disparaît devant les dieux, et que tantôt les dieux disparaissent devant un dieu : fait qui s'explique parce que tantôt l'imagination poétique, tantôt la réflexion philosophique, prédomine.

En résumé, le sentiment religieux puise à deux sources : l'intuition de la nature et la considération de notre propre destinée. L'intuition de la nature conduit à l'adoration des forces naturelles, soit calmes, soit violentes. L'incertitude de la destinée fait attribuer aux objets qui nous entourent des vertus merveilleuses. L'imagination donne une forme aux dieux de la nature comme aux dieux de la destinée. Mais tandis qu'elle peuple son domaine de formes toujours plus nombreuses, la réflexion fait un travail contraire : elle simplifie, elle unifie. Elle ramène tous les dieux naturels à un seul, tous les dieux de la destinée à un Fatum unique. Puis elle fond ces deux concepts en un seul, celui d'une cause première.

Nous avons appelé le sentiment le pionnier de la connaissance. Le sentiment religieux lui aussi fraye la route à la connaissance, et même à la plus haute que l'homme puisse se proposer : la cause et la fin de l'univers et de l'individu, en tant qu'il a sa place dans le monde. Mais il ne peut avoir quelque solidité que s'il s'appuie sur la science. Seul, il reste fragile, car il n'y a que la connaissance consciente qui puisse conférer au sentiment un droit et donner à l'imagination des limites.

X

Nous ne pouvons passer en revue toutes les formes de l'activité animale ou humaine. Arrivons à la plus importante : la volonté [1]. C'est le sujet d'un débat interminable. Mais les partisans et les adversaires de la liberté pourront se combattre éternellement sans s'entendre, vu que chaque parti s'est placé sur un terrain qui lui est propre et n'en sort pas. Ceux qui sont pour l'affirmative disent : J'ai le sentiment interne de ma liberté, donc je suis libre. Ceux qui sont pour la négative disent : Tout est régi par des lois, donc la liberté est une illusion.

Notre conscience, dit M. Wundt, ne nous dit qu'une chose : c'est que nous sommes capables d'agir sans contrainte, inté-

1. *Menschen und Thierseele*, l. II, leçons 55 et 56.

rieure ou extérieure ; elle ne nous dit pas que nous agissons sans cause. Les fatalistes ont tort de dire : La volonté est soumise à une cause, donc à une contrainte. Leurs adversaires ont tort de dire : La volonté n'est pas contrainte, donc elle est sans cause. Cause et contrainte sont deux idées différentes. La contrainte n'existe que là où une résistance a lieu. On ne peut pas dire que la terre est contrainte de se mouvoir, mais on peut dire que l'homme est contraint de mourir. Pourtant tous deux subissent une loi naturelle. Où est la différence ? C'est que l'homme, être conscient, craint la mort et se raidit contre elle.

Nous savons pertinemment que tout acte de volonté est soumis à une cause. Cette cause, fût-elle ignorée de nous, il n'y aurait pas de raison de la nier, ni d'en profiter pour conclure, comme on l'a fait quelquefois, que la volonté est une cause première, un *primum movens*. On ne tient compte dans cette conclusion que des faits que la conscience nous révèle. Mais nous révèle-t-elle tous les faits ? Ici encore, l'inconscient ne joue-t-il pas son rôle ? Ne pouvons-nous pas établir qu'il y a des causes qui déterminent la volonté d'une manière inconsciente ?

Interrogeons les faits, et voyons ce qu'ils vont répondre. Personne ne révoquera en doute que les faits sociaux, bons ou mauvais, — mariages, divorces, suicides, assassinats, vols, etc., — émanent de la volonté individuelle. Ils ne sont que le total des actions de chaque homme pris en particulier. La statistique enregistre ces faits, les classe et les interprète. Que nous apprennent-ils ? Ouvrez la *Physique sociale*

de Quételet, et vous verrez que ces faits sociaux se produisent avec une étonnante régularité : les vols, les crimes et
délits de toute sorte, les mariages, etc., atteignent à peu
près le même chiffre, chaque année, dans un pays donné.
Ainsi, en Belgique, pendant une période de cinq ans (1841-45),
la moyenne des mariages a été de 2642 ; les déviations extrêmes ont été de + 46 et — 136. En France, pendant la
longue période de 1826 à 1844, le nombre des criminels pour
chaque année a varié entre 8237 et 6299. A Londres, les suicides pendant la période 1846-1850 ont oscillé de 266 à 213.
— Bien plus, les déviations elles-mêmes, quand on les examine, se laissent rapporter à des causes précises. Il est
prouvé qu'une disette augmente le nombre des crimes, diminue le nombre des mariages. Une grande épidémie, comme
le choléra, diminue le nombre des mariages, qui, le fléau
passé, augmentent dans la même proportion.

Évidemment donc, les faits sociaux, et par conséquent
les actions individuelles, sont soumis à des causes déter-
minantes. Mais, il faut prendre garde qu'en agissant sur de
grandes masses, le statisticien a éliminé les causes qui ne
concernent que l'individu. Il a agi comme le physicien qui,
pour éliminer les influences accidentelles, réunit une grande
masse d'expériences. Ces influences accidentelles, le physicien les néglige, parce qu'elles sont sans importance pour
lui. Le statisticien même peut, à la rigueur, les oublier. Le
psychologue ne le peut pas. Quand il recherche si, outre les
causes naturelles et sociales, il y a pour la volonté quelque
cause *individuelle*, comment pourrait-il négliger ces petites

déviations, propres à l'individu, qui sont justement l'objet de son étude ? Au reste, la statistique elle-même nous montre que les crimes, les délits, les suicides, varient suivant l'âge, le sexe, la fortune, le rang, etc. A mesure qu'elle entre dans le détail, elle tend de plus en plus vers les causes individuelles. Toute seule, elle ne nous donne que les *constantes*. Le fait individuel dans sa totalité ne peut s'expliquer que par l'existence d'un *facteur personnel*. Joignons ces deux éléments, et nous aurons par la statistique les causes *externes*, par le facteur personnel la cause *interne* de l'acte volontaire.

Telle est la réponse à la question posée plus haut. Qu'est-ce, en effet, que ce « facteur personnel » qui vient s'insérer d'une façon si énigmatique dans la série des causes et des effets naturels? C'est une cause d'une nature essentiellement inconsciente, que nous pouvons encore appeler d'un autre nom : le *caractère*. « Le caractère est la seule cause immédiate des actes volontaires. Les motifs ne sont jamais que des causes médiates. Entre les motifs et la causalité du caractère, il y a cette grande différence que ceux-là, ou bien sont conscients ou peuvent facilement le devenir, tandis que celle-ci reste *absolument inconsciente*. » Ce facteur personnel reste donc « comme un point noir » au milieu de la brillante lumière des causes, des effets et des motifs : toutes choses connaissables et explicables par la loi générale de la causalité. L'expérience interrogée ne peut pas nous dire immédiatement si ce facteur personnel est soumis lui-même à la causalité universelle. « Quand on dit que le caractère de l'homme est un produit de l'air et de la lumière, de l'éducation et des

circonstances, de la nourriture et du climat, qu'il est prédé-
terminé nécessairement par ces influences comme tout phénomène naturel, on tire une conclusion complètement in-
démontrable. L'éducation et la destinée impliquent déjà un
caractère qui les détermine : on prend pour effet ce qui est
déjà en partie cause. »

Poussant la question à ses dernières limites, M. Wundt
fait remarquer qu'il n'y a sur la nature de ce facteur personnel que deux hypothèses possibles : ou bien, dans chaque
individu, le caractère est le produit d'une création nouvelle;
ou bien il est le produit des conditions inhérentes aux générations antérieures. La première s'accorde avec la doctrine
de la fixité des espèces ; la seconde avec la théorie de l'évolution. Dans cette seconde hypothèse, le germe du caractère
ne serait pas le produit d'un libre arbitre inintelligible, dis-
tribuant ses dons à l'aveugle; mais il résulterait nécessairement de la constitution des générateurs et des conditions de
la génération.

Le problème de l'origine du caractère se trouverait ainsi
ramené à la question de l'hérédité psychique, c'est-à-dire,
en définitive, à un fait nécessaire. Mais cette question
dépasse les bornes de la psychologie expérimentale. La
volonté n'est donc en somme qu'un aspect particulier de la
vie consciente : c'est une aptitude à agir avec conscience, qui
suppose nécessairement une activité inconsciente antérieure
à elle. C'est un cas spécial de ce fait général, que les processus conscients ont pour condition des processus inconscients.

XI

Tous les états dont nous venons de parler, perceptions, images, idées, sentiments, volitions, forment cette trame continue qu'on nomme la conscience, dont on ne peut formuler que des définitions tautologiques. Son caractère fondamental, donné par l'expérience, c'est l'unité. Sa condition, c'est que les faits mentaux soient unis et coordonnés suivant des lois.

La base physiologique de l'unité de conscience, c'est la continuité du système nerveux, qui exclut la possibilité de plusieurs espèces de conscience. On ne peut pas admettre un *organe* déterminé de la conscience, au sens ordinaire de ce mot, car chaque région du système nerveux a son influence sur nos représentations et nos sentiments. Cependant les recherches sur le système nerveux des animaux supérieurs montrent que la couche grise du cerveau est en rapport plus intime que les autres parties avec la conscience. Car là, non-seulement les diverses provinces sensorielles et motrices de la périphérie, mais les connexions d'ordre secondaire qui ont lieu dans les ganglions cérébraux, le cervelet, etc., sont représentées par des filets nerveux spéciaux. Les couches corticales sont donc très-propres à lier, immédiatement ou médiatement, tous ces états du corps, qui peuvent éveiller des représentations conscientes. En ce sens seulement, on peut dire que, chez l'homme et vraisemblablement chez tous les vertébrés, les couches corticales du cerveau sont l'organe de la conscience, sans oublier toutefois que la fonction de cet organe présuppose ces parties centrales subordonnées (tubercules quadrijumeaux, couches optiques, etc.), qui font préalablement la synthèse des sensations [1].

Considérée sous son aspect psychologique, la conscience est un acte de raisonnement (ou, si l'on préfère, une affirmation) qui se répète à chaque instant. Elle consiste essentiellement à distinguer le moi, du monde extérieur et des objets qui le composent. Tout objet, dès qu'il est perçu d'une manière consciente, est par là même posé dans une certaine place par rapport au moi, et, dans l'établissement de ce rapport, il y a toujours un raisonnement. « La conscience est le résultat de ce raisonnement : c'est le jugement qui établit le rapport de l'objet perçu au sujet percevant. Ce qui tombe dans la conscience naturellement, ce n'est que ce résultat, ce jugement. Le processus de raisonnement qui le produit est en dehors de la conscience. S'il était conscient, le fait de conscience ne serait plus possible. Car, puisque le résultat lui-même est la conscience, il faut bien que tout ce qui précède le résultat soit hors de la conscience. La conscience donc ne contient jamais les processus psychiques eux-mêmes et ne donne que leurs résultats. Ces résultats entrent dans la vie consciente comme des produits tout faits, dont la source peut être découverte par l'analyse scientifique, jamais par l'observation intérieure. Les processus qui produisent les actes de la vie consciente sont, par rap-

1. *Grundzüge der physiologischen Psychologie*, p. 714.

port à ces actes, comme les lois cachées de la nature par rapport aux phénomènes naturels. En fait, le processus situé au delà de la conscience et d'où sort le phénomène conscient n'est rien autre que la loi naturelle cachée de ce phénomène; et, quand nous ramenons les phénomènes conscients à ces processus inconscients, nous suivons la méthode des sciences naturelles [1]. »

Remarquons que jusqu'ici tout, sans exception, s'est expliqué par une seule forme d'activité mentale : le raisonnement. Il constitue au début la sensation. Il unifie ensuite plusieurs séries différentes de sensations et aboutit à l'intuition d'espace ou d'étendue. Il amène la distinction du moi et du monde extérieur, en s'appuyant sur la différence entre nos mouvements propres et les mouvements qui nous sont étrangers. Il fait le fond du sentiment et de la volition. Enfin, il trouve son terme naturel et nécessaire dans la conscience personnelle, qui est la dernière conclusion d'une longue chaîne de conclusions, le point final (*Schlusspunkt*), la synthèse de toutes les synthèses.

Le moi ne peut donc pas être considéré comme une chose existant par elle-même, distincte du corps et s'opposant à lui. Les actes qui lui donnent naissance sont les processus psychiques de la sensation et de la perception et les faits physiologiques de l'innervation. L'établissement de la conscience est aussi impossible, sans un mouvement moléculaire dans les nerfs et sans le mécanisme des réflexes, que sans la perception. Il nous apparaît donc comme un mo-

1. *Menschen und Thierseele*, t. I, p. 310.

ment déterminé dans le développement de cet être qui, suivant le point de vue auquel nous nous plaçons, nous est donné comme spirituel ou corporel [1].

Nous arrivons ainsi en terminant à la thèse fondamentale de M. Wundt, — thèse qu'il répète sous diverses formes et qui est le lien systématique par lequel il unit et explique ses observations, ses expériences, ses descriptions de faits. Cette thèse, c'est l'identité du mécanisme et de la logique — du physique et du psychique — de l'inconscient et du conscient. Essayons de pénétrer le sens de cette formule.

La psychologie, lorsqu'elle ne se contente pas de tourmenter des abstractions creuses, se trouve nécessairement en face d'actes complexes qui sont à la fois des faits de conscience et des états déterminés du système nerveux. Ces actes complexes, quand on les considère par leur aspect purement physique, se laissent facilement ramener à des mouvements. Bien que la nature des actions nerveuses et musculaires soit encore très-incomplètement connue, il ne s'élève guère de doute sur ce point : qu'elles sont finalement réductibles à des actions mécaniques. Ainsi, tout ce groupe de faits s'explique par le *mécanisme*.

Reste à réduire l'autre groupe, celui des états de conscience, à la *logique*. Ceci est propre à M. Wundt, et sa démonstration s'est déjà produite sous nos yeux plusieurs fois. Réduite à ce qu'elle a d'essentiel, elle peut s'exposer ainsi.

Les faits psychiques les plus complexes se ramènent par l'analyse à leurs éléments, c'est-à-dire aux sensations pri-

1. *Grundzüge der physiolog. Psychologie*, p. 709-711.

mitives. Chacune de celles-ci se réduit à l'affirmation pure
et simple d'une qualité, d'une marque, ou, comme le dit
M. Wundt, à une conclusion précédée d'un acte inconscient :
c'est ainsi que se fait le passage de l'état physiologique à
l'état psychologique. Si ce point est accordé, tout s'explique,
puisque les formes les plus complexes ne peuvent être qu'une
répétition ou une complication de l'opération logique primitive. « Les formes de la logique constituent un vêtement
dont toute connexion psychique peut être revêtue. Réciproquement, toutes les fois qu'un fait peut être mis sous une
forme logique, c'est une preuve que ce fait est psychique.
Lorsque nous voulons donner une exposition populaire de
quelque chose, nous la revêtons d'une forme logique. Pourquoi? Parce que, pour tout le monde, la suite logique semble
le lien psychologique par excellence. » On peut même dire
que, quand nous voulons éclaircir un fait psychologique, quel
qu'il soit, notre éclaircissement revêt presque involontaire-
ment la forme logique[1]. « En fait, on ne peut contester que
la perception, ainsi que les autres innombrables faits psychologiques, étant réductibles à des processus de jugement
et de raisonnement qui ne tombent pas dans la conscience,
ces processus doivent nécessairement être considérés comme
des faits logiques inconscients. »

On peut entrevoir, à travers beaucoup d'obscurités
et de questions discutables, ce que l'auteur entend par
l'identité de la logique et du mécanisme. Si dans ce phénomène biologique complexe, que nous appelons un fait men-

1. *Grundzüge der physiol. Psychologie*, p. 707-711.

tal, tout ce qui est physiologique se réduit à des mouvements, et tout ce qui est psychologique à des raisonnements,
l'hypothèse qui se présente naturellement et qui, si elle dépasse l'expérience, s'appuie au moins sur elle, c'est que le
fait physique et le fait psychique sont identiques au fond,
et que l'opposition qu'on établit entre eux ne vient que
d'une différence de point de vue. Prenons la sensation. Sous
le rapport de la qualité, elle se réduit, pour l'analyse physique, à une somme de mouvements extérieurs (dans les nerfs,
les centres nerveux) ; elle se réduit, pour l'analyse mentale, à une somme d'affirmations ou de raisonnements.
Les derniers éléments de la connaissance sont donc, quant à
la matière, des faits mécaniques ; quant à la forme, des jugements. Et, comme il est impossible qu'il existe une sensation sans quelque chose qui soit senti, et senti d'une certaine façon, — c'est-à-dire sans une matière et sans une
forme, — il en résulte que, dans ce fait primitif, les deux
éléments sont donnés comme se nécessitant l'un l'autre,
comme inséparables, indissolubles. — Sous le rapport de la
quantité ou intensité, l'analyse de la sensation mène au
même résultat. Dans l'ordre physiologique, que l'excitation
des nerfs augmente ou diminue, il y aura dans l'ordre psychique une comparaison entre les divers états, d'où sort
un jugement d'intensité croissante ou décroissante. Nous
savons même que si le fait physique est exprimé par une série de nombres quelconques, le fait mental sera exprimé par
la série des logarithmes correspondants.

Par analogie avec la distinction que les physiologistes établissent entre le *champ* visuel, qui est large mais vague, et le *point* visuel, qui est étroit mais précis, Wundt admet dans la conscience une distinction entre la perception et l'aperception. Ce qui entre dans la conscience d'une manière générale est *perçu*, ce qui entre dans l'attention est *aperçu*. L'attention représente donc le moment le plus élevé de la vie mentale. Soumise à des influences externes ou internes, physiologiques ou psychologiques, elle est toujours accompagnée d'un sentiment de tension. En sorte que, pris dans sa totalité, l'acte qu'étudie la psychologie physiologique embrasse les moments suivants : impression, transmission aux centres nerveux, entrée dans le champ de la conscience, passage au point particulier de l'attention, réaction volontaire, transmission par les nerfs moteurs.

Nous ne pourrions, sans étendre outre mesure cette étude déjà longue, suivre Wundt dans ce qu'il dit sur les mouvements, le langage, la psychologie animale. Il suffit d'avoir fait comprendre sa méthode, montré la variété des questions qu'elle embrasse et l'unité systématique à laquelle il croit pouvoir ramener l'ensemble des phénomènes psychiques.

CHAPITRE VIII

DE LA DURÉE DES ACTES PSYCHIQUES

I

Sans être l'œuvre exclusive des physiologistes allemands, les recherches qui vont être exposées dans ce chapitre leur sont dues pour la plus grande partie. Commencées par Donders il y a moins de vingt ans, elles ont donné lieu à une suite de mémoires dont le plus récent date de 1877.

Le problème de la durée des actes psychiques nous a paru l'un des plus propres à faire comprendre quelle marche la psychologie doit suivre pour devenir une science précise. Ramenée à ses traits essentiels, cette méthode consiste d'abord à choisir une seule question bien déterminée; à partir des données vulgaires de la conscience; à les interpréter ensuite à l'aide de notre réflexion et de tous les faits que nous fournit l'expérience des autres; enfin, à arriver quand cela est possible, par l'expérimentation réelle et l'emploi de la mesure, à la période vraiment scientifique, qui consiste en affirmations objectives et vérifiables.

Le fait vulgaire qui nous sert de point de départ est celui-ci : nous pensons tantôt plus vite, tantôt moins vite. Il n'est personne qui l'ignore. Il suffit d'avoir ressenti quelque émotion vive, la colère ou l'anxiété, pour savoir qu'à certains moments nos idées se précipitent comme un torrent, s'entre-choquent à la façon d'une tempête ou d'un orage : ces comparaisons banales se présentent d'elles-mêmes.

La réflexion va plus loin. On peut, lorsqu'on est habitué à l'analyse, soumettre à un examen délicat ces états désordonnés ou leurs contraires, l'ennui, le *tædium vitæ*, tous ceux qui dénotent un alanguissement de la vie mentale. On peut surtout étudier et interpréter des faits d'un caractère moins subjectif et plus saisissable à l'analyse. C'est ainsi qu'on a pu constater que la vitesse de la pensée est prodigieuse dans certains rêves [1], dans le délire, dans quelques formes de la folie, comme la manie aiguë. Au contraire, on remarque une lenteur frappante chez l'idiot, le crétin et même chez certains paralytiques : les idées sont tellement disjointes, que l'intervalle qui les sépare est appréciable à tout le monde. Ces faits et leurs analogues offrent un grand intérêt scientifique, jettent du jour sur bien des questions. Ils nous montrent, par exemple, comment notre appréciation subjective du temps dépend tout entière de la rapidité ou de la lenteur de notre pensée. Il suffisait au célèbre mangeur d'opium Th. de Quincey d'augmenter sa dose habituelle, pour croire « qu'en une nuit, il avait vécu mille ans ou plutôt un laps de

---

1. On trouvera des faits sur ce sujet dans Maury, *Le Sommeil et les Rêves*, ch. V, p. 138-139, et Brierre de Boismont, *Des hallucinations*, observation 77ᵉ.

temps qui excède la limite de toute expérience humaine ».

'On peut aller encore plus loin. Au lieu de ces apprécia-
tions du sens intime, toujours vagues et qui d'ailleurs ne
sont applicables qu'à une série d'états, on s'est proposé de
mesurer, dans sa durée et avec ses variations, à l'aide d'instruments exacts, l'état de conscience tout seul.

Ces travaux sont récents et, comme on peut bien le croire,
très-loin d'être complets. Sans parler des grandes difficultés
que l'expérimentation présente, il y avait beaucoup de préjugés à vaincre. Müller lui-même considérait comme chimé-
rique toute tentative à cet égard ; et les premières suggestions
vinrent non de la physiologie, mais d'une science qui paraissait complètement étrangère aux études de cette sorte, l'astronomie. Aussi, pendant longtemps, elles restèrent incom-
prises.

En 1795, Maskelyne, astronome à l'observatoire de Green-
wich, constata que son aide Kinnebrook, notait toujours le
passage des astres au méridien avec un retard de 0″,5 à
0″,8, et, persuadé que sa négligence était incorrigible, il le
renvoya. Plus tard, vers 1820, Bessel, en comparant ses propres observations avec celles de plusieurs astronomes, notamment de Struve et Argelander, vit qu'il était toujours en
avance sur eux, et en cherchant les causes de cette différence, il fut amené à découvrir l'équation personnelle. D'après
la méthode dite de Bradley, alors usitée dans les observa-
toires, on employait un télescope dans lequel était tendu un
fil très-fin, et l'on notait l'instant précis où l'étoile traversait le
fil. On employait à cet effet un pendule battant les secondes.

L'observateur avait donc à noter et à réunir deux sensations
d'ordre distinct, l'une visuelle, le passage de l'étoile au méridien, l'autre auditive, le son du pendule. Cette opération,
cependant, serait assez simple, si les sensations étaient simultanées ; mais ce cas ne se présente que très-rarement et par
hasard, le battement du pendule ne coïncidant presque
jamais avec le passage de l'étoile au méridien. En fait, voici
ce qui se passe :

·e   M·   ·e'

Supposons que le fil soit en M ; le premier coup du pendule se fait entendre, lorsque l'étoile est en e ; au second coup
l'étoile est déjà en e', c'est-à-dire qu'elle a traversé le méridien. Pour donner l'instant précis de son passage, il faut
donc que l'astronome apprécie la distance eM, qu'il éva-
luera, par exemple, aux deux tiers de ee' ou de l'espace parcouru en une seconde. C'est dans cette évaluation que les
observateurs diffèrent.

Les différences d'équation personnelle s'élèvent parfois à
plus de 1 seconde, mais le plus souvent elles restent au-
dessous de 0″,3 [1]. Elles varient avec les heures de la journée,
les dispositions momentanées de l'observateur (circulation
du sang, fatigue nerveuse, etc.), et peuvent, d'après M. Wolf,

---

[1]. La différence entre Bessel et Argelander était considérable, et la
régularité de ses variations est intéressante à constater. Ainsi cette
différence était, pour les phénomènes instantanés = 0″,22 ; avec un pendule battant la demi-seconde = 0″,72, c'est-à-dire 0″,5 + 0″,22 ; avec un
pendule battant la seconde = 1″,22, c'est-à-dire 0″,5 + 0″,5 + 0″,22.
Pour plus de détails, voir Wolf, *l'Équation personnelle, ses lois et son
origine*, 1871, et Radau, *Moniteur scientifique*, 15 nov. 1865 et suiv.

se réduire, avec beaucoup d'attention et d'habitude, à 0″, 1.

Bessel expliquait ces différences en faisant remarquer qu'une impression visuelle et une impression auditive ne peuvent être comparées simultanément, et que deux observateurs emploient des temps différents pour superposer ces deux impressions. Il ajoutait avec raison que la différence est plus grande encore, si un observateur passe de la vue à l'audition et l'autre de l'audition à la vue. Toutefois, il ne semble pas faire une assez grande part au rôle que la *mémoire* joue ici. La comparaison a lieu en effet non-seulement entre des sensations d'ordre différent, mais entre des faits actuels et des faits passés (par exemple la position de *e*). « Il est bien certain, dit M. Wolf, qu'au moment du passage l'observateur n'écoute pas le battement du pendule, mais un battement intérieur que sa pensée y substitue, exactement comme le musicien, qui n'attend pas pour partir le coup de bâton du chef d'orchestre, mais s'est pénétré à l'avance du rhythme de la mesure. Il n'y a plus là superposition de deux sensations distinctes venant de l'extérieur. » Le fait de mémoire qui intervient ici est très-important pour la psychologie. Il permet la possibilité d'une comparaison, quant à la durée, entre un état actuel et un état passé : or, nous verrons, dans la suite de ce travail, qu'il faut toujours un temps plus long pour la reproduction d'un état de conscience que pour sa production.

Après l'astronomie, l'expérimentation physiologique mit sur la voie de recherches nouvelles. En 1850, Helmholtz, réalisant un programme d'expériences tracé par Dubois-Reymond

quelques années auparavant, mesura d'une manière précise
le temps que l'action nerveuse met à parcourir une longueur
de nerf déterminée. Il excitait le nerf dans le voisinage du
muscle qu'il fait contracter et notait le temps écoulé entre
l'excitation et la contraction. Puis, recommençant l'expérience sur un point du nerf plus éloigné du muscle, il cons-
tatait un retard : le temps écoulé entre l'excitation et la contraction était plus long. Ce retard permettait de calculer la
vitesse de l'agent nerveux.

Les expériences de Helmholtz ont été reprises par divers
savants, Dubois-Reymond, Marey, Hirsch, Schelske, Jaager,
Baxt, etc., etc., qui, simplifiant les premiers appareils employés, ont étudié le fait de la vitesse nerveuse dans les conditions les plus diverses et ont appliqué leurs recherches aux
nerfs sensoriels aussi bien qu'aux nerfs moteurs [1].

Ces expériences n'étaient qu'un acheminement vers le
problème qui nous occupe : mesurer la durée des actes
psychiques. Elles faisaient plus, cependant, qu'indiquer la
route : elles fournissaient au calcul des éléments essentiels.
Qu'on remarque bien, en effet, les conditions de l'expérience.
Un homme perçoit une sensation et l'indique par une réaction, c'est-à-dire par un mouvement. La sensation, moment
initial, et le mouvement, moment final, sont seuls accessibles

1. On trouvera un résumé des résultats obtenus dans la dernière
édition de Hermann : *Grundriss der Physiologie des Menschen*, 5ᵉ éd.,
Berlin, 1874, p. 304-305. Hermann admet comme le chiffre moyen vrai
de la vitesse de transmission dans les nerfs sensoriels de l'homme
33ᵐ,9 par seconde. Pour les travaux français qui ont été faits depuis
sur le même sujet, voir Ch. Richet, *Recherches expérimentales et cli-
niques sur la sensibilité*. Paris, 1877, p. 52 et suiv. — Bloch, *Archives
de Physiologie*, 1875, p. 588 et suiv.

à nos moyens de mesure. Il s'écoule entre les deux un certain temps dont une partie est consacrée à la transmission nerveuse centripète, une autre à la transmission nerveuse centrifuge. Ces deux durées étant connues, la durée de l'acte psychique proprement dit, de la perception, devient plus facilement accessible à la mesure.

La mesure directe de cette durée fut essayée vers 1861 par divers expérimentateurs, dont le principal est Donders. Il remarqua d'abord que le *temps physiologique*, c'est-à-dire l'intervalle qui s'écoule entre l'excitation et le signal de réaction, varie selon les excitations employées. Si l'on produit une impression tactile, en piquant la main à l'aide d'une bobine d'induction, la réaction a lieu après 1/7 de seconde. Si l'impression est auditive, il faut 1/6 de seconde. Enfin pour une impression visuelle, la durée augmente encore et s'élève à 1/5 de seconde. Pour déterminer d'une manière précise la durée de l'acte psychique seul (perception et volition consécutive), déduction faite du temps nécessaire à la transmission nerveuse, Donders et Jaager imaginèrent de varier l'expérience de plusieurs manières.

Voici en deux mots la méthode employée : le sujet de l'expérience est prévenu qu'il va recevoir un choc électrique au pied droit et qu'il doit réagir avec la main droite ; le temps physiologique est, comme nous l'avons vu plus haut, de 1/7 de seconde.

L'expérience est recommencée dans des conditions nouvelles. Le sujet ne sait pas quel pied recevra le choc ; mais c'est la main du même côté qui doit encore réagir. De là une certaine indécision. Or, dans ce dernier cas, le temps physiologique est plus long que dans le premier.

Nous avons ici un acte psychique extrêmement simple, puisqu'il se réduit à comparer deux perceptions, l'une réelle, l'autre possible, et à agir en conséquence. Cette expérience établit donc que l'état de conscience le plus élémentaire a une durée mesurable. Donders appliqua le même procédé d'expérimentation aux impressions visuelles, aux impressions auditives, et il fut conduit à des résultats analogues.

Ces recherches curieuses furent continuées par Helmholtz, Mach, Vierordt, Baxt et plus récemment par Exner (de Vienne) dans un mémoire important qui a pour titre : *Recherches expérimentales sur les processus psychiques les plus simples* [1]. Ce physiologiste fait usage des impressions brusques causées par l'électricité sur la peau, la rétine, etc. Sur un cylindre entouré d'un papier enfumé s'inscrivent d'abord l'excitation, puis la réaction du sujet, qui consiste en l'abaissement brusque d'un levier. Un intervalle sépare les deux signaux sur le papier enfumé, et, comme la vitesse du cylindre est connue d'avance, la durée de la réaction peut être calculée à un dix millième de seconde près.

Exner, dont nous donnons plus loin les résultats, a étudié

---

1. *Experimentelle Untersuchungen der einfachsten psychischen Processe* dans *Pflügers Archiv*, 1873, Bd. VII, p. 601-669. Les instruments employés pour mesurer la durée des actes psychiques varient suivant les expérimentateurs. On se sert des chronoscopes de Pouillet, de Hipp, de l'appareil enregistreur de Krille, de Hankel, etc. Pour leur description, voir les ouvrages cités et particulièrement Marey, *Du mouvement dans les fonctions de la vie*. — Pour les autres travaux cités, voir Mach, *Sitzunsberichte der Wiener Akad.*, Bd. 51, p. 142. — Vierordt, *Der Zeitsinn nach Versuchen*, 1868. — Baxt, *Pflüger's Archiv*, tome IV.

avec beaucoup de soin les conditions accidentelles qui influent sur la durée du temps physiologique.

Avant tout, le degré d'*attention* a une influence prépondérante sur la durée de la réaction. Plus l'attention est grande, plus cette durée est petite ; quand l'attention est à son *maximum*, la durée de la réaction est à son *minimum*.

La durée varie aussi beaucoup suivant l'organe affecté et suivant l'endroit du corps auquel s'applique l'excitant.

L'âge a une influence. Exner a trouvé le minimum de durée $= 0''$, 1295 chez un jeune homme de vingt-deux ans ; et le maximum $= 0'$, 9952 chez un vieillard de soixante-seize ans.

L'ingestion de substances toxiques ou excitantes (morphine, thé, café) n'a pas eu d'influence. Cependant, dans l'état d'ivresse, la réaction est très-ralentie (environ $0''$, 1), quoique le sujet ivre s'imagine réagir plus vite qu'à l'état normal.

Aux expériences d'Exner, il faut joindre celle de Wundt. Dans ses *Grundzüge der physiologischen Psychologie*, il a résumé les travaux de ses devanciers en y ajoutant les siens. C'est lui que nous allons suivre pour guide dans cette exposition. Nous aurons, en effet, l'avantage assez rare en pareille matière de trouver chez lui à la fois les données physiologiques et leur interprétation psychologique.

Mentionnons enfin les dernières recherches (1877) dues à J. von Kries et F. Auerbach, qui, comme nous le verrons plus loin, ont pour objet un point spécial : la durée du « discernement », c'est-à-dire de l'acte intellectuel tout seul.

II

Il nous faut tout d'abord remarquer que le temps qui s'écoule entre l'excitation et la réaction est consacré à plusieurs phénomènes de nature diverse. Exner, qui en a fait une analyse très-minutieuse, décompose cette durée totale en plusieurs moments :

1° Le temps nécessaire pour que la force d'excitation se transforme en force nerveuse (temps nul quand le nerf est excité directement);

2° Le temps que met l'excitation à se transmettre par le nerf à un centre nerveux;

3° Le temps consacré par l'excitation à traverser la moelle (temps nul pour les nerfs crâniens);

4° Le temps nécessaire pour la transformation, dans les centres, de l'impression en excitation motrice;

5° Le temps mis par l'excitation motrice à parcourir la moelle;

6° Le temps qu'elle met à parcourir le nerf moteur;

7° Le temps requis pour produire la contraction musculaire.

Entre ces divers éléments celui qui nous importe est le quatrième. Les autres sont connus, déterminés, sauf le premier, qui n'a pu être étudié que sur la rétine et sans résultat concluant.

M. Wundt, qui a fait également une analyse du temps physiologique, montre que, pour la psychologie, ces divers éléments peuvent se ramener à deux moments principaux [1]. Le temps physiologique, dans sa totalité, comprend : 1° la transmission par les nerfs aux centres, 2° l'entrée dans le *champ* visuel de la conscience ou perception, 3° l'entrée dans le *point* visuel de la conscience ou aperception, 4° le temps nécessaire à la volition, 5° la transmission par les nerfs aux muscles.

On peut considérer le premier et le dernier de ces éléments comme purement physiologiques. Quant aux trois autres, ils sont d'une nature psychophysique. Nous avons beaucoup de raisons, dit Wundt, de croire que l'impression qui agit avec une force suffisante sur les parties centrales, entre par là même dans le champ visuel de la conscience. Il faut un effort particulier, que nous sentons intérieurement, pour nous rendre attentifs à cette impression, et c'est par là que nous distinguons l'aperception, de la perception pure et simple. La durée de la perception se trouve ainsi comprise dans la durée de la transmission sensorielle : elle est à la fois le dernier acte du fait physiologique et le premier acte du fait psychologique. Par durée de la perception, il faut donc entendre à la fois le temps nécessaire pour exciter les centres nerveux sensoriels et le temps nécessaire pour faire entrer l'impression dans le champ de la conscience.

D'un autre côté, le temps consacré à la volition se confond de même avec le temps de l'excitation motrice ou centrifuge. Il est contraire aux faits d'admettre un acte de voli-

1. *Grundzüge der physiologischen Psychologie*, ch. XIX.

tion qui serait complètement achevé, avant que l'excitation
motrice des centres nerveux puisse commencer. Du moins,
le sens intime nous donne ces deux faits comme simultanés.

Ainsi, l'excitation des centres sensitifs et la perception,
l'excitation des centres moteurs et la volition, nous sont
données, chacune, comme un fait psychophysique. Reste
un dernier élément : l'aperception, que l'on serait tenté
d'admettre d'abord comme un fait purement psychologique.
Il n'en est rien. Sans s'arrêter à examiner les diverses hypothèses qui peuvent être faites sur la nature de cet état, il est
certain qu'il est toujours accompagné d'un sentiment de
tension ou d'effort qui a nécessairement une base physiologique, qui est un fait d'innervation centrale. Dans beaucoup
de cas, on ne peut pas distinguer sûrement, quant à la
durée, l'aperception de la volition. On peut donc les comprendre sous la dénomination commune de durée de la réaction, puisque toutes deux consistent en une réaction centrale contre les perceptions qui entrent dans la conscience.

En résumé donc, le temps physiologique est finalement
décomposé en deux faits physiologiques — la transmission
sensitive, la transmission motrice — et deux faits psychophysiques — la durée de la perception, la durée de la réaction. Le temps de la transmission est connu. Quant à la
durée des deux actes internes, elle est plus difficile à déterminer. On y parvient, cependant, par des dispositions expérimentales qui compliquent ou qui facilitent l'acte de la perception et l'acte de la réaction et qui permettent d'attribuer

les variations de durée tantôt au premier acte psychologique, tantôt au second. Il y a un dernier *desideratum* qui exige de nouvelles recherches souvent impossibles : décomposer la durée de la réaction en deux durées, celle de l'aperception, celle de la volition.

La position du problème étant ainsi bien établie, entrons maintenant dans le détail des expériences et de leurs résultats. On peut grouper sous les titres suivants les différents cas étudiés :

1° Impression connue, mais non déterminée quant au temps de son apparition ;

2° Impression connue et déterminée quant au temps ;

3° Impression ni connue ni déterminée quant au temps ;

4° Impression accompagnée ou suivie d'une impression tantôt semblable, tantôt différente ;

5° Série régulière de perceptions dans laquelle on en intercale une nouvelle ;

6° Mélange d'états internes et de perceptions, permettant de mesurer la durée des actes psychiques pendant la reproduction ;

7° Durée du discernement, c'est-à-dire de l'acte intellectuel le plus simple, pris tout seul.

I. Examinons le premier cas. Le sujet en expérience sait qu'il doit éprouver une sensation tactile, visuelle ou auditive : toute son attention est concentrée sur un seul point indéterminé, l'instant de l'apparition. En ce cas, le temps physiologique est d'environ 1/5 de seconde. Il est un peu

plus court pour les impressions de tact et de son que pour
celles de la vue. Les expériences de Wundt lui ont donné
les nombres suivants :

Son	0,167	ou environ	1/6
Tact	0,213		1/5
Lumière	0,222		1/5

Les chiffres moyens trouvés par d'autres observateurs,
Hirsch, Hankel, Exner, Auerbach et Kries, sont :

Son	0,149	0,1505	0,1360	0,122	0,120
Tact	0,182	0,1546	0,1337	0,146	0,117
Lumière	0,200	0,2246	0,1506	0,191	0,193

Mais, comme le fait remarquer Wundt, les excitants employés pour produire ces trois ordres de sensation sont loin
d'avoir la même intensité. Nous n'avons aucun moyen de
comparer des choses aussi disparates qu'un bruit et une
étincelle électrique. Peut-être cependant les différences de
durée sont-elles dues à une différence d'intensité dans la
cause objective. Pour résoudre ce problème, il faut ramener
les sensations comparées, à ce point où elles atteignent le
« seuil de l'excitation, » le minimum perceptible [1]; car là
elles sont toutes égales pour la conscience. En partant donc
du minimum perceptible, Wundt a obtenu les chiffres suivants, comme résultat moyen de 24 observations :

Son	0,337	0,0501	(variation moyenne).
Lumière	0,331	0,0577	—
Tact	0,327	0,0324	—

1. Cette expression de seuil de l'excitation (*Reizschwelle*), fort en
usage dans la psychologie allemande contemporaine, a été déjà
expliquée plusieurs fois.

Il en conclut que, les conditions de la transmission nerveuse restant les mêmes, « la durée de la perception et de la réaction est constante quand l'excitation est à son minimum. » L'expérience lui a montré de plus que le temps physiologique diminue, à mesure que l'intensité de l'excitation augmente. A l'aide de deux instruments différents qui consistent principalement, l'un en une boule de 15 grammes tombant sur une planchette, l'autre en un marteau électro-magnétique, il constate qu'en faisant varier la hauteur de la boule et du marteau, et par conséquent l'intensité du son que produit leur chute, on obtient ce qui suit :

Hauteur de la boule.	Temps.	Hauteur du marteau	Temps.
0ᵐ,02	0,161	1 mill.	0,217
0, 05	0,176	4	0,146
0, 25	0,159	8	0,132
0, 55	0,094	16	0,135

Ces deux séries d'expériences montrent assez clairement le rapport inverse, exprimé plus haut, entre l'intensité de l'excitation et le temps physiologique. Il y a sans doute à tenir lieu ici du fait de la transmission nerveuse. Elle augmente avec l'intensité de l'excitation ; mais la quantité dont elle augmente est si faible, comparée à la durée totale du temps physiologique, qu'il faut bien porter la différence au compte de la perception et de la réaction.

Comment le temps physiologique se divise-t-il ici entre la perception et la réaction? Il est difficile de le dire. Les conditions de l'expérience jettent cependant quelque jour sur la question. Dans le cas où elles se font avec le minimum perceptible, on constate en soi-même, au moins dans plusieurs cas, un état de doute qui a une certaine durée; on se demande avec indécision si une impression a eu réellement lieu, et l'on sent clairement que cet état d'indécision prend un certain temps. Or il faut remarquer qu'un état de cette espèce se produit non-seulement dans le cas où le jugement reste indécis, mais même dans les cas où l'impression, étant nettement perçue, se trouve au-dessus du minimum perceptible.

Les deux éléments (aperception, volition) que nous avons compris sous la dénomination commune de durée de la réaction, dans quel rapport sont-ils quant à leur durée? Dans quelques cas, la conscience perçoit ces deux actes comme successifs, mais presque toujours ils lui sont donnés simultanément dans un seul et même moment indivisible. Toutefois, on ne peut nier que les conditions dans lesquelles l'expérience se produit rendent très-probable cette conclusion : que la durée de la volition est extrêmement petite, en sorte que la durée de la réaction doit être portée en grande partie au compte de l'aperception. Les conditions de l'expérience sont telles en effet que l'enregistrement se fait avec une sûreté mécanique et que, toute l'attention convergeant vers cet acte, l'impulsion volontaire est presque instantanée.

Un fait en faveur de cette impulsion instantanée, c'est qu'il arrive parfois, quand une impression est vivement attendue, qu'on enregistre une impression tout autre (un éclair au lieu d'un son); et l'on sait très-bien, au moment même où l'on produit le mouvement, qu'une erreur est commise.

II. On peut simplifier les expériences précédentes, en plaçant le sujet dans des conditions telles que son effort d'attention soit allégé. Pour cela, il suffit de déterminer d'une manière complète l'impression qu'il doit éprouver, en éliminant toute cause d'indécision. On lui fait connaître d'avance la nature de la sensation (son, lumière, etc.); de plus, on annonce l'apparition par un signal antérieur. Ainsi, une impression lumineuse ou auditive sera précédée par le battement d'un pendule qui indique au sujet le moment précis où il doit se mettre en garde.

On constate alors que le temps physiologique est considérablement *diminué*. En employant la boule, dont on a parlé plus haut, qui, par suite d'une disposition assez simple, peut tantôt produire un son avant sa chute (en heurtant un anneau), tantôt n'en produire aucun, Wundt a constaté les différences suivantes :

Chute de 0^m,25 de haut : { sans signal. 0,253   13 }   Nombre
                           { avec signal. 0,076   17 }   des
Chute de 0^m,06 de haut : { sans signal. 0,276   14 } expériences.
                           { avec signal. 0,175   17 }

L'expérience montre que, lorsque l'intervalle constant entre le signal et l'impression augmente, le temps physiologique diminue. De plus, la répétition et l'habitude ont une très-grande influence sur cette diminution. Dans une longue série d'expériences, les conditions extérieures restant les mêmes, on voit le temps physiologique devenir très-petit (quelques millièmes de seconde) ou même complètement nul.

La diminution du temps physiologique s'explique par l'état d'extrême attention qui empêche tout retard dans la perception et dans la réaction. Mais comment ce temps peut-il devenir nul? Il faut remarquer que, dans les expériences actuelles, toute cause d'indécision étant écartée, le sujet tend à faire coïncider exactement son mouvement de réaction avec l'impression perçue, et c'est ce qui arrive, surtout après plusieurs essais répétés. Dans certains cas, l'attente est si vive que l'impression doit être perçue *plus tôt* qu'elle n'a lieu en réalité, et, comme l'état d'innervation motrice est à son plus haut degré, la réaction suit immédiatement la perception.

Exner fait remarquer que, dans ces expériences si rapides, le sujet habitué sait très-bien si son enregistrement est bon ou mauvais, quoique la différence sentie en pareil cas ne soit guère que de quelques centièmes de seconde; et il le sait par la différence d'intervalle qu'il perçoit entre l'impression et le mouvement. Ce fait montre quelle précision extraordinaire notre sens intime peut avoir dans les recherches de cette sorte.

III. Au lieu de simplifier l'expérience, comme dans le cas précédent, on peut se proposer de la compliquer.

Le cas de la moindre complication est celui-ci : la nature de l'impression est connue, mais on ne détermine ni le moment de son apparition, ni son *intensité*. Soit une impression auditive : on fait se succéder, sans aucune règle, des sons intenses et des sons faibles. En pareil cas, le temps physiologique est toujours *augmenté*. Wundt a fait deux séries d'expériences, l'une avec changements uniformes, l'autre avec changements sans règle :

I. Changement uniforme.		II. Changement sans règle.
Son intense.	0,116	0,189
Son faible...	0,127	0,298

Le temps physiologique augmente encore lorsque, dans une série de sons forts, on intercale brusquement un son faible et *vice versa*. La durée peut aller jusqu'à 0,4 — 0,5 de seconde. En pareil cas, les différences ne doivent être attribuées ni à la durée de la perception, ni à la durée de la transmission, mais à celle de la *réaction*. Cette durée croît, parce que les conditions de l'expérience sont telles que l'attention est prise en défaut; l'effort antérieur qui simplifie le travail de l'aperception ne s'est pas produit. On peut donc dire en toute sûreté que ce retard dans la durée de la réaction est dû à l'aperception. En effet, les conditions de l'innervation volontaire sont les mêmes *ici* que dans les autres expériences; ce n'est donc pas d'elle que peut provenir la différence.

Un cas plus compliqué que le précédent est celui où l'impression est complètement inattendue. Il en résulte un retard dans le temps physiologique. Ce cas se présente quelquefois par hasard, quand le sujet, au lieu d'appliquer son attention à l'impression attendue, se laisse distraire. On peut le produire artificiellement, en interrompant une série d'impressions à intervalles uniformes, par un intervalle très-court. Le temps physiologique s'élève alors jusqu'à 1/4 ou

1/2 seconde [1]. Le retard est moindre, quoique notable encore, quand le sujet ignore la nature de l'impression qu'il va recevoir (son, ou vision, ou contact).

On peut se proposer enfin de faire porter la complication non plus sur l'impression perçue, mais sur le mouvement de réaction. Telles étaient les expériences imaginées par Donders et Jaager, dont nous avons parlé plus haut : un choc électrique est appliqué tantôt sur un pied, tantôt sur l'autre; la main du côté piqué doit réagir. Ou bien encore l'impression est produite par une lumière tantôt rouge, tantôt blanche; la main droite réagit pour la première et la main gauche pour la seconde. Enfin un troisième mode d'opérer : Une voyelle est proférée, le sujet doit la répéter, et les deux mouvements sont enregistrés à l'aide d'un stylet oscillant sur un tambour; tantôt la voyelle est connue d'avance par le sujet, tantôt il l'ignore. L'instrument constate une différence de durée :

Impression connue.		Impression inconnue.	Différence.
Tact.....	0,205	0,272	0,067
Lumière.	0,184	0,356	0,172
Son......	0,180	0,250	0,070

Il faut bien remarquer cependant que, dans ces trois séries d'expériences, les conditions de la réaction ne sont pas les mêmes. Il y a en effet, entre une impression sur le pied et une réaction de la main du même côté, une association étroite, favorisée par la conformation anatomique, l'exer-

1. Lorsqu'une impression est assez vive pour produire la frayeur, le temps physiologique est augmenté d'après Wundt, diminué d'après Exner.

cice, l'usage. Il en est de même entre une sensation auditive et une réaction vocale. Mais cette association naturelle, organique n'existe pas entre une sensation de rouge et un mouvement de la main droite.

On peut donc conclure « que la durée de la volition dépend principalement des connexions physiologiques existant entre les centres nerveux sensitifs et les organes moteurs qui réagissent ». Quand la réaction est favorisée par le mécanisme du système nerveux et l'habitude, le retard porte sur l'aperception. Dans le cas contraire, c'est la durée de la volition qui joue le principal rôle.

IV. Jusqu'ici on n'a fait agir sur le sujet qu'une impression unique. Voyons ce qui va se produire lorsqu'à côté de l'impression principale, qui doit être enregistrée et dont on connaît la nature et l'intensité, on en fait agir une autre, afin de fatiguer l'attention.

Prenons d'abord deux impressions de même nature. Wundt emploie une cloche que frappe un petit marteau. Il enregistre les impressions suivant la méthode ordinaire. Puis, à l'aide de l'instrument employé pour cette expérience, il produit un bruit continu, celui d'une roue dentée qui heurte un fil métallique, et il constate les différences :

I. Son modéré :	sans un son simultané.	0,189
	avec..................	0,313
II. Son fort :	sans un son simultané.	0,158
	avec..................	0,203

Le retard du temps physiologique est évident. Il se pro-

duit de même quand les deux impressions sont de nature
différente :

Etincelle électrique :
$\begin{cases} \text{sans un son simultané.} & 0,222 \\ \text{avec} \dots\dots\dots\dots\dots & 0,300 \end{cases}$

On a tout lieu d'admettre que, dans le cas des sensations
disparates, le trouble de l'attention est plus grand. On sent
du moins plus de difficulté à réagir correctement; on éprouve
un sentiment pénible, une sorte d'embarras.

Une autre façon de conduire l'expérience amène à un résultat curieux. Avec l'impression principale, on en fait agir
une autre, qui est simultanée, antérieure ou postérieure [1].
L'observation montre que la succession interne de nos perceptions peut ne pas correspondre à la succession externe
des excitations : en d'autres termes, une excitation qui, en
réalité, est postérieure à une autre, peut être perçue comme
antérieure. L'observation intérieure ne laisse aucun doute
sur la cause de cette illusion : elle est due à l'état variable
d'effort de l'attention. Quand l'effort est faible, cela n'a jamais lieu ; mais, quand il est intense, il peut se produire une
véritable anticipation de l'esprit.

Nous ferons remarquer aussi qu'avec ce mode d'expérience l'impression concomitante, quand elle est *postérieure,*
n'a aucune influence sur l'impression principale : tout se
passe comme dans les conditions simples. Il en est de
même pour le cas de simultanéité. Mais, si l'impression per-

1. L'expérience peut être faite soit avec deux impressions de même
nature, soit avec deux impressions différentes.

turbatrice est antérieure, le temps physiologique est toujours augmenté, comme le montrent les expériences suivantes :

Impression perturbatrice.	Son.	Lumière.
Simultanée ou postérieure.	0,176	0,218
Antérieure...............	0,228	0,250

Lorsque l'expérience est disposée comme précédemment, mais que l'impression accessoire suit l'impression principale, à intervalle très-court, la méthode d'observation change. Il n'est plus nécessaire d'enregistrer par un mouvement la perception de l'impression principale; la seconde impression, pourvu qu'elle appartienne au même sens, sert à établir la durée d'aperception de la première. Il suffit, pour cela, de faire varier l'intervalle entre les deux impressions et de déterminer ainsi, par l'expérience, le temps nécessaire pour que la première ne soit pas effacée par la seconde. La partie de la durée de la réaction qui appartient à l'impulsion volontaire disparaît d'elle-même.

Nous ne saurions trop appeler l'attention sur le nouveau procédé mis en usage ici. La durée du temps physiologique est abrégée, puisqu'elle ne renferme plus que deux éléments principaux, la transmission centripète et l'aperception ; la détermination de la durée se fait donc dans des conditions plus simples. Pour comprendre d'une manière nette ce mode de détermination, remarquons ce qui suit. Si deux excitations se succèdent à un intervalle de temps n (qui est indiqué par les appareils enregistreurs), et si elles ne sont perçues que comme une seule excitation, on peut en conclure que

TH. RIBOT.   21

la première sensation a une durée égale au moins à n. Si l'intervalle est augmenté de n' (si l'on a par conséquent $n + n'$), et si le sujet perçoit deux sensations, on peut en conclure que la première sensation a une durée plus petite que $n + n'$. En faisant varier n', on peut déterminer avec une exactitude suffisante le temps physiologique pour la première sensation [1].

Toutefois ce mode d'expérience offre des difficultés. Chaque impression laisse après elle, dans l'organe, un certain retentissement, une persistance d'action purement physiologique, qui dure encore quand la seconde impression est reçue : en un mot, ce retentissement dure autant que l'intervalle qui sépare les deux impressions simples [2].

Suivant Baxt, la difficulté disparaît lorsque l'impression principale est *composée*, au lieu d'être simple. Aussi emploie-t-il pour ses expériences des lettres ou des figures géométriques. En faisant varier plusieurs fois l'intervalle de temps qui sépare l'impression principale de la seconde qui l'efface, on peut, par des essais répétés, trouver le maximum d'intervalle nécessaire entre deux excitations pour ne produire

1. Des expériences ayant pour but de déterminer la vitesse de l'agent nerveux sensitif sont fondées sur un principe analogue. Elles éliminent de même la durée de la réaction et s'appuient sur la persistance plus ou moins longue de la sensation. Voir *Archives de physiologie*, 1875, p. 588 et suivantes. Ces expériences, faites par M. Bloch, ont donné lieu à diverses critiques sur la méthode employée.

2. D'après Mach, l'intervalle de temps nécessaire pour que deux impressions simples ne se confondent pas serait :

Pour l'œil..........	0,0470 seconde.
Pour le tact (doigt).	0,0277
Pour l'oreille.......	0,0160

cependant qu'une seule perception. Puisqu'une impression momentanée suffit, quand rien ne la suit, pour produire une sensation, on peut supposer que l'intervalle répond à la durée de l'aperception.

Mais le temps ainsi mesuré varie beaucoup et croît avec l'intensité de la seconde excitation. En opérant avec divers degrés d'intensité, Baxt a trouvé que, pour percevoir 3 lettres, il fallait un temps qui varie entre 1/40 et 1/18 de seconde. Lorsqu'il employait tour à tour des courbes simples et des courbes compliquées, le rapport des temps était celui de 1 à 5.

Dans ces expériences, les excitations se produisent de telle façon qu'entre elles il n'y a *objectivement* aucun intervalle : la première persiste encore, quand la seconde est produite. Et cependant, *subjectivement*, nous sentons très-clairement qu'il y a un petit intervalle, pendant lequel aucune des deux excitations n'est perçue nettement. Ainsi, tandis qu'il y a continuité entre les causes de nos perceptions, il y a discontinuité dans les effets. Ce caractère de *discontinuité* que présente le cours de nos états internes vient, comme le fait remarquer M. Wundt, de la nature de l'aperception. Notre attention a besoin d'un certain temps pour passer d'une impression à une autre. Tant que la première dure, tout notre effort tend vers elle ; l'attention n'est pas prédisposée à saisir la seconde, au moment même où elle apparaît. Il y a donc un certain instant durant lequel l'attention diminue pour la première et augmente pour la seconde : c'est cet instant qui nous paraît vide et indéterminé. Etant données deux impressions qui en réalité sont simultanées ou séparées par un très-court intervalle, il n'y a pour nous que trois manières possibles de les percevoir : simultanéité, continuité, discontinuité. Si nous les percevons comme simultanées, alors elles sont pour nous des parties intégrantes d'un même tout ; elles constituent un objet. Sinon, nous les percevons *toujours* comme discontinues, sous la forme *discrète* du temps ; et cette forme, comme on le voit, a sa source dans la nature même de l'acte de l'aperception. Le continu, pour nous, ne peut venir que des variations d'intensité d'une seule et même représentation, jamais de la juxtaposition de deux états.

V. Si nous supposons une série de perceptions de la même nature se succédant dans un ordre régulier et que l'on intercale dans cette série une autre impression, à quel terme de la série l'aperception rattachera-t-elle ce nouveau terme ? Les deux impressions simultanées au dehors seront-elles simultanées au dedans ?

Les termes de la série et le nouveau terme sont ou homogènes ou hétérogènes.

Dans le premier cas, si par exemple une excitation lumineuse entre dans une série de représentations visuelles, un son dans une série de sons, il peut en résulter dans l'aperception de la série un dérangement, mais qui est très-léger, restreint à des limites très-étroites. Tout se passe comme s'il n'y avait que deux impressions isolées : entre la liaison des représentations et la liaison réelle des impressions, la différence trouvée est nulle ou à peine discernable.

Dans le second cas, les choses se passent tout autrement. Pour le montrer, Wundt intercale, de la manière suivante, un son dans une série d'impressions visuelles. Sur une échelle graduée, un indicateur se meut avec une vitesse uniforme : tout est disposé de façon qu'à chaque moment la position de l'aiguille puisse être aperçue très-nettement. Le mouvement d'horlogerie qui fait marcher l'aiguille sert aussi à produire un son, dont l'apparition peut varier à volonté; en sorte que le sujet ne sait jamais d'avance quand elle va avoir lieu. Dans ces expériences, il doit arriver une de ces trois choses :

1° L'impression auditive est perçue au moment même où l'indicateur occupe la place qui répond au son : en ce cas, ni dérangement ni retard.

2° Le son peut être combiné avec une position postérieure de l'aiguille : il faut admettre alors dans nos représentations un retard, que nous appellerons *positif*, quand le son est perçu plus tard qu'il n'a lieu en réalité [1].

3° Le son peut être combiné avec une position de l'indicateur qui est antérieure au son réel : nous appellerons ce retard *négatif*.

En d'autres termes, le son doit être perçu exactement, trop tard, ou trop tôt, par rapport à la réalité. On serait tenté de dire, à première vue, que le retard positif est le plus fréquent, puisque l'aperception demande toujours un certain temps. L'expérience montre que c'est tout le contraire qui

1. Dans ces expériences, on tient naturellement compte de la différence de vitesse de transmission pour le son et la lumière.

a lieu. Le cas le plus fréquent de beaucoup, c'est que le retard est *négatif*, et ainsi on croit entendre le son plus tôt qu'il n'a lieu réellement. Il arrive rarement que le retard soit nul ou positif.

Pendant plusieurs années, Wundt a fait sur ce point des expériences, en variant les conditions, la méthode et les instruments. Nous ne pouvons les exposer ici en détail. Le principal résultat auquel il a été conduit est celui-ci : en faisant varier considérablement la vitesse des impressions visuelles qui forment la série, le retard devient *positif*, dès que l'on dépasse certaines limites.

L'explication de ces faits nous est suggérée par les expériences déjà examinées. Nous avons vu que l'aperception de toute impression demande un certain temps ; mais que ce temps diminue si la nature de l'impression est connue et qu'il diminue davantage si l'instant de son apparition est prévu. Nous avons montré qu'en pareil cas l'un des résultats de l'extrême attention, c'est que l'aperception peut précéder l'impression réelle. — Or les conditions mêmes de l'expérience actuelle doivent produire ce retard *négatif* avec une certaine régularité. En effet, lorsque la série d'impressions uniformes se déroule avec une certaine lenteur, l'attention, qui est tout entière dirigée vers l'impression additionnelle (le son), atteint son maximum avant que cette impression ait lieu, et par suite se trouve combinée avec une impression visuelle, antérieure au son en réalité : par suite, le son est entendu trop tôt. Au contraire, plus la série des impressions uniformes se déroule rapidement, plus il devient difficile à l'attention d'être en état d'effort suffisant avant que le son se produise; par suite, le retard devient de moins en moins négatif, puis devient nul, puis positif.

De l'ensemble de ces expériences, M. Wundt croit pouvoir conclure que l'aperception et la réaction volontaire constituent un fait connexe dont le point de départ physiologique réside dans les centres moteurs. Il rappelle :

1º que, quand l'aperception n'est pas suivie d'une impulsion volontaire (c'est-à-dire quand sa durée est déterminée au moyen d'une impression qui succède immédiatement à la première), sa durée est moindre ;

2º que, lorsqu'il y a un rapport naturel ou habituel entre l'impression et le mouvement, l'aperception et la volition coïncident; tandis que, lorsqu'il y a un certain choix à faire, le phénomène se partage en deux actes.

Mais, dans tous les cas, tout se ramène, pour lui, à une excitation volontaire, qui tantôt est dirigée vers les centres sensoriels (aperception), tantôt vers les centres moteurs (volition proprement dite). « L'aperception et l'impulsion motrice ne sont donc que des formes diverses de l'excitation volontaire. Voilà pourquoi elles sont si intimement enchaînées et pourquoi, dans certaines circonstances, elles coïncident. Un fait physiologique qui jusqu'ici restait une énigme, parce qu'on séparait la sensation de la réaction volontaire, s'éclaire d'une lumière inattendue. On sait que les parties antérieures du cerveau sont très-probablement le point de départ des mouvements volontaires, tandis que les centres sensoriels seraient principalement dans les régions posté-

rieures des couches corticales [1]. D'un autre côté, on ne peut
guère douter que les plus hautes fonctions de l'esprit ne
soient partout liées au développement du cerveau antérieur.
Tout ceci se comprendra, si nous remarquons que ce foyer
de l'innervation volontaire doit à la fois gouverner les centres sensoriels, déterminer le mouvement et l'aperception
des impressions. »

VI. Le groupe de recherches dont nous allons parler diffère des précédents. Il s'agit ici, non plus de la durée des
perceptions actuellement ressenties, mais du temps nécessaire pour *reproduire dans la mémoire* des perceptions
passées.

En fait, une délimitation absolue entre le domaine des perceptions actuellement produites et des perceptions repro-
duites est impossible : car, aux états de conscience évoqués
par les impressions sensorielles s'adjoignent des souvenirs
dus à des impressions antérieures qui tantôt les complètent,
tantôt s'en distinguent. Du reste, en étudiant précédemment
la perception des impressions qui sont attendues et pré-
vues, nous avons vu que la reproduction y joue un rôle et
qu'elle se mêle intimement au phénomène de la perception
actuelle.

L'expérience montre qu'en général *le temps nécessaire
pour la reproduction d'un état de conscience est plus long*

---

1. Il s'agit ici des expériences sur les localisations cérébrales commencées par Fritsch et Hitzig et poursuivies par d'autres observateurs,
principalement Ferrier, dans ses *Recherches expérimentales sur la physiologie et la pathologie cérébrales*, et ses *Fonctions du cerveau*.

que le temps nécessaire pour sa production. Cependant cet énoncé général, pour être exact, a besoin d'être complété par quelques remarques.

La mémoire peut se représenter l'intervalle de temps entre deux perceptions comme plus grand ou comme plus petit qu'il ne l'est en réalité. C'est le premier fait qui se produit, quand l'intervalle est petit ; le second, quand l'intervalle est grand. Tous ceux qui ont l'habitude de la réflexion l'ont remarqué. Quand nous repassons dans nos souvenirs certaines périodes écoulées de notre vie, une période courte nous apparaît toujours comme plus grande, relativement, qu'une période longue. Un mois passé et une année passée se raccourcissent tous deux dans nos souvenirs; mais c'est l'année qui, relativement, se raccourcit le plus.

Cette loi a d'ailleurs pu être établie par des expériences précises. Si nous cherchons à nous représenter des fractions de seconde, notre représentation de cette fraction de la durée est toujours trop grande : le contraire se produit lorsqu'il s'agit de plusieurs minutes ou de plusieurs heures. Pour étudier la durée de ces petits intervalles, Vierordt faisait observer pendant quelque temps les battements d'un métronome; puis, l'observateur devait, à lui tout seul, reproduire des battements aussi rapides que ceux qu'il avait entendus. Or l'intervalle des battements imités devenait trop court quand l'intervalle réel était long, trop long quand l'intervalle réel était court. Les variations individuelles, en deçà ou au delà du point précis, sont assez grandes.

Vierordt, à la suite d'expériences faites sur lui-même, a

trouvé que le point d'appréciation exacte répondait à des excitations durant :

Pour l'oreille, entre   3   et 3, 5 secondes
Pour le toucher, entre   2, 2 et 2, 5

Il ne laissait entre la sensation et sa répétition qu'un petit intervalle.

Notre sentiment de la durée, comme le fait remarquer Wundt, est différent selon qu'il est rétrospectif ou qu'il s'applique à l'avenir. Dans le premier cas, il repose sur une reproduction d'états antérieurs, dans le second cas sur un effort de l'attention. C'est ce qui explique pourquoi il nous paraît si long d'attendre quelqu'un et pourquoi, dès que la personne attendue paraît, le temps d'attente rejeté dans le passé paraît très-court. Le temps consacré à un travail uniforme nous paraît beaucoup plus court que le même temps dépensé en mille petits travaux qui n'ont pas de lien entre eux. Ici encore, il y a une influence de l'attention.

Nous arrivons donc à ce résultat général que la reproduction des états de conscience dépend, tout comme leur perception immédiate, de l'état d'effort de l'attention. Chaque représentation doit, pour être perçue, s'accommoder à l'attention, entrer dans ce qui a été appelé plus haut le point visuel. Et de même que chaque impression peut être perçue trop tôt ou trop tard, parce qu'il y a trop ou trop peu de temps laissé à l'attention ; de même la représentation, l'état purement interne, peut être reproduit trop tôt ou trop tard, suivant que la reproduction doit être lente ou rapide.

En résumé, les différences entre la durée de la production et cell e dela reproduction peuvent se ramener aux deux principes qui suivent :

1° Dans la reproduction, le temps nécessaire pour que l'attention passe complètement d'un état à un autre est considérablement augmenté. Lorsqu'il s'agit d'impressions réelles, nous avons vu que ce temps est à peine d'une seconde, puisque, pour deux sons séparés par un intervalle d'une seconde, le retard est nul. Le passage de l'attention d'un état à l'autre exige donc une durée moindre qu'une seconde. Au contraire, si entre l'impression et sa reproduction on laisse un court intervalle, l'appréciation peut varier jusqu'à plusieurs secondes en plus ou en moins.

2° La différence entre la perception immédiate et la reproduction croît avec l'intervalle de temps qui sépare les états internes entre eux, et avec l'intervalle du temps écoulé entre l'impression et le moment de la reproduction [1].

VII. Il nous reste à examiner un dernier cas. Dans tous ceux qui précèdent, on s'est attaché à déterminer les variations du *temps physiologique* (c'est-à-dire de l'intervalle qui s'écoule entre l'excitation et le signal de réaction), d'après

---

1. Lorsque nous comparons deux intervalles de temps et que le second diffère du premier (est plus long ou plus court), il arrive nécessairement qu'au moment de la comparaison le premier intervalle ne nous est donné que sous la forme d'un souvenir ; par conséquent, il est sujet à cette erreur d'appréciation inhérente aux états de conscience reproduits. Divers expérimentateurs, Mach, Vierordt, Hering, ont montré que l'aperception de cette différence de durée varie entre un *maximum* et un *minimum;* mais les nombres qui résultent de leurs expériences sont loin de s'accorder.

les conditions diverses dans lesquelles on se place. Il s'agit
ici d'une détermination plus précise encore.

Nous avons vu que Donders s'était proposé de mesurer le
temps nécessaire à une opération intellectuelle très-simple,
qu'il appelle la solution d'un dilemme. C'est le même problème que Kries et Auerbach viennent de reprendre [1].

Pour faire comprendre leur méthode, imaginons deux
foyers lumineux, l'un bleu, l'autre rouge. On fait apparaître
tantôt l'un, tantôt l'autre. Le sujet ne doit réagir qu'à la vue
de l'une des deux lumières, désignée d'avance. Dans ces conditions, la réaction est retardée. Ce retard ne peut être attribué
qu'à une opération intellectuelle, à un acte de discernement [2]
entre deux perceptions simples, aboutissant à une conclusion. C'est la durée de cet acte de discernement qu'il s'agit
d'évaluer. Pour cela, ces expérimentateurs ont dû : 1º déterminer d'abord l'équation personnelle, c'est-à-dire la durée
totale de la réaction, l'excitation restant toujours la même ;
2º déterminer la durée de la réaction dans les cas où l'excitation change : La différence entre ces deux quantités exprime
la durée de l'acte du discernement. Leurs expériences,
appliquées à divers ordres de perceptions, ont donné les
résultats suivants :

	Auerbach. Secondes.	Kries. Secondes.
Localisation des perceptions tactiles (c'est-à-dire distinction de parties différentes de l'organe tactile).	0,024	0,036
Distinction entre deux excitations tactiles :		
Réponse à la plus forte. . .	0,022	0,064
» » » faible . .	0,053	0,105

1. *Archiv. für Anatomie und Physiologie*, 1877, p. 296.
2. Ce que Bain appelle *a discrimination*.

	Auerbach.	Kries.
	Secondes	Secondes.
Discernement d'un son élevé	0,019	0,049
» » bas.	0,034	0,054
» entre un son et un bruit	0,023	0,046
Localisation du son	0,015	0,032
Discernement entre deux couleurs	0,012	0,034
Discernement de la direction de la lumière. .	0,011	0,017
» de la distance d'objets vus. . .	0,022	0,030

Il résulte de ce tableau que la durée moyenne de l'acte de discernement serait pour Auerbach 0,026, pour Kries 0,049, c'est-à-dire plus grande de près du double, et que par conséquent la durée des opérations psychiques peut être très-variable selon les personnes.[1]

III

Les expériences qui précèdent ne se laissent, quant à présent, ramener à aucune loi. Le plus qu'on puisse faire, c'est d'en résumer brièvement les résultats généraux.

1º Le fait de conscience a, comme tout autre phénomène, une durée précise, variable et mesurable. Sans doute il était universellement admis, surtout depuis Kant, que les phénomènes internes ont pour caractère distinctif de se passer dans le temps; mais cette formule vague permettait encore de laisser la pensée dans une sorte de région mystique où elle paraissait inaccessible à la mesure, quant à sa durée.

1. Pour la critique qui peut être faite de ces résultats, voir Richet, *Revue philosophique*, tome VI, p. 395. L'auteur pense qu'une durée si minime (environ 3 centièmes de seconde) est tout à fait inférieure aux limites de l'erreur expérimentale.

2° Le fait de conscience n'a pas une durée absolue. Cette durée varie suivant les conditions extérieures (nature et ordre des excitations), suivant des conditions intérieures dont la principale est le degré d'attention, et suivant des conditions de nature mixte (exercice, habitude).

3° Le temps physiologique, dans les circonstances les plus simples, varie d'après la diversité des sensations, entre 1/5 et 1/7 de seconde [1].

4° Toutes les circonstances propres à compliquer l'acte psychique augmentent sa durée.

5° La durée de l'acte *intellectuel* le plus simple peut être évaluée à 3 centièmes de seconde.

6° L'ordre des faits internes ne correspond pas toujours à l'ordre des faits externes. Une simultanéité objective peut se changer subjectivement en une succession; une simultanéité subjective peut répondre à une succession objective. Enfin l'ordre peut être interverti, de telle façon qu'une succession objective AB devienne une succession subjective BA.

7° Le temps nécessaire pour la reproduction par la mémoire n'est pas le même que le temps nécessaire pour la production actuelle d'un état de conscience. Il est en général plus long.

1. Pour les excitations optiques, 0,19; pour les excitations acoustiques et tactiles, 0,15. Ajoutons, pour être complet, que, d'après les recherches de Vintschgau et Hönigschmied (publiées dans les *Archives de Pflüger*, tom. 10 et 14), la durée de la réaction pour les excitations gustatives serait de 0,15 — 0,23 seconde. Elle varierait suivant les points de la langue excités et suivant la nature des substances sapides : le salé, le doux, l'acide, l'amer, représentent une série de vitesse décroissantes.

Tels sont les principaux résultats des expériences dont nous avons donné plus haut le détail. Assurément, ils sont loin de répondre à toutes les questions possibles, et ils soulèvent plus d'une difficulté. On pourrait désirer, par exemple, que la durée propre de l'acte psychique fût déterminée dans tous les cas, déduction faite du temps nécessaire à la transmission nerveuse. C'est ce qui arrive pour la transmission motrice, quand le temps de la réaction est supprimé, comme nous l'avons vu; pour la transmission sensorielle, dans le cas de la vue et de l'ouïe, où la durée de la transmission peut être considérée comme à peu près nulle. Il est probable que le perfectionnement des instruments et de la méthode éclaircira bien des difficultés et en soulèvera d'autres qui changeront l'état de la question. Il importe peu ; le principal est acquis : la possibilité de la mesure.

Au terme de ce travail ennuyeux, minutieux, dénué de tout agrément littéraire, on se demandera peut-être si ces recherches valent la peine qu'elles coûtent, où elles conduisent, si elles nous font mieux connaître la pensée et sa nature?

On pourrait d'abord répondre que mieux vaut résoudre une petite question que de débattre incessamment les grands problèmes, sans succès possible. Mais la question qui nous occupe est-elle en réalité si petite? Il est évident qu'elle ne nous apprend rien sur l'essence intime de la pensée : en traitant ce problème par l'expérience, les observateurs ne se sont pas proposé ce but. La science n'a rien à faire avec ces questions insolubles. Devant ce tout complet qu'on nomme un fait, son œuvre consiste à décomposer, à soumettre tous les éléments constitutifs à l'expérience et à la mesure. Elle ne peut rien au-delà. La connaissance scientifique d'un fait, c'est la détermination complète de ses rapports; le reste est affaire de métaphysique.

Ici, le procédé suivi a été celui de toute science. Le fait psychique — complexe s'il en fut — a été étudié dans un de ses éléments constitutifs : les variations de sa durée. Mieux vaudrait sans doute pénétrer dans d'autres conditions, plus intimes, telles que les variations physiologiques des cellules nerveuses; mais chaque conquête permet de nouveaux progrès, offre des aperçus nouveaux. Déterminer la vitesse de l'agent nerveux moteur et sensitif est une œuvre en apparence secondaire pour la psychologie; et cependant par là le fait psychique est serré de plus en plus près : c'est par des mines souterraines qu'on s'en approche. Au lieu de la méthode intérieure, seule employée jusqu'ici pour étudier la succession de nos sensations et de nos idées, on a employé une méthode objective, qui, entre autres résultats, nous a montré qu'on supposait à tort que l'ordre interne des représentations reproduit immédiatement l'ordre externe des phénomènes. La méthode expérimentale nous a aussi fait comprendre pourquoi la conscience consiste en une série discontinue d'états séparés par de courts intervalles, pourquoi et dans quelles conditions ces états varient.

Nous avons exposé ces faits, sans en exagérer l'importance définitive, mais en les considérant comme une pierre d'attente, et la méthode employée comme une solide promesse de succès [1].

1. Au moment où cet ouvrage s'imprime, Obersteiner, de Vienne, vient de publier dans le *Brain* du 15 janvier 1879, de nouvelles recherches qui ont surtout pour objet l'influence de l'attention.

Après avoir déterminé le minimum nécessaire pour un acte psychique donné, chez une personne, il recherche dans quelles conditions a lieu un retard, et il constate que ce retard est en raison inverse de l'intensité de l'attention. Il résulte de ses expériences que le retard est moins grand pour les esprits cultivés que pour les ignorants, pour les hommes que pour les femmes. La réaction qui, chez un sujet, à l'état normal est en moyenne = 0″,133, dans l'état de fatigue et de somnolence est = 0,183 ; avec un mal de tête = 0,171.

Diverses expériences faites par l'auteur sont de la même nature que celles que nous venons de rapporter. La partie neuve de son travail consiste dans ses recherches sur les personnes atteintes de maladies mentales.

Dans le premier stade de la paralysie générale, il trouve comme moyenne de 12 expériences, 0″166 ; dans la période où les expériences sont encore possibles = 0,281 et même 0″755. — Chez un individu atteint de délire des grandeurs, la variation va d'un minimum = 0,115 à un maximum = 0,340.

Le retard est sensible chez les vieillards, mais il résulte de l'état des cellules cérébrales, plutôt que du degré d'attention.

CONCLUSION

I

Nous venons de grouper, sous quelques titres et sous quelques noms d'hommes, les recherches dont il semble qu'il y ait le plus à tirer pour une étude positive des questions psychologiques. Nous avons vu qu'elles sont de date récente. Après Kant, la métaphysique régna en Allemagne pendant un demi-siècle, et toute science des phénomènes de conscience fut oubliée ou dédaignée. La réaction qui suivit ne fut pas beaucoup plus favorable à la psychologie. On continua à l'exposer sous la forme d'une métaphysique bâtarde, dans des livres où il semble qu'on se soit proposé de réunir toutes les questions factices, vaines, insolubles ; d'écarter tout ce qui peut reposer sur des faits ou des données positives, pour se perdre dans d'inextricables discussions sur l'harmonie préétablie, l'influx physique, l'occasionalisme, le matérialisme et le panthéisme avec toutes leurs formes ; sur le mérite comparé du « traducianisme » et du

« créatianisme [1] ». Au lieu d'une doctrine, on ne trouve que
de l'histoire ; au lieu d'observations et de descriptions, on
rencontre une énumération d'opinions contradictoires, qui
ne laissent au lecteur consciencieux que le regret de beaucoup de temps perdu.

Pendant ce temps, quelques savants, un peu au hasard et
par des travaux de détails, contribuaient à faire naître une
psychologie scientifique. Ces premiers travailleurs en ont
suscité d'autres, qui, par diverses voies, poursuivent le même
but. Nous avons trop de fois insisté sur les caractères dis-
tinctifs de leur méthode pour qu'il soit nécessaire d'y revenir.
Il serait également superflu de donner ici une liste de noms
et d'ouvrages. Sous une forme historique, notre but est dogmatique. Nous nous proposons de faire connaître au public
français une certaine manière de traiter les phénomènes de
conscience et de montrer les résultats obtenus par la méthode des sciences naturelles : ce qui est nouveau doit seul
nous arrêter. Bornons-nous donc, dans cette conclusion, à
passer rapidement en revue quelques travaux de moindre
importance, qu'il serait injuste d'oublier, comme ceux de
Horwicz et de Brentano.

I. Nous n'avons pas l'intention d'exposer en détail les
théories de Horwicz ; ce travail serait d'ailleurs impossible,
puisque son ouvrage est en cours de publication. Nous

[1]. Il s'agit de savoir si, dans l'acte de la génération, l'âme se transmet
suivant les lois naturelles de l'hérédité ou si elle vient d'une création.
Voir sur ce point l'*Anthropologie* de Hermann Fichte, l'un des principaux représentants de cette tendance.

voudrions seulement marquer sa place dans le mouvement contemporain et dire brièvement le rôle qu'il s'est assigné.

Horwicz n'est pas un physiologiste de profession. Ce n'est pas non plus un idéologue, c'est-à-dire que sa psychologie ne consiste pas en une analyse des idées et des mots, à la manière du xviiie siècle, procédé employé par quelques représentants de l'école anglaise, comme Stuart Mill. Il se propose d'emprunter aux physiologistes leurs enseignements et d'en faire le point de départ de ses études psychologiques. Le titre de son ouvrage, *Analyses psychologiques sur des bases physiologiques* [1], est bien choisi et exprime exactement le but qu'il poursuit.

En laissant de côté sa théorie de la connaissance, — la partie la plus contestable de son œuvre, à notre avis, et la moins appropriée à sa tournure d'esprit, — on trouve chez lui les meilleures qualités du psychologue, la finesse, la pénétration, quelquefois la profondeur, des aperçus ingénieux, l'aptitude à discipliner un grand nombre d'observations et de détails. Malheureusement, il manque souvent d'ordre dans la marche générale de son exposition. On ne saisit pas d'une façon suffisamment claire l'enchaînement des questions traitées; plusieurs d'entre elles sont reprises cinq ou six fois sous des titres différents. L'abus des divisions et subdivisions contribue d'ailleurs à embarrasser.

Sa doctrine ne peut pas se ramener à un ensemble de

---

1. *Psychologische Analysen auf physiologischer Grundlage : ein Versuch zur Neubegründung der Seelenlehre.* 1re partie. Halle, 1872. — 2e partie (en 2 tomes). Magdebourg et Halle, 1875 et 1878.

vues formant système : nous sommes loin de lui en faire un
reproche, l'état actuel de la psychologie demandant, avant
tout, des études de détails. On peut cependant, dans cet ensemble d'analyses, démêler deux traits principaux qui ca-
ractérisent la psychologie de notre auteur : 1º l'emploi de la
méthode physiologique ; 2º le rôle prépondérant attribué au
sentiment dans la vie psychique.

Les données de la conscience, dit Horwicz, ne peuvent servir que de préliminaires : elles ne fournissent qu'un aperçu
vulgaire et grossier de l'activité mentale. Le reste doit venir
de la physiologie. Celle-ci, en nous faisant connaître les conditions organiques des phénomènes psychiques, n'est pas
seulement un accessoire utile, mais bien « le véhicule mé-
thodique des recherches, le fil d'Ariane. » Il faut que l'auteur ne procède pas comme beaucoup d'autres qui, cet
aveu fait une fois pour toutes, se hâtent d'en revenir aux
anciennes méthodes ou se contentent de payer un tribut pla-
tonique aux sciences naturelles, en disséminant quelques
faits dans leur exposition. Il y a, au contraire, chez lui, un
effort constant pour se pénétrer de l'esprit des sciences biologiques et ramener à elles, en dernière analyse, ses explications. « Une psychologie, dit-il, qui entreprend d'utiliser
pour la connaissance de l'âme les grandes découvertes de la
physiologie, doit étendre les données de l'expérience à ce
domaine tout entier. Elle ne doit pas se contenter, comme
les anciennes psychologies, empiriques ou spéculatives, de
juxtaposer simplement les faits ou de les expliquer par une
construction *a priori*. Pour prendre un cas particulier, il ne

suffit pas à notre but de constater que nous avons des sensations que nous rapportons à des objets hors de nous (sens) et d'autres sensations que nous rapportons à l'organisme et à ses états (sens organique) ; mais il nous faut connaître, si c'est possible, les conditions, organiques ou autres, qui produisent ces deux ordres de sensations [1]. »

Les questions psychologiques se posent pour lui au point de vue strict des phénomènes observables, et il ne trouve dans la psychologie métaphysique que néant et vide complets *(völlige Eitelkeit und Hohlheit)*. « Il ne faut pas attendre de notre méthode qu'elle réponde aux questions dernières. Ce qu'est l'âme, substance ou accident, ce qu'elle devient à la mort, quel rapport il y a entre elle et le corps : ce sont là des problèmes qui, s'ils ne sont pour toujours soustraits à nos recherches, ne peuvent au moins en aucun cas être posés au début. Notre polémique contre le matérialisme n'a d'autre but que de tenir la voie ouverte à la recherche vraiment scientifique et, dans le cas où celle-ci serait sans issue, de la bien distinguer des croyances ou opinions subjectives, religieuses et morales. Nous employons donc le mot « âme » non dans le sens d'une substance immatérielle dont l'existence serait prouvée, mais simplement comme la dénomination collective de ces phénomènes et processus qu'on nomme psychiques [2]. »

Nous venons de montrer quel est l'esprit général de la méthode de Horwicz. Voyons l'application de cette méthode

---

1. *Psychologische Analysen*, tome I, p. 100.
2. *Ibid.*, p. 134, 135.

à un cas particulier : l'étude des sentiments. Pour lui, « *le sentiment est l'activité sous sa forme psychique la plus simple, la plus élémentaire, la plus générale, et cette activité est le point de départ de tous les autres processus psychiques.* » Il joue donc dans sa psychologie un rôle dominateur.

Quatre opinions différentes ont été émises par les psychologues sur la nature essentielle du sentiment [1] :

1° Ce qui est profitable à l'organisme est senti comme agréable; ce qui lui nuit, comme désagréable (Wolff, Kant, Lotze avec des modifications).

2° Les sentiments naissent d'un contraste (Stiedenroth, Wundt).

3° Le fondement de tout désir est un manque, une privation (Schopenhauer, Hartmann).

4° Les sentiments résultent de l'équilibre moléculaire physiologique de la substance nerveuse.

Aucune de ces quatre thèses n'est exclusive : chacune implique les autres au moins partiellement. L'auteur montre par une critique détaillée qu'aucune ne suffit à expliquer la nature des sentiments. C'est de la dernière cependant qu'il se rapproche le plus, puisqu'il donne la conclusion suivante comme l'un des principaux résultats de sa critique : Il y a pour tout organe sentant, et pour l'organisme en général, un *état d'équilibre* autour duquel gravitent nos sentiments; de telle sorte que l'éloignement est senti comme désagréable, le retour vers l'équibre comme agréable (p. 43).

Mais il n'existe pas d'équilibre stable de la substance ner-

---

1. *Psychologische Analysen*, tome II, 2ᵉ partie, p. 31 et suiv.

veuse : cet équilibre est labile, tout relatif. Il ne peut donc être considéré comme un état normal, et nous sommes ainsi conduits à admettre que ce que nous sentons n'est pas un *état*, mais un *changement* de notre substance nerveuse ; en d'autres termes, que l'essence du sentiment consiste en un changement, un devenir [1].

Si, conformément à la méthode physiologique, nous entrons plus avant dans la nature du phénomène nerveux pour comprendre la nature du phénomène psychique, nous constatons que cet état d'équilibre instable, avec ces changements perpétuels qui en éloignent ou en rapprochent — l'auteur les désigne sous le nom de *contraste* — répondent à une loi plus générale de tout organisme : « L'équilibre moléculaire objectif a pour corrélatif subjectif, psychique, l'*habitude ;* au contraste correspond le nouveau, l'inaccoutumé. » (P. 50.) En allant plus loin encore, nous trouvons dans l'organisme deux processus moléculaires : l'un qui emmagasine du travail disponible par la formation de combinaisons complexes ; l'autre qui dégage de la force vive par la réduction de ces combinaisons complexes : — acquisition et dépense ; travail moléculaire négatif et positif. Ils correspondent aux processus subjectifs de conservation de soi-même *(Selbsterhaltung)* et de changement ; d'accoutumance et de contraste. Ce parallélisme, contestable peut-être au sens rigoureux, est exact d'une manière générale : à l'habi-

---

1. *Psychol. Analysen*, 2ᵉ partie, tome III, p. 41. L'auteur cite à ce propos Léon Dumont. Nous rappellerons aussi l'opinion de Herbart, qui a été exposée plus haut.

tude répond la prédominance du processus négatif ; au contraste, la prédominance du processus positif [1].

De toutes ces considérations, l'auteur conclut que « l'essence du sentiment consiste dans la conservation de soi-même, c'est-à-dire dans le mode de réaction à l'égard des changements, réaction qui se distingue de la réaction purement physique par une autonomie ou spontanéité. » (P. 51.) Le plaisir découle de la force de notre être psychique ; la peine, de sa faiblesse, de son impuissance (p. 55).

La sensibilité serait ainsi rattachée par un lien étroit aux actions vitales les plus élémentaires.

« Mes analyses, dit M. Horwicz, poursuivent un but bien déterminé : ramener à un seul élément fondamental psycho-physique la totalité des processus psychiques. » Nous venons d'en donner un exemple ; et si l'on objecte que les sentiments d'ordre inférieur, les *sinnliche Gefühle*, sont seuls dans cette connexion intime avec les lois de la vie, l'auteur répond que les sentiments d'ordre supérieur se ramènent aux inférieurs dont ils ne sont que la complication, et par conséquent à des processus nerveux (p. 66).

Au lieu de suivre l'auteur dans sa classification des sentiments, qui n'a rien de neuf [2] et qui a soulevé bon nombre de critiques, il est préférable, suivant la méthode que nous avons choisie, de montrer par un exemple le rôle prépon-

1. En résumé, pour l'auteur, ces termes : travail négatif et travail positif, acquisition et dépense, habitude et changement, équilibre et contraste, identité et causalité, représentent divers aspects d'un seul et même processus considéré dans l'ordre de la vie, des sentiments ou de l'intelligence.
2. Il les classe en sensoriels, esthétiques, intellectuels et moraux.

dérant qu'il attribue au sentiment dans la vie intellectuelle.
Prenons le fait de la reproduction ou de la mémoire [1].

La reproduction suppose comme condition une trace, un
résidu, laissé dans les éléments nerveux dévolus au souvenir.
Ce résidu peut-il s'expliquer par la loi de persistance (conservation de la force), comme l'a pensé Volkmann ? — Horwicz ne croit pas que la persistance des représentations
puisse consister en une simple action mécanique, parce que
la sensation, qui est une réaction de l'âme, n'est pas de la
même nature que la réaction des corps : elle implique spontanéité. Une sensation conservée ne peut être qu'une tendance qui persiste.

Le sentiment (*Gefühl*) est, pour Horwicz, la cause de
l'action suspensive qui tient les représentations à l'état inconscient, et il est de même « le véhicule des associations
d'idées, c'est-à-dire la cause de leur retour à la conscience. »
Le fondement du fait de la conservation des résidus, c'est
une tendance persistante au mouvement, une tendance à
répondre à une excitation déterminée par un mouvement
déterminé. Cette nature essentielle du souvenir (la persistance d'une tendance au mouvement), bien qu'elle soit souvent voilée, se révèle à nous dans certains cas d'une manière
frappante. Beaucoup de souvenirs sont accompagnés de
mouvements. Dans les cas où il n'y a pas de mouvement
proprement dit, il se produit quelque phénomène analogue :
par exemple, si je me représente un citron, il se produira
à l'idée de mordre dans ce fruit une sécrétion salivaire qui

1. *Psychologische Analysen*, tome I, p. 276 et suiv.

peut être considérée comme équivalente à un mouvement, etc.

Il ne peut être question ici que des cas les plus simples,
c'est-à-dire de ces formes de sentiment qui accompagnent
les sensations et sont suivies de mouvements. Quant aux
formes supérieures, ainsi que les idées purement théoriques,
elles se dérobent à notre analyse. Nous pouvons cependant
supposer que là tout se passe d'une manière analogue, quoique
plus complexe.

Notre théorie, ajoute M. Horwicz, s'accorde très-bien
avec ce fait connu que les sentiments n'ont par eux-mêmes
qu'un très-faible pouvoir de reproduction (nous n'avons, par
exemple, qu'une représentation très-affaiblie d'un mal de
dent passé), et même l'explique. Au premier abord, il semble
qu'il y ait là une contradiction; car, si le sentiment joue le
rôle que nous lui attribuons, comment ne se reproduit-il pas
avec la plus grande facilité? « Cette exception confirme notre
règle. Ce n'est pas, en effet, le sentiment en lui-même qui
est le facteur élémentaire du souvenir; mais c'est le sentiment dans son rapport nécessaire avec le mouvement et
les modifications qui s'ensuivent. Le sentiment est le support médiat, non immédiat de l'association. C'est ce qui
explique comment le sentiment peut dominer et déterminer
les liaisons internes et en même temps n'être que très-
difficilement reproduit. »

Ce rôle du sentiment va nous éclairer aussi sur un point
obscur et jusqu'à présent inexpliqué des lois de l'association.

La nouvelle psychologie les ramène à deux : 1° loi de contiguïté dans le temps et l'espace ; 2° loi de ressemblance (identité, analogie, contraste). Il est clair que le contraste ne peut pas, sans violence, rentrer dans le cadre de la loi à laquelle on l'attribue. On en est réduit à dire que le contraste est une espèce de ressemblance, ce qui équivaut à nier l'association par contraste. Car, si les idées contraires ne se suscitent que par ce qu'elles ont de commun, c'est l'analogie et non le contraste qui les fait associer. Un désert devrait nous faire penser à d'autres déserts et non, comme il arrive souvent, à des campagnes verdoyantes. Mais ce cas et d'autres de même nature s'expliquent en réalité par l'influence du sentiment. Ce qui caractérise les sentiments, c'est qu'en eux les deux formes opposées du plaisir et de la douleur sont dans une dépendance réciproque. Le même sentiment se produit sous la forme tantôt d'une tendance au rapprochement, tantôt d'une tendance à l'éloignement. Les idées correspondantes à ces deux formes contraires doivent donc être intimement liées.

D'une manière générale, le sentiment est pour Horwicz le fait psychique primitif. Toute représentation a été en premier lieu sentiment, et toute connaissance reste inerte et sans effet, tant que le sentiment n'agit pas sur elle à la manière d'un ferment. « Il est très-différent, dit Horwicz, d'avoir une connaissance théorique et d'agir en conséquence. Tous les hommes savent bien qu'il faut économiser son temps, sa santé, son argent, et beaucoup n'en font rien. Il faut donc, dans beaucoup de cas, que notre connaissance se change en volonté, comme les aliments se changent en chyle et en sang. Il faut un facteur intermédiaire qui change la connaissance en désir, comme la diastase change l'amidon en sucre. Cet intermédiaire, c'est le sentiment. L'idée accompagnée d'un sentiment se change en un désir correspondant à ce sentiment; sinon, rien n'a lieu [1]. »

Tels sont les principaux traits qui nous ont paru à noter dans l'œuvre, d'ailleurs inachevée, de Horwicz. Nous les livrons au lecteur à titre de suggestions.

II. Dans le mouvement psychologique contemporain, il y a deux courants que l'on peut caractériser comme il suit :

Les représentants de l'ancienne psychologie, c'est-à-dire d'un mélange hétérogène de faits, de descriptions et d'hypothèses métaphysiques;

Les représentants de la nouvelle psychologie, c'est-à-dire ceux qui excluent toute métaphysique pour s'en tenir aux phénomènes.

Mais, parmi eux, il y a lieu de distinguer deux tendances : l'une idéologique ou logique, l'autre physiologique. Il est inutile de mettre des noms sous chacune d'elles. Tout lecteur un peu au courant de ce qui s'est produit depuis une quinzaine d'années, le fera de lui-même.

C'est à la première tendance qu'appartient M. Franz Brentano, actuellement professeur ordinaire à l'Université de Vienne. Il passe en Allemagne pour disciple de Stuart Mill, qui, lui aussi, est fort éloigné de la tendance physiologique.

1. *Psychol. Analysen*, tome I, p. 152-153.

Par là, il se distingue de Horwicz, quoiqu'il soit aussi nettement empirique que lui.

« Mon point de vue, dit-il, est empirique en psychologie : l'expérience est mon seul maître; mais, avec d'autres, je partage cette conviction qu'une certaine intuition idéale (*eine gewisse ideale Anschauung*) est parfaitement conciliable avec un tel point de vue. » A la place des psychologies, nous devons chercher à établir une psychologie. « On trouve déjà les commencements d'une psychologie scientifique, modeste encore; mais il y a des signes certains d'un développement possible, qui, pour les générations futures, portera des fruits abondants [1]. »

La première partie de l'ouvrage de Brentano est consacrée à étudier en détail la question de la nature de la psychologie et de sa méthode.

La psychologie peut être conçue de deux manières : ou bien comme science de l'âme : c'est la conception ancienne ; ou bien comme science des phénomènes psychiques : c'est la conception nouvelle. La première a conduit à la seconde : et voici comment. On a souvent fait remarquer que les alchimistes, en cherchant la pierre philosophale, c'est-à-dire l'introuvable, ont rencontré ce qu'ils ne cherchaient pas : des faits positifs qui ont permis à la chimie de naître et de se constituer. Les métaphysiciens ont fait de même. Pour eux, le grand problème a été celui de l'immortalité de l'âme. Tout en cherchant la solution sans trêve et sans succès, ils

---

1. *Psychologie vom empirischen Standpunkte.* Leipzig, 1874. (Le tome 1er seul a paru.) Vorwort, p. I.

ont trouvé ce qu'ils ne cherchaient pas : des faits, des observations dont la psychologie nouvelle profite. En poursuivant
un problème d'ordre transcendant, ils ont découvert les lois
du raisonnement, de l'association des idées, de la formation
des concepts ; ils ont étudié les désirs et les passions. Comme
les enfants du vieillard dont parle la fable, ils cherchaient
un prétendu trésor enfoui sous terre, et ils ont trouvé une
autre espèce de richesse.

L'auteur montre, par d'excellentes raisons, comment le
développement de la psychologie n'a pu se produire qu'après
la constitution préalable des sciences subordonnées. Après
l'avoir définie « la science des phénomènes psychiques », il
fait remarquer que cette nouvelle conception de la psychologie n'a rien qui ne puisse être accepté des partisans de
l'ancienne école. Qu'il y ait une âme ou qu'il n'y en ait pas,
ce qui est certain, c'est qu'il y a des faits psychiques. La
différence entre ces deux conceptions, c'est que l'ancienne
contient des hypothèses métaphysiques et que la nouvelle
en est complètement libre ; que la seconde s'occupe de faits
reconnus par toutes les écoles, tandis que la première a
nécessairement la couleur d'une certaine école. La comparaison n'est certainement pas au profit de l'ancienne école.

L'importance pratique d'une psychologie scientifique est
incontestable. L'auteur, qui insiste sur ce point avec raison,
montre une telle confiance dans les résultats futurs, qu'il
n'hésite pas à appeler la psychologie « la science de
l'avenir ».

Le but de la psychologie ainsi fixé, nous abordons la

question de méthode. C'est ici que nous allons voir M. Brentano, tout en soutenant la thèse empirique, se séparer de l'école physiologique. La source principale de la psychologie est pour lui la perception interne (*innere Wahrnehmung*), qu'il ne faut pas confondre avec l'observation interne (*innere Beobachtung*). L'auteur attache la plus grande importance à cette distinction. L'observation, selon lui, ne peut s'appliquer qu'aux objets extérieurs ; l'observation interne est impossible. C'est de la confusion de ces deux états bien distincts, l'observation, la perception, que sont nées les objections formulées contre la psychologie subjective par A. Comte en France, par Maudsley en Angleterre, par Lange en Allemagne.

M. Brentano reconnaît bien que, grâce à la mémoire, une étude rétrospective des états de conscience est possible ; mais, la mémoire étant sujette aux illusions et aux erreurs, la psychologie se trouve par là placée dans une situation désavantageuse, si on la compare aux autres sciences naturelles.

Outre les données de la perception interne et de la mémoire, l'auteur, d'accord avec tout le monde, indique comme sources de la psychologie l'étude des langues, des actions humaines, de l'histoire, des maladies mentales, etc.

En partant de ces faits, on doit chercher à s'élever par déduction à des lois purement empiriques. Toutefois l'auteur n'admet pas que les lois supérieures de la psychologie doivent ou puissent être déduites de la physiologie, et il critique longuement sur ce point Horwicz et Maudsley. On sait que ce dernier a vivement attaqué la méthode subjective

dans l'introduction de sa *Physiology and Pathology of Mind*.
Brentano paraît surtout lui en vouloir d'avoir écrit contre
Stuart Mill ce qui suit : « Mill a eu le tort de négliger la méthode physiologique, qui fournirait à la psychologie tant de
choses fructueuses ; de s'être imaginé qu'avec le vieux procédé fondé sur la perception interne il pourrait atteindre ce
que Platon, Descartes, Locke, Berkeley et tant d'autres
n'ont pu atteindre. Nous avons la ferme conviction que des
milliers d'hommes comme Mill ne sont pas en état de faire
ce que ces grands hommes n'avaient pu faire, tandis que
s'il avait su se résoudre à employer les matériaux fournis
par la nouvelle méthode, que ses grands prédécesseurs
n'avaient pas à leur disposition, il en aurait plus que personne tiré des résultats. »

Brentano critique aussi les travaux de Weber, Fechner et
Wundt sur la psychophysique ; non qu'il en méconnaisse
la valeur, mais parce qu'il est opposé à tout essai de détermination quantitative dans l'ordre des phénomènes psychiques. Il termine par cette conclusion que la psychologie
doit se contenter de lois *empiriques*.

La deuxième partie de l'ouvrage traite des phénomènes
psychiques en général. Pour Brentano, leur caractère essentiel, fondamental, c'est d'être *représentatifs* : en d'autres
termes état psychique = représentation. Sur ce point, il se
rapproche de Herbart : « Tous les états psychiques sont des
représentations ou ont pour base des représentations. »
Ceci le conduit à une détermination de plus en plus précise de ce caractère représentatif.

En quoi consiste-t-il ? — Dans le rapport du phénomène psychique à un objet. Il est universellement admis que tout acte intellectuel suppose un objet : l'intelligence est objective.

Mais au sentiment, à la sensibilité en général, on ne reconnaît aucun caractère objectif. Sur ce point, Brentano nous renvoie à Hamilton qui a longuement établi cette distinction ; il la rejette comme erronée. « La joie, la haine, l'amour, dit-il, nous sont toujours donnés comme se rapportant à quelque chose. »

Si l'on admet cette opinion en ce qui concerne les sentiments ; comme les états intellectuels et les désirs se rapportent nécessairement à quelque chose, il s'ensuit que ce caractère « d'existence intentionnelle » — ainsi que s'exprime l'auteur en empruntant ce terme à la langue des scolastiques — se rencontre dans toute l'activité psychique et en constitue le caractère fondamental. « Tout phénomène psychique se rapporte à un objet ; en dehors de lui, il n'existe rien de semblable. »

Ce point établi, l'auteur passe à l'étude de la conscience en général et entreprend une campagne contre l'inconscient. C'est surtout à Hartmann et à « l'arbitraire de ses spéculations a priori » que s'adressent ses attaques. Mais, d'une manière générale, il était difficile que la méthode idéologique de Brentano s'accordât avec l'hypothèse d'une activité inconsciente de l'âme, car la perception intérieure ne connaît que son domaine et n'en sort pas, et si la psychologie a rigoureusement les mêmes limites que la conscience, dès qu'on en sort, on glisse dans la physiologie[1].

La troisième partie contient la classification des phénomènes de conscience. M. Brentano admet trois classes ou
trois formes fondamentales d'activités psychiques : 1° la représentation ; 2° le jugement ; 3° les tendances et désirs, ou
plus simplement l'amour et la haine. Cette division est assez
inattendue, et l'auteur ne se dissimule pas qu'elle doit sur-
prendre. Il a longuement exposé (ch. VII et ch. VIII) pourquoi entre la représentation [2] et le jugement il trouve une
distinction essentielle et pourquoi à l'origine le sentiment et
la volonté ne font qu'un. La suite de l'ouvrage doit contenir
l'étude détaillée de ces trois groupes.

Il est impossible de porter un jugement d'ensemble sur
un ouvrage dont une moitié seule est publiée. On a essayé
seulement de montrer comment Brentano, tout en tenant
ferme pour la psychologie empirique, se distingue du groupe
des physiologistes. L'impression qui résulte de l'étude de
son ouvrage, c'est que si l'école idéologique montre plus de
finesse et d'aptitude à l'analyse que l'école physiologique, si
elle se renferme plus rigoureusement dans ce qui est strictement psychologique, elle tombe souvent dans des défauts
inhérents à sa méthode : des classifications arbitraires, trop
de raisonnements et pas assez de faits.

1. Il expose et discute quatre hypothèses, qui, selon lui, peuvent
être faites en faveur d'une activité psychique inconsciente. Cette discussion nous paraît loin d'être à l'abri de la critique ; mais elle est
longue, approfondie et, quelque opinion qu'on professe, mérite d'être
lue. Voir l'ouvrage cité, p. 131-176.
2. *Vorstellung* : c'est un terme vague de la langue allemande qu'il
n'y a pas lieu de lui envier.

III. Outre les livres de longue haleine, des monographies, des articles de revue, des discussions montrent qu'en Allemagne le goût des études psychologiques tend à se répandre. Mentionnons en courant les études de Karl Böhm publiées dans les *Philosophische Monatshefte* (1876, livraison 4ᵉ, et 1877, livr. 9ᵉ et 10ᵉ), sous les titres de *Contributions à la théorie de la conscience* [1] et *Sur la théorie de la mémoire*. Quoique l'auteur ne soit pas toujours libre d'attache métaphysique, il s'appuie surtout sur l'anatomie et la physiologie des centres nerveux pour résoudre ces difficiles problèmes. Il se rattache même complètement aux principes et à la méthode de la psychologie physiologique dans son étude sur la mémoire, très-riche de faits et très-suggestive.

Parmi les écoles purement philosophiques, celle des néokantiens, actuellement très-florissante, était la mieux préparée à servir les intérêts de la « nouvelle psychologie ». D'ordinaire, ses efforts ont convergé vers un but quelque peu différent : la théorie de la connaissance. Mais la *Vierteljahrsschrift für wissenchaftliche Philosophie*, récemment fondée (octobre 1876), par ses tendances franchement scientifiques, ne peut que favoriser les recherches expérimentales. Jusqu'ici, elle a semblé surtout s'attacher à la question de l'espace, qui se relie si intimement à la psychologie des sensations. Cependant l'un de ses principaux collaborateurs, C. Gœring, dans une monographie sur *La liberté humaine* [2],

1. Signalons sur le même sujet l'ouvrage d'Ochorowicz, *Bedingungen des Bewusstwerdens*, Leipzig, 1866, qui résume bien l'état actuel de la question.
2. *Ueber die menschliche Freiheit und Zurechnungfähigkeit.* Leipzig, 1876.

a traité cette question, chère aux métaphysiciens, avec l'esprit et les procédés de la méthode empirique.

N'oublions pas un homme mort trop tôt, l'un des principaux représentants du néo-kantisme, Lange, qui, dans la dernière partie de son *Histoire du matérialisme*, a fait la part si large à la psychologie nouvelle. Son livre *Die Grundlegung der mathematischen Psychologie*, publié en 1865, subit l'influence de Herbart ; mais dans son grand ouvrage il se rapproche de plus en plus des méthodes contemporaines.

II

Tandis qu'en Angleterre la psychologie contemporaine, malgré beaucoup de différences individuelles, a pu être désignée sous le nom d'*associationisme,* parce qu'elle considère la loi d'association comme fondamentale dans le mécanisme de l'esprit, il n'y a pas en Allemagne de conception aussi générale qui puisse nous servir à grouper les précédentes recherches. A part l'esprit et la méthode, qui sont communs aux auteurs dont nous venons de parler, il ne se rencontre qu'une question qui permette de grouper leurs travaux en une vue d'ensemble : c'est la question de la perception sensible, en comprenant tout ce qui s'y rattache : ses conditions immédiates et ses conséquences immédiates.

Essayons de résumer sous ce titre les principaux résultats dus à la psychologie allemande, en négligeant ce qui ne lui appartient pas en propre.

Le premier point à signaler est l'étude des *éléments de la sensation simple*. Les éléments du simple : ceci semble une contradiction. Mais c'est l'un des mérites de la psychologie physiologique d'avoir montré que ce qui est simple pour la conscience est en réalité un composé, une synthèse. Il est vrai que les expériences des physiciens avaient depuis longtemps préparé la voie à cette conclusion; et elle eût même été tirée plus tôt, si la psychologie renfermée dans le moi, exclusivement attachée à l'observation intérieure, n'avait considéré ces recherches comme choses étrangères, indifférentes à son œuvre, comme des causes de *distraction* qu'il lui était utile d'ignorer. Les physiciens étant très-loin des phénomènes de conscience et les psychologues tenant à ignorer la matière, quelques physiologistes ont été conduits par leurs expériences au point précis où l'évènement physique et l'évènement mental se touchent : ils ont ainsi fait, quelquefois à leur insu, l'étude des sensations élémentaires. Il est donc juste de rapporter à la psychologie physiologique — qui a ses principaux représentants en Allemagne — le mérite d'avoir inauguré un ordre de recherches dont quelques psychologues contemporains ont tiré bon parti [1]. Helmholtz, avant tout, mérite d'être signalé. Ses études sur l'acoustique physiologique, en particulier les expériences par lesquelles il a prouvé que le timbre, cette qualité d'apparence indéfinissable, est dû à

---

1. Herbert Spencer, *Principes de psychologie*, 2e partie, ch. I ; voir surtout l'excellente étude que M. Taine a consacrée aux éléments de la sensation : *De l'Intelligence*, Ire partie, liv. III, ch. 1 et 2.

des sons complémentaires qui se groupent autour du son fondamental, suivant des rapports déterminés [1], montraient dans l'évènement physique, cause immédiate de la sensation, un groupement complexe d'éléments dont chaque variation amène une variation correspondante dans la sensation.

L'état de conscience le plus pauvre, la perception d'un son, d'une couleur; la sensation la plus simple, c'est-à-dire dépouillée de toute association, de toute localisation, est déjà composée. Un son a sa hauteur, son intensité, son timbre, qui répondent au nombre, à l'amplitude, à la forme des vibrations. Une sensation de couleur répond de même à la vitesse des vibrations de l'éther et à la longueur des ondes. Laissant de côté toute hypothèse sur la transformation du phénomène nerveux en phénomène psychique, pour s'en tenir à une question de fait; il n'est guère possible de considérer comme simple un état de conscience qui varie au gré de ses conditions immédiates. Si l'impression devient autre, les processus nerveux (probablement les mouvements moléculaires dans les nerfs et les cellules) deviennent autres, et la sensation devient autre. L'expérimentation physiologique, aidée par l'analyse subjective, tend donc à faire entrevoir dans le monde mental quelque chose d'analogue aux atomes dans le monde physique. Sans doute on peut dire que la psychologie n'a pas plus à s'occuper de ces éléments d'éléments que la physique et la chimie n'ont à étudier les atomes; que c'est une question dernière qui la

1. Helmholtz, *Théorie physiologique de la musique*, Ire partie, ch. 5 et 6.

ramènerait par un détour à la métaphysique ; qu'elle n'a qu'à partir des sensations qui pour elles sont simples, comme les sciences physico-chimiques partent des corps dits simples et de leurs propriétés élémentaires. Les recherches de la psychologie physiologique n'en jettent pas moins quelque jour sur ce laboratoire obscur d'où sort la conscience ; car il n'y a ici que deux hypothèses possibles : ou bien il faut admettre avec Leibniz que, « puisque cent mille riens ne sauraient faire quelque chose », la sensation dite simple résulte d'une somme d'états élémentaires que leur trop faible intensité ou leur trop faible durée excluent de la conscience ; ou bien il faut admettre que la sensation dite simple résulte d'une synthèse d'éléments hétérogènes et est par rapport à eux comme l'est, en chimie, une combinaison à l'égard de ses éléments.

Quelque hypothèse qu'on admette, nous restons en droit de soupçonner que des états que la conscience affirme comme simples, et qui sont simples en effet *pour elle,* en fait sont composés. Les affirmations de la conscience, invoquées si souvent par les psychologues d'une certaine école comme un jugement sans appel, se trouvent donc ainsi réduites à une certitude toute relative. Ce n'est plus un oracle infaillible ; c'est un témoin comme un autre, souvent trompeur ou trompé, qui n'a en rien le privilège de la vérité absolue : c'est ce que la psychologie physiologique nous apprend, à propos d'une question très-modeste.

Si, des éléments de la sensation, nous passons aux sensations elles-mêmes, ou mieux aux perceptions, c'est-à-dire à des actes de véritable connaissance, nous trouvons que la psychologie allemande s'est attachée surtout au toucher, à la vue, à l'ouïe. Elle les a traités, suivant sa méthode propre, sans les séparer jamais de leurs conditions physiques, faisant à l'étude de ces conditions une très-large part, loin de les considérer comme accessoires.

Pour l'ouïe, deux résultats principaux sont à noter : l'un, qui concerne la psychologie : c'est la réduction, la plus complète qu'on ait obtenue jusqu'ici, de la sensation à ses éléments ; l'autre, qui concerne la science du beau : c'est un effort pour donner une base scientifique à l'esthétique des sons [1].

Pour le toucher et la vue, la partie originale de ses recherches a eu pour objet le *Ortsinn*, la faculté de localisation, c'est-à-dire les procédés par lesquels les données tactiles et visuelles sont déterminées quant à la position. Deux éléments jouent un rôle capital dans cette question : les *signes locaux* et les *mouvements*.

L'hypothèse des signes locaux est propre aux psychologues allemands. Nous avons vu que, invariable quant au fond, elle a pris plusieurs formes. Avec Lotze, un peu vague et embarrassée de métaphysique, elle prend un caractère plus précis dans les dernières publications de Wundt, tout en renfermant encore beaucoup d'obscurités. Essentiellement, elle consiste à admettre que chaque élément sensible de la rétine ou de la peau donne à la sensation « une couleur propre » qui permet à un travail ultérieur de l'esprit de

---

1. Voir Helmholtz. *Théorie physiologique de la Musique,* en particulier la Préface et le dernier chapitre.

transformer cette modification qualitative en un rapport de position, par le moyen des mouvements.

Le rôle des mouvements effectifs, des simples tendances au mouvement, des sensations concomitantes d'innervation, a été étudié avec le soin qu'on pouvait attendre d'une école de physiologistes. Ce sujet avait été déjà traité, jamais avec autant d'étendue et d'exactitude.

Ces recherches sur la localisation des perceptions tactiles et visuelles ont conduit les psychologues allemands à une question plus haute : quelle est l'origine de la notion d'espace [1] ? Ce problème, qui appartient proprement à la théorie de la connaissance, a été cependant traité par la méthode de la psychologie physiologique, par une confrontation constante de la théorie avec les expériences.

Il y a deux solutions entre lesquelles le débat n'est pas clos.

Les *nativistes* admettent que l'ordre des sensations tactiles et visuelles a sa base dans la constitution de l'organisme, qu'il est donné à l'origine avec cet organisme, par conséquent inné.

Les *empiriques*, s'appuyant surtout sur l'influence de l'association et de l'habitude, attribuent le fait de la localisation tactile ou visuelle à l'expérience, en ce qui concerne non-seulement son perfectionnement, mais son origine.

Jusqu'ici, cette dernière hypothèse a toujours gagné du terrain sur l'hypothèse rivale, mais sans pouvoir résoudre toutes les difficultés. — Sous une autre forme, la même en-

---

1. Il ne s'agit, comme nous l'avons dit plusieurs fois, que de la genèse empirique de cette notion.

quête se poursuit toujours. Les procédés scientifiques peuvent-ils établir que ce qui a été tenu pour simple et intuitif est composé et dérivé ? Le problème posé plus haut pour la sensation se pose ici pour la notion d'espace. Par cette tendance analytique très-marquée, la psychologie allemande a beaucoup fait pour élucider cette question d'apparence facile : distinguer le fait de son interprétation, la sensation de l'inférence qui l'accompagne.

L'étude des concepts abstraits (temps, nombre, etc.) sort un peu du cadre d'une psychologie physiologique et n'a été traitée qu'incidemment. Elle porte en général la marque des doctrines kantiennes.

L'une des tentatives les plus hardies et les plus neuves de la psychologie allemande est son application de la *quantité* et de la *mesure* aux états de conscience. Herbart tente un premier essai, systématique, arbitraire, d'ambitieuse portée. Après lui, la méthode mathématique fait place à la méthode expérimentale.

Deux points seuls jusqu'ici ont paru accessibles aux recherches de cet ordre :

1º Le rapport entre la sensation et l'excitation réduit en formule par Fechner, dans sa célèbre loi logarithmique, vivement défendue, non moins vivement contestée ;

2º La durée des actes psychiques qui a été minutieusement étudiée pour les cas suivants :

Impression connue, mais non déterminée quant au temps de son apparition ;

Impression connue et déterminée quant au temps;

Impression ni connue ni déterminée quant au temps;

Impression accompagnée ou suivie d'une impression tantôt semblable, tantôt différente ;

Série régulière de perceptions dans laquelle on intercale une perception nouvelle;

Mélange d'états *internes* et de perceptions, permettant de mesurer la durée des actes psychiques pendant la reproduction.

Il y a peu à dire sur les sentiments : question moins propre à tenter une école de physiciens et de physiologistes.

L'influence de Herbart prédomine : les sentiments sont considérés non comme des états élémentaires, mais comme résultant d'un *rapport réciproque* entre les sensations ou les idées. Ce n'est pas un état, mais un *changement*. Horwicz, qui les a étudiés le plus longuement, a essayé de les rattacher aux lois de la vie.

On peut dire cependant qu'une véritable histoire naturelle des sentiments reste à faire, et que par suite toute classification scientifique est impossible.

Dans ce résumé, consacré aux résultats, nous n'avions rien à dire de la méthode ; elle a été assez de fois exposée; et nous nous sommes borné à l'essentiel, pour mieux faire comprendre le but que nos auteurs voulaient atteindre.

FIN.

TABLE DES MATIÈRES

FIN DE LA TABLE DES MATIÈRES.

COULOMMIERS. — Typ. PAUL BRODARD.

www.ingramcontent.com/pod-product-compliance
Lightning Source LLC
Chambersburg PA
CBHW072009270326
41928CB00009B/1599